ポストモーテム みずほ銀行
システム障害 事後検証報告

日経コンピュータ

nbb
日経ビジネス人文庫

はじめに

ポストモーテム（Postmortem）——。米国のIT企業は、システム障害が発生した後に社内外の関係者と共有する事後検証報告書をそう呼ぶ。

ポストモーテムとは直訳すると「検視」または「死体解剖」だ。人が突然死去した際に、司法機関が遺体を解剖するなどして死因を調べ、犯罪性の有無を明らかにする。

情報システムは生き物と同じで、どこに悪い部分が隠されているのか、外見からだけではうかがい知れない。人間であればその死因は、解剖して初めて明らかになる。それと同じように情報システムでトラブルが発生した原因も「解剖」して調べる必要がある。システムが記録する「エラーログ」を分析したり、システムを運用する担当者に話を聞いたりする作業が解剖に当たる。

ただし犯罪捜査であればポストモーテムは犯人逮捕などの証拠に使うのに対して、IT業界の場合はそうではない。ポストモーテムはシステム障害における犯人を探す道具ではなく、発生した事象から教訓を得て、今後の取り組みに生かすために使う。

チェスの感想戦も英語ではポストモーテムと呼ぶ。IT業界のポストモーテムもその用法に近い。プロジェクトマネジメントの教科書的存在である「ＰＭＢＯＫ（プロジェクトマネジメント知識体系）」も、ソフトウエア開発プロジェクトなどが終わった後に行う反省会をポストモーテムと呼んでいる。

ポストモーテムは学びの宝庫だ。特に大手クラウド事業者などがシステム障害の後に公表するポストモーテムは、本来なら外部からは知り得ないクラウド内部の技術的な詳細や運用の実態、設計思想などを教えてくれる。

その中でも米グーグルの電子メールサービス「Gmail」が2011年2月に障害を起こした際に発表されたポストモーテムは、IT業界に大きな驚きを与えた。

Gmail ではこのとき、メールデータを格納するサーバー群のソフトウエアに存在したバグが原因で、メールデータが削除される障害が発生した。当時の Gmail のユーザー数は推定2億人で、全体の0・02%、およそ4万人のユーザーのメールの一部が削除された。ただしグーグルはユーザーのメールデータを磁気テープにバックアップしていたので、削除されたデータは障害発生から4日後までに復元できた。こうした経緯が後日、ポストモーテムとして公開された。

グーグルがデータのバックアップに磁気テープを使っているという事実は、このポストモーテムで初めて明らかになった。そして多くのIT技術者が、グーグルが無料サービスである Gmail のデータを厳重に保護していることに良い意味で驚いた。

システム障害のポストモーテムを公開することで、自社のクラ

頼感を高められたのだ。

さらにこの一件は、データ保護手段としての磁気テープの有用性が見直されるきっかけにもなった。グーグル社内の知見やノウハウがポストモーテムを通じて社外に共有されることで、世界中のIT技術者の知見が底上げされる結果につながったわけだ。

IT業界におけるポストモーテムは、失敗を非難するためにあるのではなく、失敗から得た経験を教訓とするためにある。そのことをご理解頂けたろうか。

本書は、みずほ銀行が2021年2月から2022年2月までの12カ月の間に合計11回起こした一連のシステム障害に関するポストモーテムを目指して執筆したものだ。

みずほ銀行のシステム障害を巡っては、監督官庁である金融庁や財務省が行政処分を下し、持ち株会社であるみずほフィナンシャルグループの社長やみずほ銀行の経営幹部が引責辞任している。しかし本書は、みずほ銀行の糾弾を目的とはしない。

情報システムは人が開発・運用するものなのだから、ソフトウエアのバグやハードウエアの故障、オペレーションミスなどは避けられない。金融庁によれば日本の金融機関では2020年の1年間だけで、約1500件ものシステム障害が発生しているという。システム障害が発生しているのはみずほ銀行だけではない。もちろん金融機関以外の事業会社でも、システム障害は日々発生し続けている。

重要なのは、システム障害が発生しても業務を通常通りに続けられるレジリエンシー（復元性）を有していることだ。そのためには企業はシステム障害がどのようなものか理解し、そこから復元する術を身につけると共に、情報システムに対して実装していく必要がある。みずほ銀行のシステム障害については、社会全体がこれを教訓にし、システム障害に対する理解を深め、レジリエンシーを高めるきっかけにするのが望ましい。それにはポストモーテムが必要だ。

みずほフィナンシャルグループ自身も、システム障害を4回起こした2021年3月の時点で社外の有識者や専門家で構成する第三者委員会である「システム障害特別調査委員会」を設けて社内調査を行った。その調査報告書は2021年6月に一般公開された。しかしこの調査報告書は、障害の原因を突き止めることに重きが置かれていた。またみずほ銀行ではその後も2022年2月までにさらに7回のシステム障害が発生したが、それらに関する調査報告書は公開されていない。

そこで本書は、みずほ銀行が起こした合計11回のシステム障害について、原因や背景を検証すると共に、他の金融機関などで行われている対策などと比較することで、システムを安定稼働させるための一般的な教訓を導き出そうとした。

みずほ銀行は第一勧業銀行と富士銀行、日本興業銀行の3行が統合して発足した2002年4月と、東日本大震災が発生した2011年3月にも大規模なシステム障害を起こした。企業情報システムの専門誌である我々「日経コンピュータ」はその度にシステム障害に関する詳細を報じると共に、本書と同目的の書籍を刊行している。そうした経験に基づき過去2度の大規模システム障害と今回の連続システム障害を比較することによって、システム障害の背後にあるみずほ銀行特有の企業体質などについても考察を試みている。

本書を刊行することは、日経コンピュータにとっては一つの「けじめ」でもある。みずほフィナンシャルグループは2度の大規模システム障害を経て、老朽化した勘定系システムを全面刷新し、新システム「ＭＩＮＯＲＩ」を２０１９年7月に全面稼働させた。何度もシステム刷新プロジェクトに失敗した同社が社内を立て直してシステム統合、開発を成功させた経緯を、我々は２０２０年2月に書籍「みずほ銀行システム統合、苦闘の19年史」としてまとめた。

我々は２０２０年の書籍で、ＭＩＮＯＲＩの開発過程やＭＩＮＯＲＩに込めたみずほ銀行の狙いなどは描けたが、ＭＩＮＯＲＩそのものの評価はできなかった。今回のようなシステム障害が発生するとの予測もできていない。

稼働し始めたばかりの情報システムについて評価したり、障害が発生するかどうか予測したりするのが不可能なのは当たり前だ。しかし２０２０年の書籍では、ＭＩＮＯＲＩについてこのような説明をしている。

ＭＩＮＯＲＩの最大の特徴は「ＳＯＡ（サービス指向アーキテクチャー）」を全面採用した点にある。勘定系システムを複数のコンポーネントに分割し、コンポーネント間のつながりを緩やかにすることで、障害の影響を極小化する狙いがあった。

実際にはＭＩＮＯＲＩでは、システムを構成するコンポーネントをまたいでトラブルが連鎖する障害が発生した。みずほ銀行がＭＩＮＯＲＩに込めた狙いを報じた日経コンピュータにとって、それが機能しなかった原因を考察して報じるのは責務だと考えている。

35万人月という労力と４５００億円もの巨費を投じたＭＩＮＯＲＩは、みずほフィナンシャルグループ全体が「次世代金融業」に転換する礎になるはずだった。しかしＭＩＮＯＲＩやその周辺システムが立て続けに障害を起こしたことで、みずほ銀行は再発防止への対応に追われただけでなく、金融庁が２０２１年９月に下した行政処分によって当面のシステム更新などを見直すよう命ぜられた。次世代金融業への転換も足踏み状態となっている。

情報システムは企業経営にとって大きな武器であると同時に足枷にもなり得る。みずほ銀行で起きた一連の事象は、他の企業でいつ起きても不思議ではない。

社会全体がみずほ銀行で起きたシステム障害を教訓とし、システム障害に対するレジリエンシーを高める――。本書がその一助になることを願っている。

なお銀行名や登場人物の役職は、特記しない限り当時のものを記載している。

2022年3月

日経コンピュータ編集
中田　敦

目次

第1章

前代未聞、12カ月で11回のシステム障害

みずほ銀行が２０２１年２月から２０２２年２月までの12カ月間に合計11回ものシステム障害を起こした事案は、日本の金融史上においても、また日本のＩＴ史上においても、前代未聞の事態だった。

実は、短期間でもっと多くのシステム障害を起こした金融機関は存在する。外国為替証拠金取引（ＦＸ）サービス会社の外為どっとコムで、２０１０年３月から９月までの半年間に15回のシステムトラブルを起こした。金融庁はまず外為どっとコムに業務改善命令を出したものの、その後もシステム障害が続いたことから、最終的には１カ月間の業務停止命令を出している。

それに比べればみずほ銀行がシステム障害を起こした回数は少なく、業務停止命令も出されていない。しかし、あちらは新興のＦＸ会社。こちらは日本を代表するメガバンクである。金融庁も２０２１年11月26日にみずほフィナンシャルグループ（ＦＧ）とみずほ銀行に対して業務改善命令を発出した際、みずほ銀行が短期間に複数回のシステム障害を発生させたことが「個人・法人の顧客に重大な影響を及ぼし、社会インフラの一翼を担う金融機関としての役割を十分に果たせなかったのみならず、日本の決済システムに対する信頼性を損ねた」と厳しく指摘している。日本の決済システムを担うメガバンクが立て続けにシステム障害を起こしたのは、かつてないことだった。

みずほ銀行のシステム障害は、実際に顧客へどのような影響を及ぼし、社会や金融庁

みずほ銀行で12カ月に起きた11回の障害の概要（その1）

日付	障害の内容	顧客に与えた影響
2021年2月28日	定期性預金システムでデータベース管理システムがダウン。その影響でATM処理システムの複数区画がダウンし、ATMが停止	4318台のATMが停止し、顧客のカードや通帳5244件が取り込まれる
3月 3日	ネットワーク機器が故障し、3分間通信が途絶。サーバーとの通信がタイムアウトしたATMが停止	29台のATMが停止し、顧客のカードや通帳29件が取り込まれる
3月 7日	カードローン関連のプログラムにバグがあり、定期預金入金に関するバッチ処理でエラーが発生。定期預金サービスを一時的に抑制	オンラインバンキングを通じて定期預金を入金しようとした14人の顧客と、ATMを通じて定期預金を入金しようとした10人の顧客の取引が不成立に
3月12日	バッチ処理に使用する統合ファイル授受システムのストレージ装置で通信制御装置が故障し、待機系の通信制御装置にも切り替わらなかった結果、バッチ処理が遅延	国内他行向け外為仕向送金が216件未処理に。被仕向外為送金到着案内が761件未処理に
8月20日	営業店端末を制御する業務チャネル統合基盤のストレージ装置でハードディスクが連続して2台故障。待機系のストレージ装置への切り替えにも失敗し、営業店端末が利用不可能に	営業店の窓口業務が午前9時45分まで停止。国内他行向け外為仕向送金が1件未処理に。海外向け仕向送金が9件未処理に
8月23日	ネットワーク機器が不安定になり通信断が発生。一部のATMや営業店端末が利用不可能に	184台のATMが停止し、現金が11件取り込まれる
9月 8日	取引共通基盤（メインフレーム）のディスク装置内の部品故障によって、他システムとの一時的な通信断が発生し、ATMやオンラインバンキングを使った取引の一部がエラーに	116台のATMが停止し、現金が27件取り込まれる

みずほ銀行で12カ月に起きた11回の障害の概要（その2）

日付	障害の内容	顧客に与えた影響
9月30日	統合決済管理システムで処理遅延が発生し、一部の外為送金がカットオフタイムを超過。一部の外為送金がアンチ・マネーロンダリング・システムによるチェックを経ずに実行された	外為仕向送金が59件未処理に。349件の外為送金がアンチ・マネーロンダリング・システムによるチェックを経ずに実行された
12月30日	振り込みに関するシステム設定を誤り、ATMやインターネットバンキングで15時半ごろから1時間程度、一部の他行宛ての振り込みが不能に	他行宛ての振り込み約300件が当日中に処理できなかった
2022年1月11日	法人向けインターネットバンキング「みずほe-ビジネスサイト」が8時のサービス開始から11時30分ごろまでログオンしづらい状況に	みずほe-ビジネスサイトを使った送金手続きなどができなくなり、営業店での手続きなどを強いられた
2月11日	ネットワーク機器が故障し、一部のATMの稼働が不安定に	一部のATMの稼働が不安定になったほか、復旧作業に伴い90拠点の店舗外ATMを一時休止した

はそれをどう受け止めたのか。みずほ銀行やみずほＦＧの経営を揺るがすことになった激動の一年を振り返ろう。

ＡＴＭが通帳・カードを取り込むトラブルが発生

みずほ銀行で２０２１年における１回目のシステム障害が発生したのは2月28日、日曜日の朝のことだった。

9時50分ごろ、みずほ銀行の営業店や出張所などにあるＡＴＭ（現金自動預け払い機）で、顧客が定期預金口座の記帳（通帳記入）をしようと通帳を入れたり、定期預金口座に入金するために通帳やキャッシュカードを入れたりしたところ、ATMが通帳やカードを取り込む事態が相次いで発生し始めたのだ。

顧客は大いに慌てたことだろう。ATMの画面には「現在取扱いを停止しています」との文字が表示されるだけで、どこを触っても通帳やカードは戻ってこず、ATMに取り込まれたままになった。顧客はすぐにATM備え付け電話（みずほ銀行内では「オートフォン」と呼ばれている）の受話器を手に取り、係員を呼び出そうとした。

ATM備え付け電話からの問い合わせには、みずほ銀行が東京と大阪に置く「ATMセンター」が対応する。ATMセンターの業務は、みずほ銀行から富士通の連結子会社であるバンキングチャネルソリューションズ（BCSOL）という会社に委託され、同業務はさらにBCSOLからOKI（沖電気工業）に再委託され、さらにOKIの子会社である日本ビジネスオペレーションズ（JBO）に再々委託されていた。つまりはこの時、通帳やカードを取り込まれた顧客からの電話に応対したオペレーターは、みずほ銀行の行員ではなくJBOの従業員だった。

オペレーターはみずほ銀行の行員ではなかったが、通帳やカードが取り込まれたような異常事態に対応する権限は与えられていた。オペレーターはまずATMにおける取引内容を口頭で確認し、顧客の本人確認ができたら、ATMをリモート操作して通帳やカードを取り出して顧客に返却するという流れだ。ただし通帳やカードと一緒に現金が取り込まれていた場合は、リモート操作では返却できなかった。その場合はＡＴＭセンターから警備会社に連絡してＡＴＭのある場所に警備員を派遣し、警備員がＡＴＭから通帳やカード、現金を取り出して顧客に返却する手はずになっていた。

ともかくこの時、ＡＴＭ備え付け電話からＡＴＭセンターに連絡した顧客は、あっさりと通帳やカードを返却してもらえた。

この顧客の通帳やカードは取り込まれたが、営業店や出張所にある他のＡＴＭは正常に稼働しており、別の顧客がカードを使って何事もなく現金を引き出したり預け入れたりしていた。また通帳やカードを飲み込んだＡＴＭの画面も「いらっしゃいませ」との通常の表示に戻っていた。そのため通帳やカードを取り出してもらった顧客の中には、「機械の調子がちょっと悪かったのかな」と考え、同じＡＴＭや別のＡＴＭを使って、再び記帳などを試みた人がいた。

しかし驚くことに、通帳やカードは再びＡＴＭに取り込まれてしまったのだ。しかも今度は、ＡＴＭ備え付け電話で係員を呼び出してみても、電話は全くつながらなくなっていた。実は9時50分から10時までの10分間で、みずほ銀行のＡＴＭが通帳やカードを取り込んだ件数が１００件を超えていたからだ。困った顧客が一斉にＡＴＭセンターへ電話をかけ始めた結果、電話がつながらなくなった。

みずほ銀行のＡＴＭセンターでは2月28日、いつもの休日と同じように東京と大阪で合計8人のオペレーターが勤務していた。オペレーターは顧客の状況を確認してATMをリモート操作し、通帳・カードを返却していたが、こうした対応を1件済ませるには平均で15分の時間がかかった。そこに100人を超える顧客が電話をかけてきたのだから、応対できるはずがない。10時以降は電話の「呼損率」、つまりは電話をかけてもつながらない割合が90%を超えてしまった。顧客にとってみれば、ATMセンターに10回電話をかけても1回しか出てもらえない状態になったのだ。

ATMセンターではオペレーターだけでなくその上司も電話対応を始め、合計14人で電話対応するようになったものの、ATMセンターにおける電話の呼損率が90%を超える状態は終日続いた。

10時：通帳・カードの取り込みが急増

10時を過ぎると、定期預金口座に関連する取り引きをした顧客の通帳やカードだけでなく、現金の引き出しや普通預金口座の記帳などそれ以外の取り引きをした顧客の通帳やカードもATMに取り込まれるようになった。さらにはみずほ銀行のカードだけでなく、他行のカードも取り込まれ始めた。なお、みずほ銀行ではない他行のATMやコンビニエンスストアなどにあるATMでみずほ銀行のカードを使った場合については、カードの取り込みは一切発生していない。いつもと同じように現金の出入金ができた。

通帳・カードの取り込み件数は一気に増加した。10時から10時20分までの間に、400件近くの通帳・カードが取り込まれた。取り込みが始まった9時50分からの30分間で、約500件の通帳・カードが取り込まれたことになる。

このころには、みずほ銀行が横浜と札幌に設けるコールセンターにも、ATMのトラブルに関する電話が殺到し始めた。みずほ銀行は2月28日、普段の休日よりも多い32人の電話応答員をコールセンターに配備していた。実はこの日、みずほ銀行の定期預金口座に関して、システム上の特別な作業をしていたからである。

みずほ銀行は2021年1月18日から、新規に開設する口座については紙の通帳を発行しない「みずほe-口座」として取り扱い始めていた。さらに過去1年間記帳がない既存口座については自動的にみずほe-口座に変更するとのルールの運用も始めた。こうした新ルールのもと、2月28日は45万件の定期預金口座をみずほe-口座へ一括で移行する作業を進めていた。この作業によって定期預金口座について不測の事態が発生する恐れがあったため、みずほ銀行はあらかじめコールセンターの電話応答員を増員していたのだ。

そして恐れていたとおり、定期預金口座についてシステム障害が発生したわけだが、その規模はみずほ銀行の想定をはるかに超えていた。

10時以降は、コールセンターにおける電話の呼損率は66・1%に達した。3本に1本しか電話に出られない状況だ。しかもコールセンターの担当者にとって、ATMによる通帳・カードの取り込みは想定外、寝耳に水の事態だった。そしてコールセンターの担当者では、ATMセンターとは異なりATMのリモート操作はできない。苦情を述べる顧客に対してコールセンターの担当者は「ATM備え付けのオートフォンでお問い合わせください」と答えるよりほかなかった。

しかしATM備え付け電話を鳴らしても、電話は一向につながらない。みずほ銀行のコールセンターに電話をしてもらちがあかない。通帳やカードはいつになったら戻ってくるのか。トイレに行きたいが、ATMから離れても問題はないのか。通帳やカードが盗まれる心配はないのか。通帳やカードをATMに取り込まれた顧客は、ATMの前で放置され、立ち往生を余儀なくされた。顧客にとって、長い1日が始まろうとしていた。

出遅れるみずほ銀行の対応

みずほ銀行のATMはその後も通帳・カードを取り込み続けた。

10時20分以降、ATMが通帳・カードを取り込むペースはやや落ちたものの、その後も10分間につき数十件の通帳・カードを取り込み続けた。11時30分ごろには取り込み件数の総数が1000件を超えた。

1000件以上の通帳・カードの取り込みが発生したということは、1000台以上のＡＴＭが利用不能になっていたことになる。しかしみずほ銀行の営業店や出張所には約５９００台のＡＴＭがある。規模が大きい営業店には10台を超えるＡＴＭが設置されている。この時点ではその内の1～2台のＡＴＭが停止し、顧客が立ち往生していたが、他のＡＴＭは稼働していた。

通帳・カードが取り込まれた顧客は、みずほ銀行で何か異変が起きていると感じていただろう。しかし営業店や出張所には、何も知らない顧客が次から次へとやってきていた。

顧客にとって不幸だったのは、みずほ銀行の店頭やＡＴＭの画面、Ｗｅｂサイトなどには、ＡＴＭでトラブルが起きているという旨の告知が一切掲示されていなかったことだ。営業店や出張所に行員も来ていない。そのため何も知らない顧客が、次々と新しい「犠牲者」になっていった。

12時40分：通帳・カードの取り込み件数が４０００件を突破

12時10分ごろから、通帳・カードを取り込むＡＴＭの数が一気に増加し始めた。それまではＡＴＭが通帳・カードを取り込むピッチは10分当たり数十件程度だったが、12時10分からはそのピッチが10分当たり１０００件以上に跳ね上がったのだ。その結果、12時40分までの30分間で新たに３０００件近くの通帳・カードが取り込まれ、取り込み件数の総数は４０００件を超えてしまった。つまり４０００人もの顧客が、ＡＴＭの前で立ち往生を強いられていた。

このころになると世間が、みずほ銀行で発生している異常事態に気付き始めた。「Twitter」などのＳＮＳ（交流サイト）では11時ごろから複数の顧客が「みずほ銀行のＡＴＭでカードが出てこなくなった」といった苦情を発信していた。

我々、日経コンピュータ編集部も異常事態を察知する。過去3年にわたってみずほ銀行における情報システム開発の取り組みを追いかけてきた山端宏実記者は12時過ぎ、東京都品川区にあるみずほ銀行荏原支店武蔵小山駅前出張所で、50代の男性会社員が途方に暮れているのを見かけた。「ＡＴＭに通帳が取り込まれたまま出てこない。自宅にも帰れず、どうしたらいいのか」。男性は12時ごろに通帳記帳のため同出張所を訪れたが、通帳が取り込まれたため立ち往生を余儀なくされていた。

山端記者は慌てて自宅に戻り、編集部が使用する業務用チャットに「みずほでシステム障害のもよう。確認します」と一報し、みずほ銀行の広報担当者の携帯電話に事実確認の連絡を入れた。

別の記者は東京都港区・虎ノ門にある日経ＢＰのオフィスで休日出勤中に、山端記者のチャットメッセージを見た。そこでその記者はＡＴＭトラブルの実態を確認するため、12時30分ごろみずほ銀行神谷町支店に出向いた。

しかし神谷町支店にあるATMは稼働しており、トラブル発生をうかがわせる様子はなかった。本当にシステム障害が発生しているか不審に思ったこの記者は、実際にATMで現金引き出しを試してみた。するとその記者のカードは本当にATMに取り込まれてしまった。

その記者は慌ててATM備え付け電話を手に取るが、ATMセンターにはつながらなかった。近くのATMの前には既に通帳を取り込まれていた50代の男性が立ち往生しており、その男性が記者に「(電話は)つながらないよ」と声をかけてくれた。神谷町支店にみずほ銀行の行員はいなかったので、その記者はその後、50代の男性と2人で後から来る顧客に「ATMは使えませんよ」と忠告して回ったという。

13時30分：頭取、ネットニュースでトラブルを知る

日経コンピュータ編集部などが運営するニュースサイト「日経クロステック」では2月28日の14時18分に、みずほ銀行でATM障害が発生していると報じている。執筆者は前述の山端記者だ。

我々よりも先にニュースを報じた報道機関もある。例えばNHKは13時30分過ぎに、みずほ銀行のATMトラブルをニュースサイトで報じている。

みずほ銀行の藤原弘治頭取は13時30分ごろ、インターネットのニュースを見て、自行

のATMでトラブルが発生している事実を初めて知る。システム障害の情報は頭取に届いていなかった。

みずほ銀行のコールセンターは12時30分ごろから、通帳・カードが取り込まれたと電話してきた顧客に対して、それまでのようにATM備え付け電話を使うよう指示するのではなく「カードや通帳は後日返却するので、その場を離れていただいても構いません」と返答し始めた。コールセンターを統括する個人マーケティング推進部の担当者が、事務を統括する事務企画部の担当者と相談して、マニュアルにはない対応をすることを決断した。

とはいえコールセンターの呼損率は12時から15時までの間、約90％で推移していた。コールセンターに電話をしても10回に1回しか電話がつながらなかった状態だ。コールセンターを通じて「その場を離れてもよい」との情報を得られた顧客の数はごく少数にとどまる。

13時15分にはようやく、みずほ銀行のホームページに「ATMやみずほダイレクトにおいて一部のお取引がご利用頂けない状態になっています」との情報が掲示された。「みずほダイレクト」とはみずほ銀行のインターネットバンキングである。みずほダイレクトでも2月28日9時50分から、定期預金に関する取引ができないなどのシステム障害が発生していた。

みずほ銀行の営業店で 2021 年 2 月 28 日に掲示された ATM 休止の案内

みずほ銀行で営業店などを統括するリテール・事業法人推進部は14時25分に、営業店などの部店長に対して、行員を営業店などに出勤させるよう指示を出し始めた。しかし営業店の部店長にはこの指示を電話で伝える必要があった。営業店の部店長は休日、社内メールを受信できるタブレット端末を持ち歩いていないため、メールでの連絡はできなかった。リテール・事業法人推進部がすべての部店長に出勤指示を連絡し終えたのは17時ごろのことだ。指示を受けた部店長も、行員に電話をかけて営業店へ出勤するよう指示する必要があり、行員が出勤するまでには長い時間がかかった。

一部の営業店では、地域の業務を統括する「エリア業務役」がリテール・事業法人推進部からの指示を待たずに、行員に対する出勤を指示したケースもあった。ただしリテール・事業法人推進部が出勤の指示を出す前に行員が出勤した店舗は、全体の10分の1以下である46店舗にとどまる。

日経クロステックのある記者はこのころ、東京都中央区にある銀座支店の店頭に「ただいま障害により、ATMがご利用できない状況になっております。ご不便をおかけし、大変申し訳ございません。みずほ銀行　銀座支店」との掲示があったのを目撃している。

この掲示はオフィス用紙に文字だけが印字された素っ気ないもので、行員が自らの判断で作成して張り出したものだと推測される。なぜならこの時点では、みずほ銀行のリテール・事業法人推進部は営業店に対して、行員の出勤を命じる以外の具体的な指示を出していなかったからだ。営業店における顧客対応は、電話で呼び出されたりトラブルに気付いて自主的に出勤したりした行員による現場の判断で行われていた。

ATMによる通帳・カードの取り込みはまだ続いていた。停止したATMの台数がピークに達したのは15時50分のことで、みずほ銀行全ATMの7割に達する4318台が停止した。

15時58分になってようやく、みずほ銀行のホームページに「ATMに通帳・カードが取り込まれた場合、後日連絡の上、返却する」との内容の告知が表示された。

みずほ銀行のリテール・事業法人推進部が営業店に対して、顧客を他行のATMに誘

2021年2月28日のシステム障害が顧客に与えた影響

取引チャネル	具体的な影響	影響範囲
ATM	ATMの稼働停止	ATMの最大同時稼働停止台数：4318台（28日15時50分）
		ATMの停止時間：2月28日午前9時50分ごろ～3月1日午後3時
	ATMによる通帳・カードの取り込み	5244件
みずほダイレクト	取引の一部不能	定期預金更新取引不能：2月28日午前9時50分ごろ～3月1日0時
		定期預金の残高照会不能：2月28日午後1時55分ごろ～3月1日0時
		ナンバーズ・ペイジー取引など不能：2月28日午前9時50分ごろ～2月28日午後6時40分ごろまで
		取引エラー件数：2万6804件
チャネル問わず	CIF排他が解除されるまで、すべての更新取引などが不能	CIF排他：最大で563人

通帳・カードの取り込み件数

対象	合計	店舗内	店舗外	（うち他行カード）
カード（のみ）	2747件（2710人）	1294件	1453件	229件
カードと通帳	324件（322人）	179件	145件	ー
通帳（のみ）	2173件（2138人）	1467件	706件	ー
合計	5244件（5170人）	2940件	2304件	229件

通帳・カードの返却方法

	郵送	店舗（翌日以降は来店）	訪問	計
当日返却	4件	1167件	73件	1244件
翌日以降返却	1797件	1606件	597件	4000件
合計	1801件	2773件	670件	5244件

導したり、ＡＴＭを使わないよう告知するポスターを店頭に掲示したりするよう指示を出したのは17時30分のことだった。前述の銀座支店のようにリテール・事業法人推進部が指示を出す前にポスターを張り出すなどの対応を講じた店舗は１６２店舗あった。つまり残る約３００店舗では、この時点に至っても、何の対応も行われていなかった。

ＡＴＭによる通帳・カードの取り込みは、18時23分まで続いた。最終的には５２４４件もの通帳・カードの取り込み事案が発生した。このうち２２９件はみずほ銀行以外のカードだった。

通帳・カードが取り込まれた件数が５２４４件であるのに対して、通帳・カードを取り込まれた人の数は５１７０人である。つまり複数回にわたって通帳・カードを取り込まれた被害者が数十人は存在した。みずほ銀行によるＡＴＭ障害の告知が遅れたが故の悲劇と言えよう。

４０００件の通帳・カードが当日中に返却できず

みずほ銀行ではその後、営業店や出張所に駆けつけた警備員や急きょ出勤した行員が、取り込まれた通帳やカードを顧客に返却し始めた。ＡＴＭセンターも遠隔での通帳・カードの返却を続けていた。

しかし５２４４件取り込まれた通帳・カードのうち、２月28日中に返却できたのは

1244件だけだった。そのうち1167件はその場で返却できた。73件については2月28日中に行員が顧客の自宅や勤務先を訪問して返却し、4件については2月28日中に顧客の自宅などに郵送する手続きをした。しかし残る4000件については、翌日3月1日以降に返却がずれ込んだ。

残る通帳・カードについては、1797件を郵送によって返却し、597件を行員が顧客を訪問して返却した。顧客が銀行の営業店を訪れて通帳・カードを受け取ったケースも1606件あった。すべての返却が終わったのは4月22日だった。

神谷町支店でカードを取り込まれた記者は「さすがにキャッシュカードは後でみずほ銀行が返却してくれるだろう」と腹をくって、14時前には神谷町支店を後にした。

その記者のもとには翌3月1日の朝にみずほ銀行から電話連絡があった。カードの返却については郵送または来店での受け取りになるとの説明があったことから、郵送での返却を選択した。すると3月4日にカードが届いた。

カードが取り込まれた状況でも自分の判断でATMから離れたその記者は、例外的なケースだった。みずほFGが後日公表した報告書には、顧客からコールセンターに寄せられた悲痛な声が記載されている。

「通帳・カードが取り込まれ7時間以上待たされた」「みずほ銀行の喪失受付窓口に196回も電話をした」「重要な試験の受験を見送った」「コンサートに行けなくなっ

2021年2月28日のシステム障害が顧客に与えた影響

5244件の通帳・カードをATMが飲み込む

↓

みずほ銀行に寄せられた苦情の件数

内容	件数
通帳・カードが取り込まれた	300件
ATMの前で待たされた	238件
ATMセンターに連絡がつかなかった	146件
コールセンターに連絡がつかなかった	49件
ATMが利用できず金銭的な負担が生じた	133件
ATMの前で長時間立ち往生したため予定に支障が生じた	89件

顧客の怒りの声

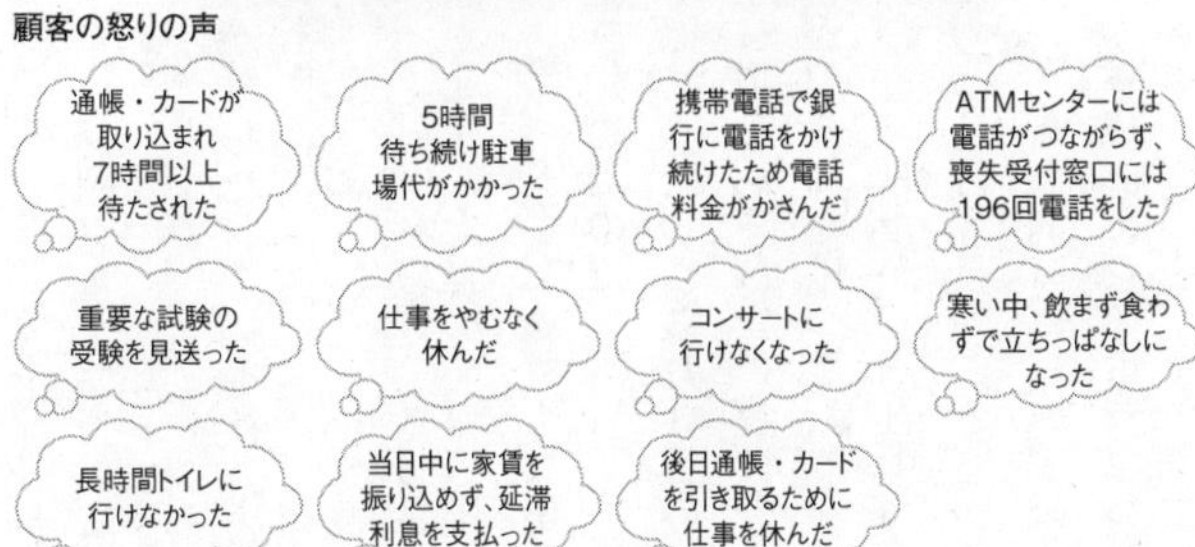

た」「長時間トイレに行けなくなった」。多くの顧客が長時間にわたって足止めを余儀なくされ、肉体的、精神的、金銭的な苦痛を味わった。

みずほ銀行は後日、通帳・カードが取り込まれた被害者に対して、おわびとして５０００円分のクオカードを送付した。また「みずほ銀行のＡＴＭが停止していたので、他行のＡＴＭで現金を引き出した」といった顧客に対しては、その経費を支払ってもいる。

謝罪会見から2日後に再びシステム障害

みずほ銀行は3月1日の18時か

ら東京・大手町のオフィスでATMトラブルに関する記者説明会を開催。藤原頭取や片野健IT・システムグループ副グループ長、清水英嗣事務企画部長が謝罪すると共に、トラブルの経緯などを説明した。

「ご迷惑、ご不便をおかけしたお客様や社会の皆様に深くおわび申し上げます」。藤原頭取が記者会見でこう謝罪した。

その2日後の3月3日、金融庁はみずほ銀行に対して、銀行法に基づく報告徴求命令を出し、システム障害が発生した経緯や原因について報告するよう求めた。

しかしその日の夜、みずほ銀行はまたしてもシステム障害を起こした。再びATMが通帳・カードを取り込み始めたのだ。

2回目のトラブルが始まったのは3月3日の19時58分で、それからの3分間で29件の通帳・カードがATMに取り込まれた。夜間だったので営業店に行員は既にいない。警備会社の警備員や行員が急きょ駆けつけたり、ATMセンターからATMを操作したりして通帳・カードの返却を試みたが、当日中に返却できたのは14件にとどまった。残り15件の返却が完了したのは3月8日のことだった。

3月3日はATMトラブルと同時に、みずほダイレクトやATMにおける宝くじ「ナンバーズ」の購入取引が不成立になるトラブルも発生している。

「みずほe-口座」への切り替えを延期

みずほ銀行は3月5日、通帳を発行しないみずほe-口座への自動切り替えを延期すると発表した。前述の通り2月28日に発生したシステム障害は、1年以上通帳への記帳がない定期預金口座を、みずほe-口座へと一括で切り替える作業中に発生した。それを受けての対応だった。

みずほ銀行は、1年間以上にわたって記帳のなかった約1158万件の流動性預金口座（普通預金口座など）についても、みずほe-口座に自動的に切り替える考えだったが、これも見送った。

みずほ銀行は1年以上記帳がない預金口座について紙の通帳を廃止することで、年間16億円の印紙税を節約できると見込んでいた。システム障害によって、紙の通帳に関するコストを削減するもくろみは潰えた。

3回目のシステム障害は3月7日に発生した。ATMやみずほダイレクト経由の定期預金の入金取引が一部不能になったのだ。みずほダイレクトを使って定期預金口座に入金しようとした14人の取引が不成立になったほか、ATMで定期預金口座に入金しようとした10人の取引が不成立になった。

実はみずほダイレクトで取引が不成立になった14人の顧客のうち5人がみずほ銀行の

関係者で、ATMで不成立になった10人の顧客については全員がみずほ銀行関係者だった。被害にあった顧客の半数以上がみずほ銀行関係者ではあったが、れっきとしたシステム障害である。

263件の外為送金が時限に間に合わず

続く3月12日も新たなシステム障害が発生した。これまでに発生した3回のシステム障害はいずれも個人顧客が影響を被ったが、4回目のシステム障害では法人顧客が影響を受けた。

具体的には外国為替送金に影響が出た。日本国内の他行に対して行われる外貨での送金である「国内他行向け仕向送金」263件が締め切り時刻（時限）である13時までに終了しなかった。また、海外の銀行や日本国内にあるコルレス（中継）銀行からの顧客宛の外為送金である「外為被仕向送金」を受領したことを案内する「入金案内処理」が761件、3月12日の当日中に完了できなかった。

このほか、法人顧客向けに提供するインターネットバンキングのサービスでは、海外に拠点がある顧客が日本国内口座の残高や入出金明細を照会するためにある「バンクレポートサービス」にトラブルが発生し、顧客186社の合計217口座において、3月11日15時以降の取引明細が欠落した状態でデータが配信されるという配信遅延が発生した。法人顧客向けのエレクトロニックバンキング（ＥＢ）サービスにおいても、入出金明細を配信するサービスで顧客95社に対してデータ配信が遅延するトラブルが発生した。

ＥＢとはインターネットバンキング以前から存在する、電話回線や専用回線を使った振込などのサービスのことである。ただし現在のＥＢは電話回線や専用回線だけでなくインターネットも使用できる。インターネットバンキングとＥＢでは、顧客が使用するクライアントソフトウエアが異なる。

3月12日のトラブルで深刻だったのは、国内他行向け仕向送金の遅延だ。顧客があらかじめ「3月12日中に送金せよ」と依頼していた送金が、相手の口座に届かなかったためだ。みずほ銀行は送金先の銀行と個別に交渉して、3月12日付で相手先の口座に入金があったように処理してもらった。また送金が間に合わなかったことで顧客に発生した金利や為替手数料などの追加コストについてはみずほ銀行側が負担した。

3月12日の午後9時、みずほ銀行は再び緊急の記者会見を開き、藤原頭取が謝罪して同日に起きた外為送金遅延について経緯を説明した。

短期間で4回ものシステム障害は異常事態だ。親会社であるみずほＦＧも3月17日に記者会見を開催し、みずほＦＧの坂井辰史社長や石井哲ＩＴ・システムグループ長（ＣＩＯ、最高情報責任者）が謝罪や経緯の説明に当たった。

みずほFGの坂井社長は「2月28日から度重なるシステム障害を引き起こし、みずほ銀行、みずほFGのお客様、社会の皆様に信用を毀損する事態となったことを、改めておわび申し上げます」と陳謝。そのうえで、各店舗のオペレーションを安定させるために営業部門や店舗における4月の人事異動を見送るほか、原因究明と再発防止を図るために第三者委員会を設置するとした。みずほ銀行では4月1日付で藤原頭取が交代すると発表済みだったが、それが延期になった。

かつてみずほ銀行が2011年3月に大規模なシステム障害を起こした際にも、みずほFGは第三者委員会を設置し、外部の有識者による調査を行った。そして金融庁による業務改善命令が下されると同時に、第三者委員会による調査報告書がみずほFGによって公開された。今回もその時と同様に、金融庁による業務改善命令が出されるのは確実となった。実際に金融庁は3月にみずほ銀行への立ち入り検査を始めた。

みずほFGは4月5日の午後6時に記者会見を開き、その時点で分かっていたシステム障害の原因などを説明した。

5月20日にみずほFGは、6月に開催する予定の定時株主総会に付議する取締役候補者を発表した。その候補者の中には、石井CIOの名前はなかった。システム障害の責任をとって、取締役を退任せざるを得なくなったわけだ。

第三者委員会の調査報告書を公表

みずほＦＧは6月15日に、第三者委員会による調査報告書やシステム障害に関する役員処分、システム障害の再発防止策などを発表した。調査報告書によって、みずほ銀行の行内における実態が明らかになった。

世間を驚かせたのは、システム障害に対する感度の鈍さだ。前述のとおり、みずほ銀行の藤原頭取は2月28日、システム障害の発生から3時間40分後に、インターネットのニュースでその事実を知った。みずほ銀行のＡＴＭセンターは2月28日10時15分に、みずほ銀行の関係各部署にＡＴＭトラブルの発生をメールで連絡していたが、みずほ銀行が行員に対して緊急出社を命じ始めたのは14時25分のことだった。そうした事実もこの調査報告書で初めて明らかになった。

またみずほ銀行では２０１８年6月にも、ＡＴＭが通帳やカードを１８２１件取り込む事件が発生していた。その時点でみずほ銀行がＡＴＭに関するシステム仕様を改めていれば、2月28日のトラブルはもっと小規模で収まった可能性がある。しかしみずほ銀行は２０１８年6月のトラブルについて、社外に公表していなかっただけでなく、改善策の検討すらしていなかった。

役員処分に関しては、みずほＦＧの坂井社長を含む計11人の役員に対して報酬減額の

2021年6月15日に公開された
「システム障害特別調査委員会」による調査報告書

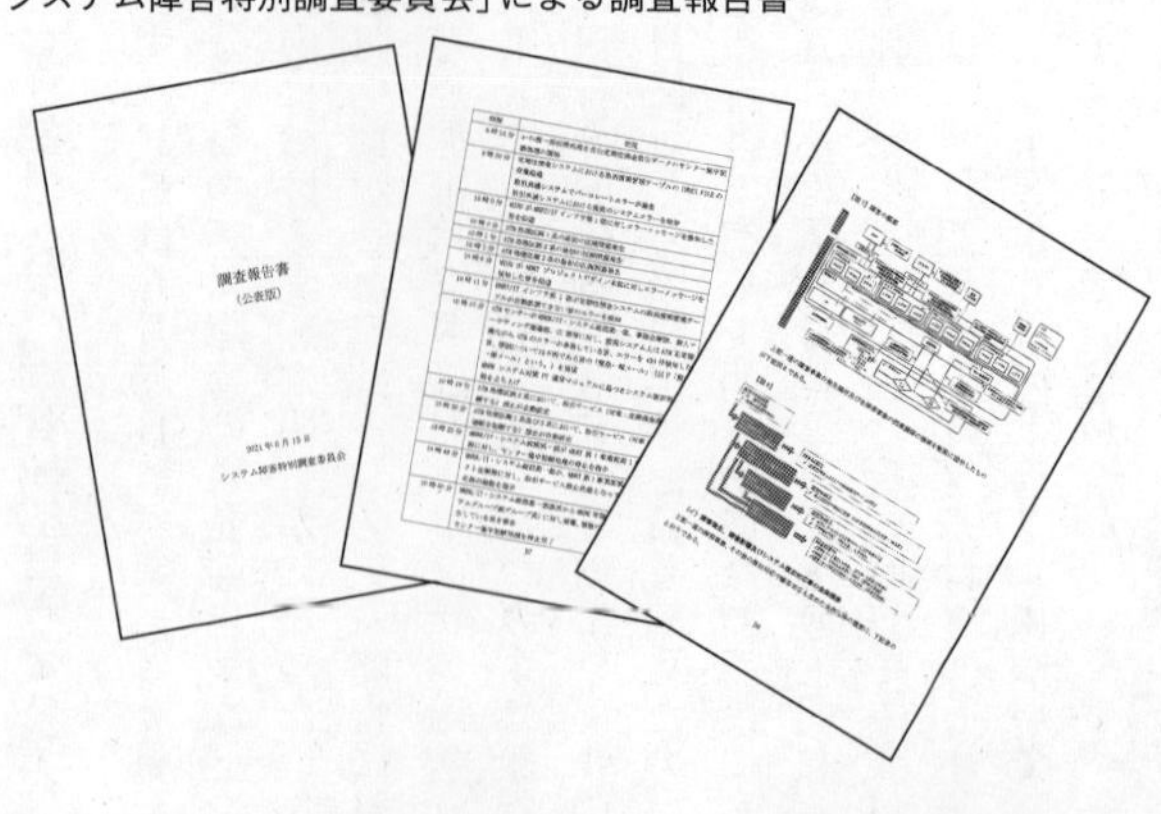

処分が下された。みずほリサーチ&テクノロジーズの役員も2人が報酬減額になった。この処分が発表される直前には、みずほ銀行の藤原頭取がシステム障害の責任をとって退任するとの報道もあったが、この時点では退任する役員はいなかった。

再発防止策で注目されたのは、外部人材の採用だ。この時にみずほ銀行は、7月1日付で日本IBM出身の林勇太氏がみずほ銀行の「IT・システムグループ副グループ長」に就任すると発表した。みずほFGの坂井辰史社長は6月15日の記者会見で、IT・システムグループの副グループ長を「副CIO」と表現している。

第三者委員会は、今回障害を起こしたみずほ銀行の勘定系システムである「MINORI」について「構造、仕組み自体に欠陥があったのではなく、これを運用する人為的側面に障害発生の要因があった」と結論づけた。そのためみずほ銀行もMINORIを抜本的に改めるのではなく、システムの運用を改善することで障害の再発を防ぐ方針とした。その運用改善に日本IBM出身の林氏が副CIOとして参加するという構図だ。

詳細は第5章などで説明するが、みずほ銀行で2011年3月に大規模なシステム障害が発生した際は、当時の勘定系システムである「STEPS」の老朽化が障害の原因となった。STEPSはみずほ銀行の前身の1つである旧第一勧業銀行が1988年に稼働を開始したシステムだった。

2011年3月の障害を受けてみずほ銀行が新規に開発した勘定系システムがMINORIで、4500億円の費用を投じて2019年7月に全面稼働した。今回の一連の障害は、MINORIが全面稼働して以来、初めてとなる大規模障害だった。しかし2011年3月の大規模障害の後と違い、今回は勘定系システムに大きく手は入れない。それがみずほ銀行の方針だった。

意外だったのは、6月の時点で金融庁から業務改善命令が出されなかったことだ。

2011年3月の障害の際には、まず5月23日にみずほFGがシステム障害の再発防止策を公表した後、5月31日に金融庁が業務改善命令を出した。金融庁がみずほ銀行とみずほFGに発出した業務改善命令には「当行／当社が策定した再発防止策を速やかに実行すること」が最初の項目に挙げられていた。金融庁の業務改善命令は、みずほ銀行による再発防止策を認めているように映った。

しかし今回は、金融庁はすぐには業務改善命令を出さず、みずほ銀行などへの立ち入り検査をその後も継続した。金融庁はみずほFGによるシステム障害の原因調査やその結論、再発防止策などに不満を持っているのではないだろうか。はたまた、みずほFG経営陣による責任のとり方が不十分だと考えているのではないだろうか――。検査が長引く中、そんな思惑が駆け巡った。

再びシステム障害が頻発

夏が終わるまでには金融庁も業務改善命令を出すのではないか。当事者であるみずほ銀行だけでなく、メディアなども金融庁の出方をうかがっていた8月下旬。まさかの事態が起きる。5回目のシステム障害が発生したのだ。

みずほ銀行は8月20日8時30分に突然、本来であれば9時から始まる営業店での業務ができなくなったと発表した。営業店で行員が窓口業務などに使用する「営業店端末」がシステム障害によって利用できなくなったためだ。

しかし9時の開店に合わせてみずほ銀行の営業店に向かっていた顧客が、銀行のWebサイトで発表された案内を見ているはずがない。多くの顧客がみずほ銀行の店頭で、業務停止に困惑する結果となった。みずほ銀行による顧客への情報提供は、2月28日のシステム障害の際と同じように、今回も遅すぎた。

営業店端末は9時45分に利用可能になり、窓口業務も同時点から始まった。しかしシステム障害の影響はその後も残り、3月12日のシステム障害に続き今度も、外国為替取引が時限に間に合わない事態が発生した。8時30分から9時45分までに受け付けた他行向けの外為仕向送金依頼が、ずっと未処理になっていたのだ。

みずほ銀行が外為送金の未処理に気付いたのは14時35分で、その時点で13時の時限は過ぎていた。みずほ銀行は16時15分から外為仕向送金の再送を始めたが、国内他行向け外為仕向送金1件と、海外向け仕向送金9件が8月20日中に完了できなかった。

システム障害はその後も続いた。8月23日には6回目のシステム障害が発生した。同日正午ごろに全国111拠点にある184台のATMが一時的に利用不能になり、13時30分までに復旧した。ATMによる通帳やカードの取り込みはなかったが、現金の取り込みは11件発生した。この日は平日で営業店に行員もいたため、11件の現金はすぐに顧客に返却できた。

9月8日には7回目のシステム障害が発生した。同日9時20分ごろから116台のATMが利用不能になり、10時30分までに復旧した。今回も通帳・カードの取り込みはなかったが、現金は27件がATMに取り込まれた。この日も平日だったため、現金は当日中に返却できた。また同じ時刻、インターネットバンキングのみずほダイレクトでも一部の取引が不成立になるトラブルが発生している。

危機感を強める金融庁が驚きの命令

再びみずほ銀行でシステム障害が頻発し始めたことに金融庁は危機感を強めた。実はみずほ銀行はシステム障害が再発する中でも、以前から予定していたシステムの改修作業を強行しようとしていたからだ。インターネットバンキングのみずほダイレクトで使用するスマートフォン用アプリケーションの全面刷新がその一例で、9月中の実施を計画していた。

むやみにシステム改修を進めては、新たなシステム障害が発生しかねない。そう考えた金融庁は9月22日、みずほ銀行とみずほFGに対して業務改善命令を発出し、当面のシステム更改や更新の計画について再検証や見直しを命じた。みずほ銀行によるシステム改修に全面的なストップをかけた格好だ。

みずほ銀行に対しては、システム改修に関して見直した計画を10月29日までに報告するよう命じた。10月末までに行う必要があるシステム改修については、10月6日までに計画を提出するように求めてもいるため、緊急的な改修までは禁じていない。しかしそれ以外の改修については、金融庁がチェックするまで実施を禁止した。

金融庁は同時にみずほ銀行に対し、再検証した上でも実行すべきだと考えたシステム改修については、その改修によって障害が発生した場合に顧客に対して適切な対応ができる危機管理態勢を確保するように命じている。これまでのシステム障害が発生した際のみずほ銀行の対応について、金融庁が強い不満を持っていることがうかがえる命令だ。

この時点で金融庁は、みずほ銀行への検査を継続している。検査中にもかかわらず業務改善命令を下すのは異例の対応だった。

みずほ銀行の情報システム部門は、実質的に金融庁の管理下に入った。ＩＴ業界人がそのような見立てをする中で、9月30日に8回目のシステム障害が起きた。3月12日、8月20日に続き、今回も外国為替の送金が遅延した。国内他行向け外為送金のうち370件が時限に間に合わなかった。未処理となった送金の多くは、送り先の銀行と調整して当日扱いで処理できたが、最終的に59件が当日中に処理を終えられなかった。

しかし9月30日のシステム障害で発生した最悪のトラブルは、外為送金が遅れたことではなかった。この時、みずほ銀行はシステム障害によって遅れが生じていた外為送金を時限に間に合わせるために、外国為替及び外国貿易法（外為法）が銀行に義務づけているマネーロンダリング（資金洗浄）に関するシステムによるチェックを省略して送金を実行していたのだ。

本来実施すべきだったマネーロンダリング対策をせずに行われた外為送金は349件

で、このうちの3件・87万円分の送金が、マネーロンダリングの疑いのある取引だった。事後に確認した結果、規制対象となる取引ではないと分かったものの、チェック省略は外為法に違反する行為だった。

実はみずほ銀行はしばらくの間、自身が外為法違反をしていたことに気付いてすらいなかった。9月30日のシステム障害について金融庁が検査を進める中で、外為法に違反する行為をしていたことが分かったのだ。

みずほＦＧは当初、システム障害に関して役員を退任させる方針ではなかったとされる。もともと3月末で退任する予定だったみずほ銀行の藤原頭取が引責辞任することで幕引きを図る考えだった。しかし法令違反を犯した9月30日のシステム障害が、経営陣にとっては痛恨の一撃になった。みずほＦＧの坂井社長などの引責辞任は避けられない状況になった。

財務省も行政処分で坂井社長が退任へ

11月26日、ついに金融庁がみずほＦＧとみずほ銀行に業務改善命令を発出した。さらに財務省も同日、みずほ銀行が外為法に違反したとして是正措置命令を発令した。

前述の通り9月30日のシステム障害に際しては、マネーロンダリングに当たる取引は結果的に行われていなかった。しかし外国送金は一度行われると取り返しがつかないも

2021年11月26日の記者会見で謝罪するみずほフィナンシャルグループ（FG）・みずほ銀行の経営陣

写真は左から、米井公治IT・システムグループ共同グループ長、坂井辰史みずほFG社長、藤原弘治みずほ銀行頭取、松原真企画グループ副グループ長（危機管理担当）（肩書きはいずれも当時）

のであることから財務省は事態を重く見て、是正措置命令を出すに至った。

金融庁がみずほ銀行とみずほFGに下した業務改善命令については、その文面の過激さが大きな話題を呼んだ。

金融庁は処分の理由として、みずほFGやみずほ銀行に様々な問題があると指摘した。その詳細は第4章で解説するが、「執行責任者が、過去のシステム障害等も踏まえた危機管理を含む高度な専門性が求められるCIOの人選や候補者育成の指針となる人材像を明示的なものとして策定していなかった」などと極めて具体的に問題点を表現していた。

さらに金融庁はみずほ銀行がシステム障害を何度も繰り返す「真因」とし

て社風に問題があるとし、「言うべきことを言わない、言われたことだけしかしない姿勢」があるとまで述べた。

みずほFGは2021年6月の時点でシステム障害の再発防止策をつくっていたが、金融庁はそれを見直すように命じ、新しい再発防止策を2022年1月17日までに報告するようにも命じた。金融庁がシステム障害の再発防止策に「ダメ出し」をしたわけだ。

金融庁や財務省の処分を受けてみずほFGとみずほ銀行は同日、経営陣の引責辞任を発表した。2022年4月1日付でみずほFGの坂井社長、みずほ銀行の藤原頭取、CIOである石井哲みずほFG執行役兼みずほ銀行副頭取、コンプライアンス統括グループ長である高田政臣みずほFG執行役兼みずほ銀行常務執行役員が、それぞれ役員を辞任する。石井氏は役員の辞任に先立ち、金融庁に対して再発防止策を報告する期限である2022年1月17日付でCIOを退くことになった。

まだ続くシステム障害

みずほ銀行はシステム障害の再発防止策を見直す中で、さらにシステム障害を重ねた。

9回目のシステム障害は、2021年の最終営業日だった12月30日の15時30分に始まった。顧客がATMやインターネットバンキングなどで依頼をした他行への振り込みが、

システム障害に関する役員処分（その1）

●辞任する役員

氏名	2021年11月26日時点の役職
坂井辰史氏	みずほフィナンシャルグループ（FG）社長
藤原弘治氏	みずほ銀行頭取
石井哲氏	みずほFG執行役兼みずほ銀行副頭取（みずほFGおよびみずほ銀行のデジタルイノベーション担当兼IT・システムグループ長兼事務グループ長）
高田政臣氏	みずほFG執行役兼みずほ銀行常務執行役員（みずほFGおよびみずほ銀行のコンプライアンス統括グループ長）

● 2021年6月15日に発表した役員報酬の減額

氏名	2021年6月15日時点の役職	処分内容
坂井辰史氏	みずほフィナンシャルグループ（FG）社長	報酬月額の▲50%×6カ月
藤原弘治氏	みずほ銀行（BK）頭取	報酬月額の▲50%×4カ月
IT・システムグループ／事務グループ		
石井哲氏	FGおよびBKのIT・システムグループ長兼事務グループ長	報酬月額の▲40%×4カ月
片野健氏	FGおよびBKのIT・システムグループ副グループ長	報酬月額の▲20%×4カ月
清水英嗣氏	FGおよびBKの事務グループ特定業務担当	報酬月額の▲10%×4カ月
企画グループ		
猪股尚志氏	FGおよびBKの企画グループ長	報酬月額の▲15%×4カ月
リテール・事業法人カンパニー・部門		
大塚雅広氏	FGのリテール・事業法人カンパニー長	報酬月額の▲15%×4カ月
丸山幸信氏	BKのリテール・事業法人部門長	報酬月額の▲15%×4カ月
鈴木聡史氏	BKのリテール・事業法人部門特定業務担当	報酬月額の▲10%×4カ月

システム障害に関する役員処分（その2）

みずほリサーチ＆テクノロジーズ（MHRT）		
向井康眞氏	MHRT 副社長（前みずほ情報総研社長）	報酬月額の▲20%×4カ月
高橋達浩氏	MHRT 常務取締役（前みずほ情報総研副社長）	報酬月額の▲10%×4カ月

●2021年11月26日に発表した追加の役員報酬の減額

氏名	2021年11月26日時点の役職	処分内容
米井公治氏	FG および BK の IT・システムグループ共同グループ長	報酬月額の▲20%×2カ月
片野健氏*	FG および BK の IT・システムグループ副グループ長	報酬月額の▲20%×6カ月
猪股尚志氏*	FG および BK の企画グループ長	報酬月額の▲15%×6カ月
若林資典氏	FG および BK のリスク管理グループ長	報酬月額の▲15%×2カ月
松原真氏	FG および BK の企画グループ副グループ長（危機管理担当）	報酬月額の▲10%×2カ月
大塚雅広氏	MHRT 社長	報酬月額の▲20%×2カ月
向井康眞氏*	MHRT 副社長	報酬月額の▲20%×6カ月

*片野氏、猪股氏、向井氏の処分内容は6月15日発表のものからの変更

相手先の口座に届かない事態が16時25分まで発生したのだ。

国内銀行間の振り込みは「全国銀行資金決済ネットワーク（全銀ネット）」を介して送信される。この時は全銀ネットに振り込み情報を送信する際の設定を誤り、振り込み情報が全銀ネットに届かなくなった。その数は約2700件。そのうちの約2400件については、その日のうちに全銀ネットに再送信した。しかし残りの約300件については、全銀ネットへの送信処理が12月30日中に終わらなか

った。

10回目のシステム障害は、2022年1月11日に発生した。法人顧客向けのインターネットバンキングである「みずほe-ビジネスサイト」が8時のサービス開始から11時33分までの間、つながりにくい状態になったのだ。

みずほ銀行は法人顧客に対して電子メールなどで、ATMや店頭を利用するよう呼びかけた。その電子メールには他の金融機関の利用を検討するよう要請する内容も含まれていた。

みずほ銀行では2020年11月30日にも、みずほe-ビジネスサイトが9時過ぎから10時ごろまでつながりにくくなるシステム障害が発生している。それから1年1カ月後に、同一サービスで同種のシステム障害が発生したわけだ。

みずほFGとみずほ銀行は1月17日に、システム障害についての新しい再発防止策を金融庁に提出し、合わせて一般にも公表した。その詳細は第7章で解説するが、2021年6月に発表した再発防止策は52項目で構成されていたのに対して、2022年1月の再発防止策は113項目にまで増えた。

またみずほFGは同日、坂井社長の退任時期が4月1日付から2月1日付に早まり、みずほFGの木原正裕執行役グローバルプロダクツユニット長が2月1日付でみずほFGの新社長に就任すると発表した。坂井社長の退任が早まった理由についてみずほ

2022 年 1 月 17 日の記者会見でシステム障害について話すみずほフィナンシャルグループの木原正裕社長（当時は執行役グローバルプロダクツユニット長）

ＦＧは「体調不良のため」と説明した。

金融庁は２０２１年11月26日に発出した業務改善命令で、みずほＦＧやみずほ銀行には社風の問題があると指摘していた。そのため２０２２年１月の再発防止策には社風の刷新に関連する項目が多数盛り込まれていた。

１月17日に開催した記者会見では新社長に就任する予定の木原氏が、企業風土の変革について「何にも増して大切なのは、（再発防止策に関する）取り組みを風化させないこと」と語り、「システム障害を胸に刻みつけるための取り組み」（木原氏）を進めると語った。公表した再発防止策の中にある「定期的・継続的なシステム障害の語り継ぎ」がこれに当たる。

それでもシステム障害は続いた。11回目

のシステム障害が発生したのは2022年2月11日の土曜日。この日の9時ごろから一部のATMの稼働が不安定になった。15時30分ごろから始めたシステム復旧作業に伴い一時的に90拠点のATMを休止させたが、トラブルは16時30分ごろに解消した。2021年2月28日以降の12カ月では最も軽微なトラブルだったが、テレビ局や新聞は大きく報じ、金融庁も銀行法に基づく報告徴求命令を出した。

みずほFGが2月2日に発表した2021年4月～12月期決算の経常利益は4976億5600万円で前年同期に比べて10・8%の大幅な増益となった。前年同期は20・0%の減益だったので、みずほFGの業績はV時回復していることになる。

営業経費を業務粗利益で割った「経費率」は、2021年4月～12月期は60%。坂井社長が就任した2019年3月期の経費率は79%だったので、この4年間で大幅に改善したことが分かる。

業績を好転させてきた坂井社長だが、それでも退任を余儀なくされた。システム障害は経営者の運命だけでなく、みずほFGの姿にも大きな影響を与える可能性がある。

なぜこのようなシステム障害が発生したのか。続く第2章でみずほ銀行の内部で生じた事象を詳しく分析し、第3章ではシステム障害に至った原因を技術的に深掘りして解説する。

第2章

行内で何が起きたのか、システム障害の真相

銀行システムの主な要素と勘定系システムの位置付け

勘定系システム 口座への出入金を管理	チャネル系システム ATMや他行システムなどと接続	情報系システム 取引データなどを分析し経営戦略立案などに活用
営業店システム 営業店で働く事務系職員が使用	海外系システム 海外関連業務で使用	市場系システム 金融市場取引の管理やリスク管理、決済管理などに使用

みずほ銀行が2021年2月から2022年2月までの間に合計11回起こしたシステム障害。これらはいずれも勘定系システム「MINORI」とその周辺システムで発生した。

勘定系システムとは、銀行業務の本丸である預金や融資、振り込みなどをつかさどる、銀行にとって最も重要な情報システムである。勘定系システムが使えなくなると銀行の業務はすべてが停止する。ATMも銀行支店の窓口も、パソコンやスマートフォンから利用するインターネットバンキングもすべて使えなくなる。銀行の事業を継続するうえで、勘定系システムは不可欠な存在だ。

銀行の情報システムには勘定系システム以外にも「チャネル系システム」や「営業店システム」、「情報系システム」などがある。チャネル系システムは勘定系システムをATMや他行システムなどと接続するシステムであり、営業店システムは営業店で働く事務系職員が使用するシステムだ。これらはいずれも勘定系システムの周辺システムだと見なせる。11回のシステム障害の中には、チャネル系システムがダウンしたり、勘定系システムと営業店システムをつなぐ部分がダウンしたりすることによって起きたものもある。勘定系システムやその周辺システムが止まると、銀行サービスが継続できなくなる。

一方の情報系システムは、銀行業務に関する様々なデータを分析して経営者の意思決定を支援したり、従業員同士の情報共有を図ったりするシステムだ。情報系システムが止まっても銀行のサービスに影響しない。

みずほ銀行では２００２年４月と２０１１年３月に、勘定系システムやその周辺システムで大規模なシステム障害が発生し、ＡＴＭが利用不能になったり、何十万件もの口座振り込みが遅延したりするといったトラブルが起きている。みずほ銀行と親会社であるみずほフィナンシャルグループ（ＦＧ）は同じようなトラブルを２度と起こさないことを目指して新しい勘定系システム「ＭＩＮＯＲＩ」を開発し、２０１９年７月に全面稼働させた。

みずほ銀行はＭＩＮＯＲＩ以前は、旧第一勧業銀行が１９８８年に稼働させた勘定系システムである「ＳＴＥＰＳ」を使用していた。みずほ銀行は２００２年４月に、旧第一勧銀と旧富士銀行、旧日本興業銀行の旧３行が経営統合して発足した。当初はみずほ銀行だけでなくみずほコーポレート銀行という銀行もあったが、歴史の詳細については本書第５章を参照して頂きたい。

	発生日	障害が発生した箇所
1回目	2021年 2月28日	定期性預金、取引共通基盤、CIF、ATM、みずほダイレクト
2回目	2021年 3月 3日	サブデータセンターにあるネットワーク機器
3回目	2021年 3月 7日	流動性預金、定期性預金
4回目	2021年 3月12日	統合ファイル授受
5回目	2021年 8月20日	業務チャネル統合基盤
6回目	2021年 8月23日	メインデータセンターにあるネットワーク機器
7回目	2021年 9月 8日	取引共通基盤
8回目	2021年 9月30日	統合決済管理システム
9回目	2021年12月30日	内国為替システム
10回目	2022年 1月11日	みずほダイレクト
11回目	2022年 2月11日	ネットワーク機器

STEPSは富士通のメインフレーム（メーカー独自仕様の大型コンピューター）で稼働するモノリシック（一枚岩）な、つまりは様々なプログラム同士が密接に結びついたシステムだった。システム開発は富士通が主に請け負っていたためシングルベンダー体制だった。

それに対してMINORIはSOA（サービス指向アーキテクチャー）と呼ばれる設計思想を採用している。SOAとはアプリケーションやその機能を「サービス」としてコンポーネント化（部品化）し、サービスを組み合わせることで様々な機能を実現する設

勘定系システム「MINORI」の全体像とシステム障害が発生した箇所

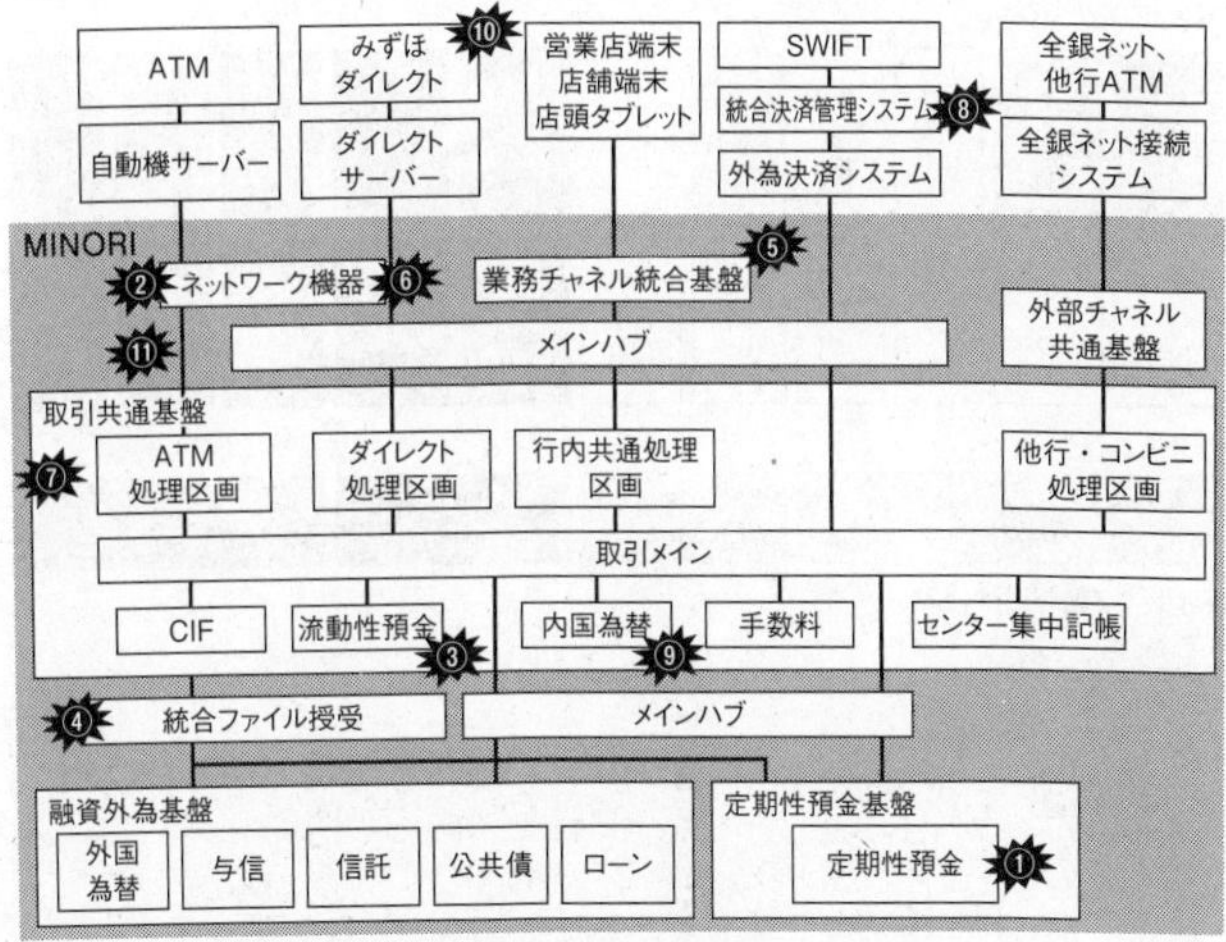

みずほフィナンシャルグループの資料を基に日経コンピュータ作成。
2021～22年に発生した一連のシステム障害に関連する部分を中心に抜き出した

計手法だ。

STEPS時代はメインフレーム上で稼働していたモノリシックな勘定系システムが、MINORIにおいては様々なコンポーネントに分割され、それらは日本IBMのメインフレームやUNIX（AIX）サーバー、富士通や日立製作所のLinuxサーバーなど様々な種類のハードウエア上で稼働する。ハードウエアのベンダーも異なるが、ソフトウエアを開発したベンダーもコンポーネントによって異なる。シングルベンダーだったSTEPSに対して、MINORIはマルチベンダー体制で開発された。

MINORIの主要機能と担当ベンダー

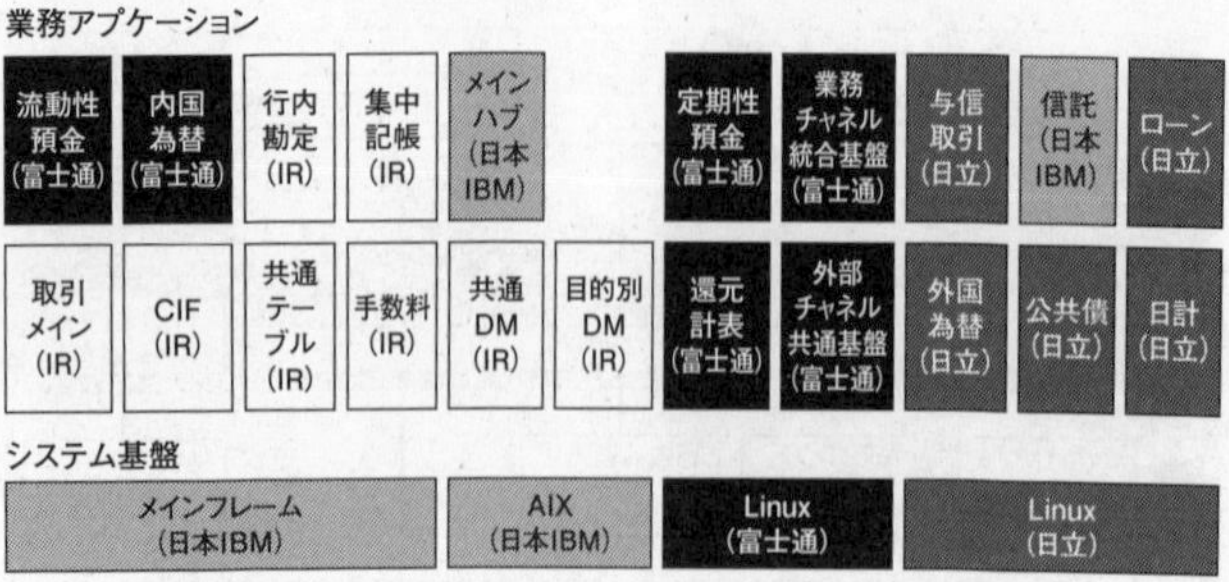

業務アプリケーション

流動性預金(富士通)	内国為替(富士通)	行内勘定(IR)	集中記帳(IR)	メインハブ(日本IBM)	定期性預金(富士通)	業務チャネル統合基盤(富士通)	与信取引(日立)	信託(日本IBM)	ローン(日立)
取引メイン(IR)	CIF(IR)	共通テーブル(IR)	手数料(IR)	共通DM(IR)	目的別DM(IR)	還元計表(富士通)	外部チャネル共通基盤(富士通)	外国為替(日立)	公共債(日立)
日計(日立)									

システム基盤

メインフレーム(日本IBM)	AIX(日本IBM)	Linux(富士通)	Linux(日立)

IR：みずほ情報総研(当時)

みずほ銀行は２００２年と２０１１年の大規模システム障害を教訓とし、ＭＩＮＯＲＩにおいてはシステム障害を起こさないよう工夫を凝らした、はずだった。

情報システムは人が開発・運用するものなのだから、ソフトウエアのバグやハードウエアの故障、オペレーションミスなどは避けられない。

しかし、みずほ銀行が２０２１年２月から２０２２年２月にかけて起こした11回のシステム障害では、通常の組織では起こり得ないような問題が多数発生したことによって、小さなトラブルを起点とするシステム障害が、顧客に大きな影響を与えていた。

みずほ銀行の行内でどのような事象が発生していたのか。トラブル拡大の要因となった問題点を指摘しながら、時系列に沿ってみていこう。

2021年2月28日のシステム障害

2021年2月28日、MINORIの「定期性預金システム」でデータベース（DB）が更新不能になったことをきっかけに大規模なシステム障害が発生し、ATMが通帳やキャッシュカードを取り込むトラブルが5244件発生した。

システム障害の発端となった定期性預金システムにおけるDBトラブルの原因は、MINORIの開発中だった2017年11月17日に埋め込まれた。

この時みずほ銀行は、同システムのDBに存在する「取消情報管理テーブル」のインデックスファイルを、ディスクではなくメインメモリーに保存する仕様変更を行った。これによってこのインデックスファイルについて厳格な容量管理が必要になったのだが、MINORIの運用担当部門にその認識はなかった（2月28日障害の問題点1）。

2021年2月28日のシステム障害では、MINORIに何かエラーがあると、ATMが問答無用で通帳やカードを取り込んでしまう仕様が問題を大きくした。もし通帳やカードはすぐに返すという他行では当たり前の仕様になっていれば、大規模障害には至らなかった。

実は、みずほ銀行はMINORIの移行リハーサル中だった2018年6月18日に

2021年2月28日に発生した障害の概要

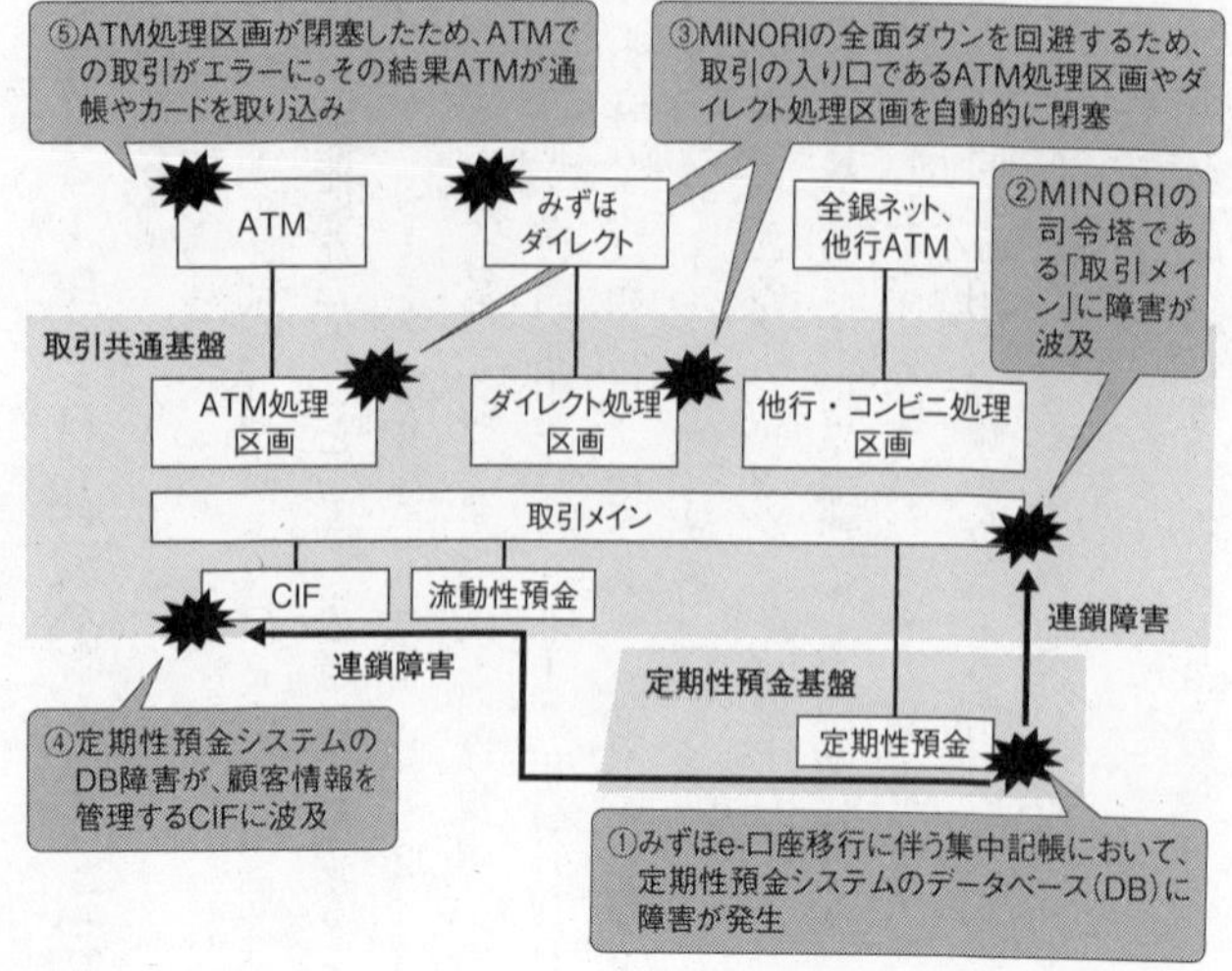

ATMがカードや通帳を取り込むトラブルを1821件起こしていた。だがそれを対外公表せず、改善策が必要な問題とも認識しなかった（2月28日障害の問題点2）。MINORI稼働後の2019年12月15日にもカードや通帳を取り込むトラブルが187件起きたが、ここでもATM仕様の変更を検討せず、経営陣へも報告しなかった（2月28日障害の問題点3）。

みずほ銀行は2021年1月、通帳を発行しない「みずほe-口座」の取り扱いに向けてシステムを改修した。そして2021年3月末までに、直近1年以上記帳が無い口座をe-口座に移すことを

みずほ銀行で2021年2月28日に起きたシステム障害の主な経緯（その1）

日付	時間	状況	問題点
2017年11月17日		新勘定系システム「MINORI」の定期性預金システムにおいて「取消情報管理テーブル」のインデックスファイルをディスクではなくメインメモリーに保存する仕様に変更すると決定。インデックスファイルに関する厳格なキャパシティー管理の必要性を運用担当は認識せず	1
2018年6月18日		MINORIの移行リハーサルにおいて、製品の既存バグの顕在化などをきっかけに、ATMがカードや通帳を取り込むトラブルが1821件発生。改善策が必要な恒常的な問題と認識せず	2
2019年7月16日		MINORIが全面稼働	
12月15日		MINORI共通基盤のハードウエア故障に伴い、ATMがカードや通帳を取り込むトラブルが187件発生。ここでも、ATM仕様の変更を検討せず、経営陣に対する報告もなかった	3
2021年1月17日		通帳を発行しない「みずほe-口座」の取り扱い開始に向けてMINORIの一部機能を改修。印紙税の納付額を削減するため、スケジュールありき（2021年3月中）でデータ移行計画を策定	4
2月27日まで		e-口座への「一括切替処理」のシステムテストにおいて、インデックスファイルを「メモリ常駐」にしたことに伴うリスクを検出できず	5

決定した。紙の通帳の発行を減らすことによって、印紙税を年間約16億円削減できると見込んだからだ（2月28日障害の問題点4）。

e-口座に切り替える定期性預金口座は約259万件。システム上の制限から45万件ずつ6回に分け、2月27日から3月14日までの土日にe-口座への一括切替処理を実施することに決めた。

この一括切替処理のシステムテストに際しては、実機での処理は8万件までしか試さなかった。実は定期性預金口座システムのDBは、前述のインデックスファイルに関する容量制限に起因して、更新件数が64万2969件を超えるとそれ以上は更新できなくなるという問題を抱えていた。しかしテストでの処理件数が不十分だったため、DBの設定にリスクがあることを検出できなかった（2月28日障害の問題点5）。

またe-口座への一括切替処理に関しては、通常時に監視業務を担うMIデジタルサービス（MIDS）ではなく、みずほリサーチ&テクノロジーズ（MHRT、みずほ情報総研とみずほ総合研究所が2021年4月1日に統合。当時はみずほ情報総研）がエラー監視を担う体制とした。MIDSはみずほFGが35%、日本IBMが65%を出資する。MHRTはみずほFGの完全子会社だ。

ところがMHRTには、エラー監視をする体制が整っていなかった（2月28日障害の問題点6）。MIDSはMINORIを運用するデータセンターに担当者を24時間

365日常駐させ、MINORIのエラーログの内容を分析して「エラー出力場所」や「対応優先度」などを自動的に判定する「統合運用基盤システム」を使って監視業務に当たっていた。それに対してMHRTは、24時間365日の監視体制を整備していなかった。また担当者は「生」のエラーログをオフィスにある開発端末で直接参照する必要があった。

2月27日にe-口座への一括切替処理の第1回を実施したところ、トラブルの兆候が出た。取消情報管理テーブルのインデックスファイル使用率が、警戒すべきしきい値(80%)を超え87%に達したのだ。しかしMHRTはそれを見逃した（2月28日障害の問題点7）。

みずほ銀行は2月28日8時24分に2回目のe-口座への一括切替処理を始めた。それから約1時間半後の9時50分、定期性預金システムに異変が起きた。

取消情報管理テーブルのインデックスファイル容量が設定を超過し、定期性預金システムに対する全ての更新処理が不能になった。それに伴いATM経由で定期性預金システムにアクセスした顧客、つまりはATMで定期預金口座への入出金をしようとしたり、定期預金口座の記帳をしようとしたりした顧客の通帳やカードが、ATMに取り込まれ始めた（2月28日障害の問題点8）。

みずほ銀行で2021年2月28日に起きたシステム障害の主な経緯（その2）

日付	時間	状況	問題点
2月27日まで		e-口座への一括切替処理の間は、通常時に監視業務を担うMIデジタルサービス（MIDS）ではなく、みずほリサーチ&テクノロジーズ（MHRT、当時はみずほ情報総研）がエラー監視を担うことに。しかしMHRTにはエラー監視をする体制が整っていなかった	6
2月27日		e-口座への一括切替処理の1回目を実行。取消情報管理テーブルのインデックスファイルの使用率はしきい値（80%）を超える87%に。MHRTがアラートを見逃す	7
2月28日	8：24	2回目のe-口座への一括切替処理などセンター集中記帳処理を開始	
	9：50	取消情報管理テーブルのインデックスファイルのメモリー容量が超過し、定期性預金システムのデータベースが更新不能に。それに伴いCIF排他（ロック）の取消不能や、MINORIの司令塔である取引メインで「パーコレートエラー（二重エラー）」が発生。ATMがカードや通帳を取り込み始めたほか、インターネットバンキング「みずほダイレクト」の一部取引も不能になった。エラーになった取引（トランザクション）は延べ6114件	8
	10：00	取引メインのATM処理区画で最初の閉塞が発生。これによってATMがカードや通帳を取り込むトラブルが増え始める	9
	10：00ごろ	MIDSのオペレーターがMHRTのITインフラ第1部やプロジェクトデザイン本部の担当者に各種エラーメッセージを電話で伝達。しかし、MHRTの担当者はMIDSに詳細を問い合わせたり、システムログを確認したりしなかった	10

みずほ銀行で2021年2月28日に起きたシステム障害の主な経緯（その3）

日付	時間	状況	問題点
2月28日	10：15	ATMの稼働を監視する外部委託の「ATMセンター」がみずほ銀行（MHBK）IT・システム統括第一部や事務企画部などに対しATMでエラーが多発している内容を告げる「緊急一報メール」を発信。しかし、顧客対応に動く担当者はいなかった	11
	10：19	障害の拡大を防ぐため「取引サービス禁止」の措置が自動的に発動。ATMによるカードや通帳の取り込み件数が減少し始める	
	10：22	MHBKのIT・システム統括第一部がMHRTの第1事業部第1部や第3部に対し、センター集中記帳処理の停止を指示	
	10：50	MHBKのIT・システム統括第一部部長がMHBKの片野健IT・システムグループ副グループ長（副CIO）にシステム障害に関して電話連絡	12
	12：02	自動的に発動していた「取引サービス禁止」の措置を、人手によって事実上解除。その結果、ATM処理区画の閉塞に拍車がかかり、一時的に減少していたATMによるカードや通帳の取り込みが再び急増	13
	12：47	MHBKのIT・システム統括第一部がシステム障害管理運営要領に基づき障害報告メール（障害ランクはA2懸念）を発信。障害ランクを過小に見積もり、藤原弘治頭取らに情報が共有されず	14
	13：00	MHBKのIT・システム統括第一部がATMの広範停止を把握	15

MINORIの司令塔にエラーが波及

定期性預金システムのエラーはアプリケーション設計上の問題もあり、MINORIの司令塔に当たる「取引メイン」で「二重エラー」を引き起こした。トランザクション(一つの取引を完了させるまでの一連の処理)に成功したのか失敗したのか分からなくなる深刻なエラーだ。

そこでMINORIは全面ダウンを避けるため、勘定系システムに対するトランザクションの入り口に当たるATM処理システム(ATM処理区画)を自動的に閉塞(処理停止)し始めた。トランザクションを抑制するためだ。

MINORIのATM処理区画はメインフレーム上で稼働している。ATM処理区画が稼働するメインフレームは3系統あって、それぞれに20個のATM処理区画があった。つまり合計60個のATM処理区画があった。

顧客がATMを使って始めた現金引き出しなどのトランザクションは、60個あるATM処理区画のどれかに割り当てられる。もし割り当てられたATM処理区画が閉塞している場合は、そのトランザクションはエラーになり、ATMはエラー対策として通帳やカードを取り込む仕様になっていた。

MINORIでは、ATMからのトランザクションによる二重エラーが5回発生するたびに、ＡＴＭ処理区画を1個閉塞する。定期性預金システムのエラーによってＡＴＭ処理区画の閉塞が始まった結果、顧客の取引が定期性預金システムへアクセスしたか否かにかかわらず、ＡＴＭが通帳やカードを取り込み始めた。

そして定期性預金システムのＤＢが9時50分にダウンした後も、顧客によるＡＴＭを使った定期預金の取引は続き、その度に取引メインで二重エラーが発生し、ＡＴＭ処理区画の閉塞につながった。時間の経過と共にＡＴＭ処理区画の閉塞は増え、それに伴いＡＴＭによる通帳・カードの取り込み件数も一気に増加していった（2月28日障害の問題点9）。

トラブルに最初に気づいたのは、ＭＩＮＯＲＩが稼働するデータセンターで24時間体制で監視に当たっていたＭＩＤＳのオペレーターだ。定期性預金システムのトラブルによって10分余りで６０００件以上のエラーメッセージが発生したことから、マニュアルに従ってＭＨＲＴのＩＴインフラ第1部やプロジェクトデザイン本部の担当者に電話で連絡した。しかしＭＨＲＴの担当者はＭＩＤＳに詳細を問い合わせたり、ＭＩＮＯＲＩのシステムログを確認したりしなかった（2月28日障害の問題点10）。

ほぼ同じ頃、ＡＴＭの稼働を監視する外部委託の「ＡＴＭセンター」が、ＡＴＭでエラーが多発していることを把握した。ＡＴＭに通帳・カードを取り込まれた顧客が、ＡＴＭに備え付けられた電話（オートフォン）を使ってＡＴＭセンターに一斉に電話をかけ始めたからだ。

第1章でも紹介したように、ATMセンターの業務は、みずほ銀行から富士通の連結子会社であるバンキングチャネルソリューションズ（BCSOL）という会社に委託され、同業務はさらにBCSOLからOKI（沖電気工業）に再委託され、さらにOKIの子会社である日本ビジネスオペレーションズ（JBO）に再々委託されている。

ATMセンターは10時15分、みずほ銀行の関係部署などに対しATMでエラーが多発している旨を報告する「緊急一報メール」を発信した。

メールの件名は「MH【一報】ATM取引不能頻発」。本文は「監視システム上はATM正常稼働ながら、ATMのエラー発生が多発しています。発生ATMセンター：東京／大阪（430件）。検知時刻：2月28日9：50。原因：現状不明（MINORIの障害？データセンターAオペ（注：オペレーター）情報）。苦情申し出等は続報にて報告します」だった。

このメールは、みずほ銀行の情報システム部門であるIT・システム統括第一部のチャネル系システム推進チームや、個人マーケティング推進部営業開発チーム、個人マーケティング推進部コンタクトセンター業務チーム、事務企画部事務リスク管理室、事務企画部業務統括チーム・企画チーム、コーポレートコミュニケート（CC）部広報室と、MHRTに送信された。しかしすぐに顧客対応に動くみずほ銀行の担当者はいなかった。みずほ銀行で本格的な顧客対応が始まるのは、14時以降のことである（2月28日障害の問題点11）。

10時50分、みずほ銀行のＩＴ・システム統括第一部部長が、ＩＴ・システムグループ副グループ長（副ＣＩＯ）である片野健常務執行役員に、システム障害について電話連絡している。障害が発生してからＩＴ部門における役員級の幹部がそれを把握するまで、1時間を要していた（2月28日障害の問題点12）。

しかしこの時点ではまだＩＴ・システム統括第一部は、今回の障害がＡＴＭにおける数千件もの通帳・カード取り込みを発生させているものだと認識していなかった。同部が主に気にしていたのは定期性預金システムのエラーで、それへの対応に専念していた。こうした認識不足が、その後の対応に悪影響を及ぼした。

ＭＩＮＯＲＩの防衛機能を解除

実はこの頃、ＡＴＭによる通帳・カードの取り込み件数は減少していた。ＭＩＮＯＲＩには全面ダウンを避ける防衛機能が他にもあり、10時19分から定期性預金システムへのトランザクションの入り口となる「取引サービス」を閉鎖する「取引サービス禁止」の措置を自動的に発動していた。これによって定期性預金システムでのエラーが減った結果、司令塔である取引メインでの二重エラーも減り、ＡＴＭ処理区画が自動閉塞する頻度が減った。

しかしみずほ銀行は12時2分、「取引サービス禁止」の措置を人手によって事実上解除してしまう。今回のシステム障害の原因が「取引サービス禁止」の措置にあると誤認したためだった。その結果、再び定期性預金システムのエラーやそれに伴う取引メインの二重エラーが増え始め、ATM処理区画の閉塞に拍車がかかって、一時的に減少していたATMによるカードや通帳の取り込みが再び急増した（2月28日障害の問題点13）。

前述の通りATM処理区画が稼働するメインフレームは3系統ある。12時14分までに1系のATM処理区画20個がすべて閉塞した。12時27分までに2系のATM処理区画20個がすべて閉塞した。12時50分までに3系のATM処理区画20個のうちの17個が閉塞した。

12時45分、ATMセンターがATMの画面にある定期預金口座に関連するメニューを使えないようにした。これによって、ATMからのトランザクションに起因する二重エラーが発生しなくなったため、12時50分以降は新たにATM処理区画が閉塞することはなくなった。

ATMセンターにこの作業を依頼したのは、みずほ銀行のIT・システム統括第一部だった。IT・システム統括第一部はこの時点でもまだATMの大規模停止を把握しておらず、定期性預金システムのエラーを止める作業に専念していた。その作業を進める

みずほ銀行で2021年2月28日に起きたシステム障害の主な経緯（その4）

日付	時間	状況	問題点
2月28日	13：15 -	一部取引ができない旨をWebサイトで告知。店舗などで立ち往生している顧客への対応はされなかった	16
	13：30	藤原頭取がネットニュースで自行ATMに障害が起こっていることを認識	17
	13：40	MHBKの事務企画部部長が、石井哲CIO兼事務グループ長にATMで異常が多発している状況を電話で報告	18
	14：00ごろ	MHRTの担当者がログ調査のできる品川シーサイド事務所に到着。取引メインのログ調査を開始	19
	14：12	CIF排他の対象になっているCIF番号の特定などの確認作業を開始	
	14：20	MHRTのITインフラ第1部が取消情報管理テーブルのインデックスファイルの容量拡張作業を開始	
	14：25	全営業店に出勤指示を開始。単なる出勤指示にとどまり、顧客対応に関する具体的な指示はなし	20
	14：30	システム障害に関連する「関係部長会」が始まる	21
	15：30ごろ	石井CIOがMHBKの片野副CIOに電話連絡し、障害状況について共有	22
	15：50	自行ATMの7割超に相当する4318台が稼働停止（ピーク時）	
	15：58	ATMに取り込まれたカードや通帳を後日返却する旨をWebサイトで告知	23
	16：22	定期性預金システムのメモリー拡張が完了したにもかかわらず、ATMが復旧しなかったため、ようやく取引メインの過去に遡ったログ調査を開始	24

みずほ銀行で2021年2月28日に起きたシステム障害の主な経緯（その5）

日付	時間	状況	問題点
2月28日	16：37	CIFの排他解除を開始	
	17：00	第1回非常対策PTを開催	25
	17：10	ログ調査によって、ATM処理区画の閉塞を認識	26
	18：39	ATM・みずほダイレクト処理区画の再立ち上げを完了	
	19：25	CIF排他の解除を完了。しかし実際にはまだ解除できていないものがあった	27
	22：00	第2回非常対策PTを開催	
	23：21	残っていたCIFの排他解除を完了	
3月1日	0：00	みずほダイレクトが復旧	
	15：00	全ATMが復旧	
	18：00	MHBKの藤原頭取や片野副CIOらが記者会見。みずほFGの坂井辰史社長や石井CIOは会見に出席せず	28

うえで、ATMにある定期預金口座に関連するメニューを使えなくする必要があったのだった。

それでもATMによる通帳・カードの取り込みは増え続けた。ATMを使う顧客のトランザクションが運良く生き残った3個のATM処理区画に振り向けられた場合は良かったのだが、それ以外の57区画に振り向けられた場合に、ATMは通帳・カードを取り込んでいた。

とはいえ13時以降はATMが新規に通帳・カードを取り込むピッチは減少する。この時点で既に3500台以上のATMが停止し、稼働するATMの台数が減っためだ。

障害ランクを過小評価

みずほ銀行のIT・システム統括第一部は12時47分、システム障害に関する第一報を関係各所にメールで送った。しかし前述したように同部はATMの大規模停止を把握していなかったため、システム障害のランクを過小評価してしまう。この時点ではATM処理区画の自動閉塞にも気づいていなかった。

IT・システム統括第一部が送ったメールの宛先にはIT・システムグループ長（CIO、最高情報責任者）と事務グループ長を兼務する石井哲副頭取が含まれていたが、藤原弘治頭取は対象外だった（2月28日障害の問題点14）。

IT・システム統括第一部がATMの広範停止を把握したのは、13時になってのことだった（2月28日障害の問題点15）。

みずほ銀行がシステム障害について対外的に初めて発表したのは13時15分のことだ（2月28日障害の問題点16）。みずほ銀行のホームページに「ATMやみずほダイレクトにおいて一部のお取引がご利用頂けない状態になっています」との情報が掲示された。

しかしその時点でも藤原頭取に情報は伝わっていなかった。藤原頭取は13時30分、ネットのニュースで自行のATMにトラブルが起きていると認識した（2月28日障害の問題点17)。石井CIOがATMトラブルに関する電話報告を受け取ったのは13時40分だ。ただし電話をかけてきたのはIT部門の部下ではなく、事務企画部の部長である（2月28日障害の問題点18)。

みずほ銀行は13時54分に、定期性預金システムをネットワークから切り離した。これによって取引メインで新たに二重エラーが発生することは無くなった。しかし依然として、ATMによる通帳・カードの取り込みは続いていた。

今回のシステム障害に際して、運用の実務を担うMHRTの担当者がメインフレーム上で稼働する「取引共通システム」のログ調査を始めたのは14時ごろだった。MHRTは大量のシステムログをリモートから調査する手段を用意しておらず、担当者は東京臨海高速鉄道・りんかい線品川シーサイド駅そばにあるMHRTのオフィスに出社する必要があったためだ（2月28日障害の問題点19)。

顧客対応も後手に回った。みずほ銀行が全営業店に出勤指示を開始したのは14時25分。しかも、単なる出勤指示にとどまり、顧客対応に関する具体的な指示はなかった（2月28日障害の問題点20)。

14時30分、システム障害や顧客対応に関連する部署の部長による「関係部長会」が始まり、部署を越えた情報共有がようやく円滑になった。しかし情報共有は関係者が会議室に集まって行うとされており、リモート会議などは想定外だった（2月28日障害の問題点21）。

石井ＣＩＯが片野副ＣＩＯに電話連絡し、障害状況について共有したのは15時30分ごろだ（2月28日障害の問題点22）。

みずほ銀行がＷｅｂサイトで「ＡＴＭに取り込まれたカードや通帳は後日返却するから、ＡＴＭから離れても構わない」と顧客に告知したのは15時58分のことだ。広報部門はもっと早くに告知したいと考えていたが、関係部長会が開催されるまで告知文面の最終確認ができなかった（2月28日障害の問題点23）。

ＡＴＭトラブルの真因に気づかず

みずほ銀行は16時22分、定期性預金システムを復旧させた。しかしそれでもＡＴＭは復旧しなかった。そこで初めて同行は、ＡＴＭ障害に別の理由があると察し、取引共通システムのログについて過去に遡った調査を始めた（2月28日障害の問題点24）。

システム障害への対策を検討する「非常対策プロジェクトチーム（ＰＴ）」が開催されたのは17時だ。既にシステム障害から7時間が経過していた（2月28日障害の問題点25）。17時10分、ＡＴＭトラブルの主因が、ＡＴＭ処理区画の閉塞にあったことがようやくログ調査で判明した（2月28日障害の問題点26）。ＡＴＭ処理区画の再立ち上げは18時39分に完了した。

しかしシステム障害はまだ残っていた。定期性預金システムのトランザクション失敗によって、顧客に関する全データを管理するＣＩＦ（カスタマー・インフォメーション・ファイル）の一部レコードが排他（ロック）されたままになっていた。ＣＩＦ排他の対象になった顧客がＡＴＭで入出金や通帳記帳などの更新取引をしようとすると、すべてがエラーになった。ＣＩＦ排他を原因とする通帳・カードの取り込みも38件発生している。

みずほ銀行は19時25分にＣＩＦ排他の解除が完了したと判断したが、実際にはまだ排他されたままのレコードが残っていた（2月28日障害の問題点27）。ＣＩＦ排他解除が完全に完了したのは23時21分のことだった。全ＡＴＭが復旧したのは翌3月1日の15時だった。

2月28日のシステム障害では、ＡＴＭ以外の部分でもトラブルが発生している。インターネットバンキングのサービスである「みずほダイレクト」では、2月28日の9時50分ごろから3月1日0時ごろまで、定期預金に関する入出金や口座開設といった更新取引ができなくなった。定期性預金システムのＤＢがエラーで更新できなくなったためである。その後、13時54分に定期性預金システムの切り離しによって、みずほダイレクトでは定期預金口座の残高照会も不可能になった。これも3月1日の0時まで続いた。

また顧客がみずほダイレクトで試みた定期預金に関するトランザクションがエラーに

なるたびに取引メインで二重エラーが発生し、二重エラーが5回起きると「ダイレクト処理区画」が自動閉塞した。CIF排他も発生している。

ダイレクト処理区画はメインフレーム1系統につき13個あり、それが3系統あったので合計39区画があった。このうち30区画が閉塞した。みずほダイレクトからのトランザクションが閉塞したダイレクト区画に振り向けられると、みずほダイレクトの画面はエラー画面に遷移し、取引は失敗する。CIF排他の対象になった顧客がみずほダイレクトで取引を始めると、それもエラーになった。

みずほダイレクトでは3月1日0時にシステムが復旧するまで、ダイレクト処理区画の閉塞やCIF排他などによって、2万6804件の取引がエラーになっている。みずほダイレクトの取引エラーによって、224件の決済取引が2月28日中に処理できず保留状態となった。

みずほ銀行は3月1日18時、システム障害に関する最初の記者会見を開催した。同行の藤原頭取や片野副CIOらは出席したが、みずほFGの坂井辰史社長や石井CIOは会見に姿を見せなかった(2月28日障害の問題点28)。

2021年3月3日のシステム障害

2回目のシステム障害が発生したのは3月3日の19時58分のこと。みずほ銀行のとあるデータセンターにおいてネットワーク機器内のネットワークカードが故障した。予備のネットワークカードへ切り替わるまでに3分間を要し、その間このネットワーク機器の通信状態が不安定になった。

勘定系システムであるMINORIのデータセンターについては、稼働系を運用するメインセンターと、待機系を運用するサブセンターがある。故障したネットワーク機器はサブセンターに設置してあり、サブセンターにある「自動機サーバー」やその先につながるATMとメインセンターにあるMINORIの通信とをつないでいた。

サブセンターにあるこのネットワーク機器が故障した結果、サブセンターにつながるATMとMINORIが通信できない状態になった。ATMはMINORIと通信できなくなっても、一定時間は応答を待つ設定となっていた。しかし応答を待つ時間は1分間。それを超えると通信はタイムアウト、つまりは無効になる。今回は予備系のネットワークカードに切り替わって通信が復旧するまでに3分間を要したので、ATMの応答を待つ時間を超過しタイムアウトになった。

2021年3月3日に発生した障害の概要

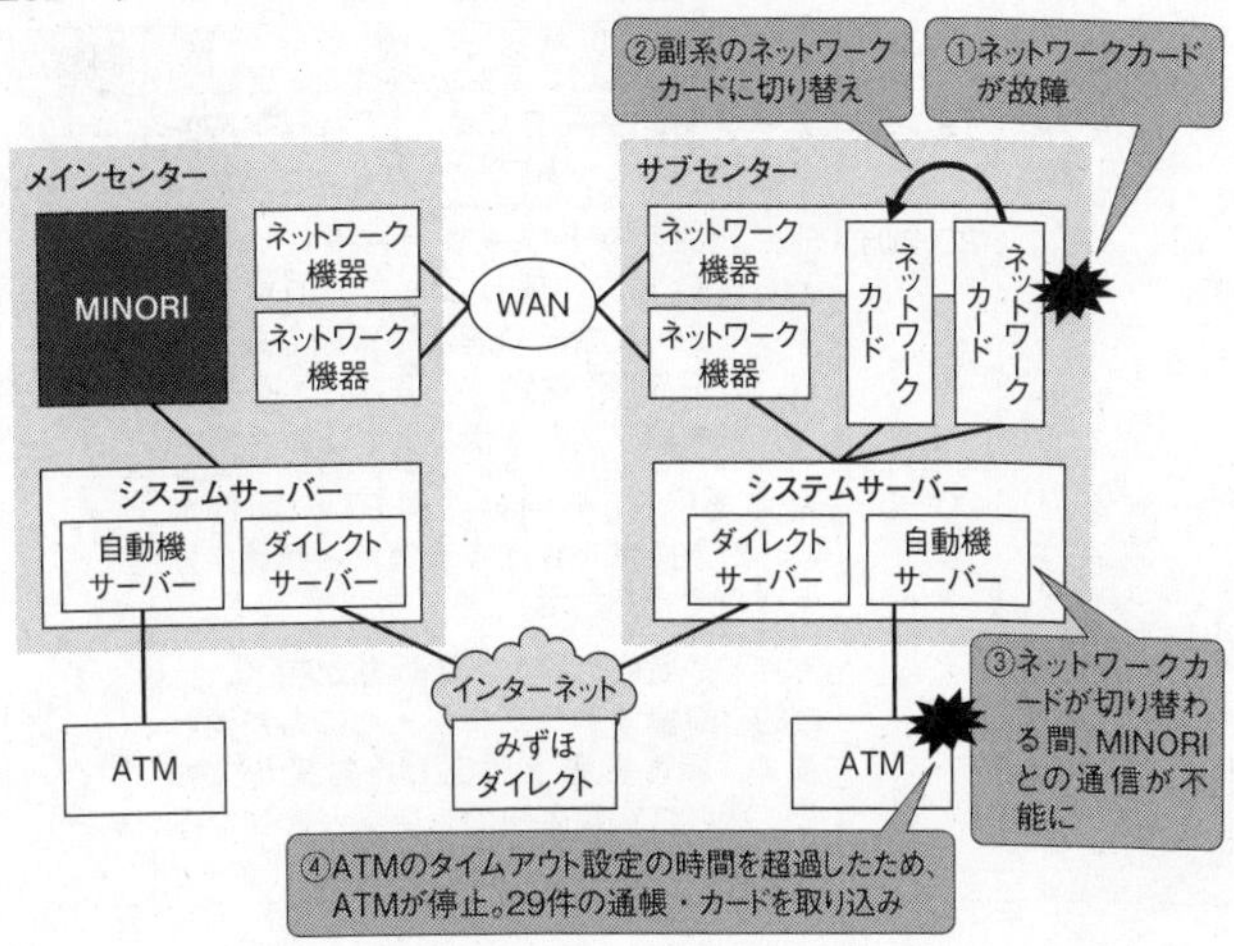

　みずほ銀行はATMとMINORIの通信がタイムアウトになった場合に、顧客の通帳やキャッシュカードを取り込む設定にしていた。そのため今回も通帳・カードの取り込みが29件発生した。通帳だけの取り込みが8件、カードだけの取り込みが18件、通帳とカードの両方の取り込みが3件である。

　比較的小規模なトラブルだったにもかかわらず、当日中に返却できた通帳・カードは14件だけで、残りは翌日以降の返却になった（3月3日の問題点1）。

　またサブセンターにつながるATMや「みずほダイレクト」のサーバーから申し込まれた「ナンバー

2021年3月3日のシステム障害の主な経緯

日付	時間	状況	問題点
2021年3月3日	19:58	データセンターBにおいてネットワーク機器内のネットワークカードが故障	
	20:01	他系統のネットワークカードに切り替え。自動で切り替わるまでの3分間、ネットワーク機器の遮断・接続を繰り返し、通信が不安定に。ATMが通帳やカードを取り込むトラブルが29件発生	
	20:55	非常対策PTを開催。同PTの開催前に、対象拠点を管理する営業店職員に拠点への急行を指示	
3月8日まで		カードや通帳の顧客への返却が完了。比較的小規模なトラブルだったにもかかわらず、顧客影響を想定した対策が欠如し、顧客に営業店への来店などを強いる事態に	1

ズ」の購入取引が7件不成立になった。そのうちみずほダイレクト経由での購入が不成立になった事案が5件、ATM経由で不成立になった事案が2件である。

なお本来であればネットワーク機器でネットワークカードが故障した場合、10秒以内に予備のカードに切り替わる設定になっていた。ただし今回のケースでは、ネットワークカードは完全に停止したのではなく、遮断と接続を繰り返す不安定ないわゆる「半死に」の状態になった。「半死に」の場合は3分間で予備のカードに切り替わる設定だったため、ATMのタイムアウト時間に間に合わなかった。

2021年3月7日のシステム障害

3月7日には3回目のシステム障害が発生した。

流動性預金システムにおいて新たにカードローン商品に関するプログラムを追加したところ、そのプログラムにミスがあり、流動性預金システムのDBにある「貸越明細テーブル」に誤ったデータが入ってしまった。

この貸越明細テーブルは、定期性預金システムでも使用する。3月7日6時8分に、総合口座の定期預金口座へ入金する集中記帳処理（バッチ処理）を始めたところ、貸越明細テーブルに誤ったデータが入った影響で入金処理がエラーになった。また8時1分からはみずほダイレクトでの定期預金口座への入金の一部がエラーになった。入金処理がエラーになった件数は、みずほダイレクト経由の取引が14件、ATM経由の取引が10件だった。

エラーを検知したMHRT開発本部第1事業部はすぐにみずほ銀行にトラブルを報告した。みずほ銀行は8時20分に緊急関係部長会を開き、今後の対応を協議した。

ここでみずほ銀行が心配したのは、2月28日や3月3日の事態の再来である。定期性預金システムのトラブルによって、ATMが顧客の通帳やカードを取り込む事態が発生

2021年3月7日に発生した障害の概要

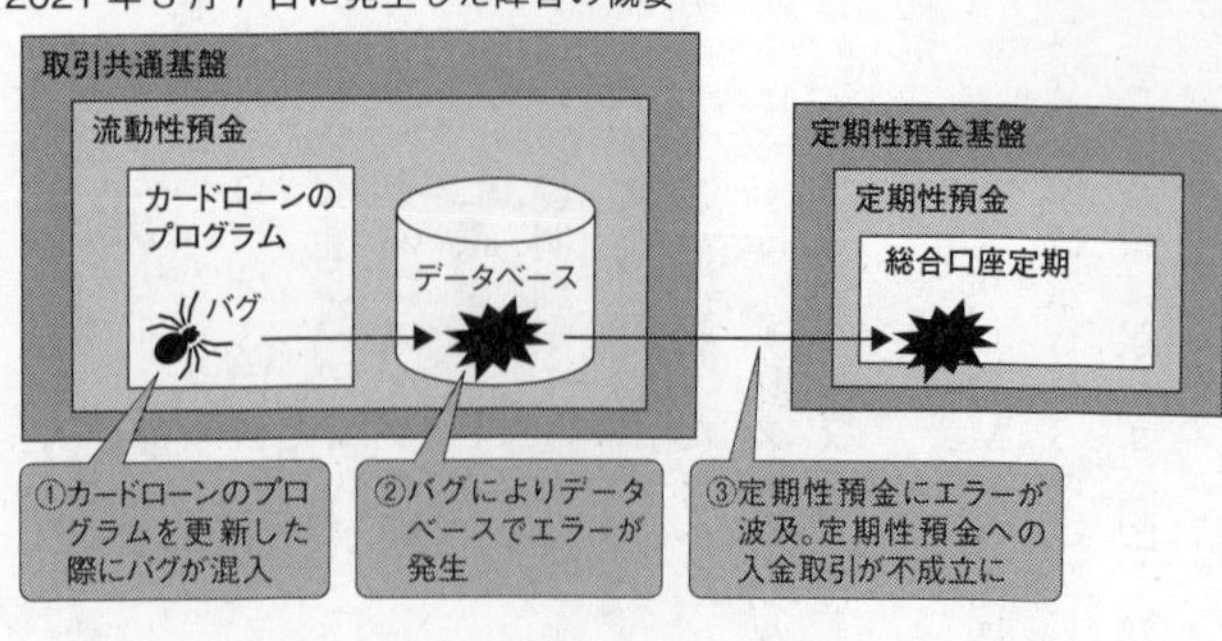

することを懸念した。そこでみずほ銀行は9時22分、ATMの操作画面で「定期預金」と「振替」のメニューボタンを非表示にすることで、ATMを使って定期預金や振替の取引をできないようにした。実際にはATMが通帳・カードを取り込む心配はなかったため、11時27分から定期預金と振替のメニューボタン表示を復活させた。

3月7日のシステム障害は、取引がエラーになった件数だけ見れば24件と少ない。ただしATMを使った定期預金と振替が2時間できなくなっており、顧客にとっての利便性には悪影響を与えた。

みずほ銀行とMHRTは13時16分にカードローンのプログラムを修正した。これによって13時42分までに定期預金口座への入金取引が復旧した。

みずほ銀行はカードローン商品について、返済が遅延した場合に適用される遅延損害金利率を規程で定めていた。しかし実際に延滞者へ適用していたのは、遅

2021年3月7日のシステム障害の主な経緯

日付	時間	状況	問題点
2020年1～8月中旬ごろ		カードローン商品の延滞利息徴求機能に関するプログラムを設計・開発。みずほ銀行（MHBK）がみずほリサーチ&テクノロジーズ（MHRT）に委託し、MHRTの再委託先が担当。MHRTが成果物を承認する体制だったが、MHRTがプログラムミスを検知できず。MHRTの1.5線や2線、MHBKの2線も形式的な確認にとどまる	1
2021年3月7日	6：08	「総合口座定期入金」に関する集中記帳処理でエラーが起き、定期預金の入金取引が成立しない事象が発生	
	6：10	MHBKがMHRT開発本部第1事業部からエラー検知の一報を受ける	
	9：22	2月28日や3月3日のシステム障害を踏まえ、ATMがカードや通帳を取り込むトラブルを回避するため、MHBKがATMの操作画面において「定期預金」と「振替」のメニューボタンを非表示に	
	11：27	定期預金と振替のメニューボタンを再表示	
	13：16	MHBKとMHRTは初期化処理の組み込み漏れを修正するためのプログラムをリリース	
	13：42	定期預金入金取引が復旧	

延損害金利率ではなく通常の借入適用利率だった。みずほ銀行はこの時、一部のカードローン商品で遅延損害金利率の適用を始めようとしていた。

そのためには、カードローン商品を扱う流動性預金システムに、延滞利息徴求機能を実現するプログラムを追加する必要があった。そのプログラムは2020年1月から8月中旬にかけて設計・開発した。みずほ銀行は同プログラムの設計・開発をMHRTに委託し、MHRTは作業をITベンダーに再委託していた。開発したプログラムはITベンダーでレビューし、レビュー結果はMHRTが確認する体制だった。しかしMHRTもみずほ銀行も「形式的な確認」（報告書）にとどまり、プログラムミスを見過ごした（3月7日の問題点1）。

2021年3月12日のシステム障害

3月11〜12日にかけては、MINORI共通基盤Bにあるストレージ装置内の通信制御装置の故障に起因して、外国為替システムで送金遅延などが発生した。

MIDSやデータセンターに常駐する日立製作所の保守担当者がストレージ装置の故障を検知したのは3月11日23時39分。このストレージ装置は「統合ファイル授受」「印鑑照合」「財形金融債」というMINORIのサブシステムが利用するもので、日立が資産として保有し、みずほ銀行に保守・メンテナンスを含めてサービスとして提供する。翌3月12日2時半ごろまでに、アプリケーションの保守を担当するMHRTの担当者や日立の担当者が現場に急行し、復旧を急いだが、対応は難航した。みずほ銀行と日立の間で障害が起きた時の十分な復旧手順を準備しておらず、現場で試行錯誤する必要があった（3月12日の問題点1）。

ストレージ装置の通信制御装置は冗長構成になっていて、本来であれば故障した通信制御装置は切り離され、他の正常な通信制御装置に処理が切り替わるはずだった。しかしストレージ装置を利用するサーバーが搭載するインターフェースカードのデバイスドライバーにバグが潜んでいた。

ストレージ装置は通信制御装置に故障が発生した場合、故障した通信制御装置と接続するサーバーに対し、正常な通信制御装置へ接続を切り替えるようコマンドを送信する。ところがサーバー側のインターフェースカードのデバイスドライバーには、このコマンドを特定の回数以上受信するとストレージ装置との通信ができなくなるバグが存在していた。このバグの影響で、サーバーとストレージ装置の通信が遮断された。

ストレージ装置が利用できなくなることで、これを使っていた統合ファイル授受と印鑑照合、財形金融債の各システムが停止した。

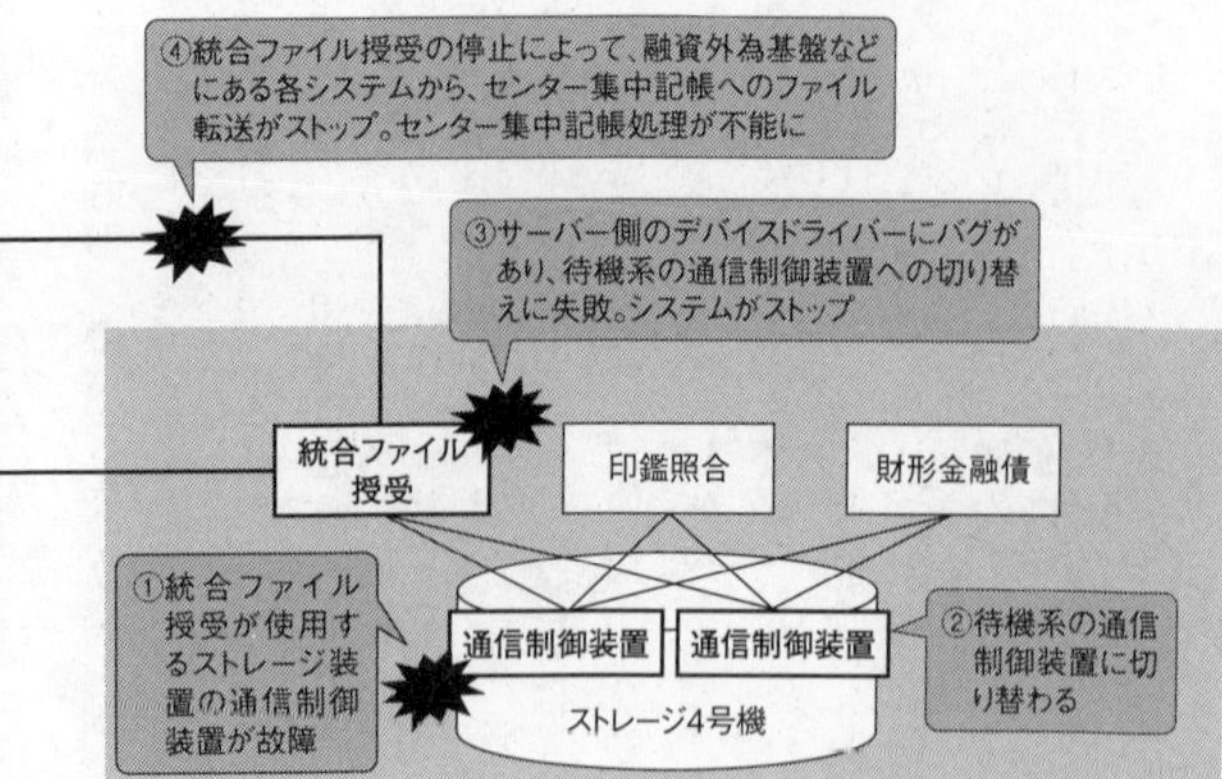

サーバーとストレージ装置の通信を復旧するには、サーバーの再起動が必要だった。しかしMIDSやMHRT、日立の担当者はこの手順になかなか気付かなかった。担当者は3月12日の2時18分と2時32分にサーバーとストレージ装置の再接続を試みたが、いずれも失敗した。そこで3時からストレージ装置の故障した通信制御装置を交換し始めた。交換作業は3時50分に完了した。

4時2分、担当者は再びサーバーとストレージ装置の接続に挑戦するが、これも失敗した。ストレージ装置の故障を直しても、サーバーとストレージ装置の接続が復旧しなかったわけだ。ここに至って担当者は、サーバー側に問題があることに気付く。4時20分に1台のサーバーを再起動してみたところ、ストレージ装置との接続が復旧した。実は故障し

2021年3月12日に発生した障害の概要

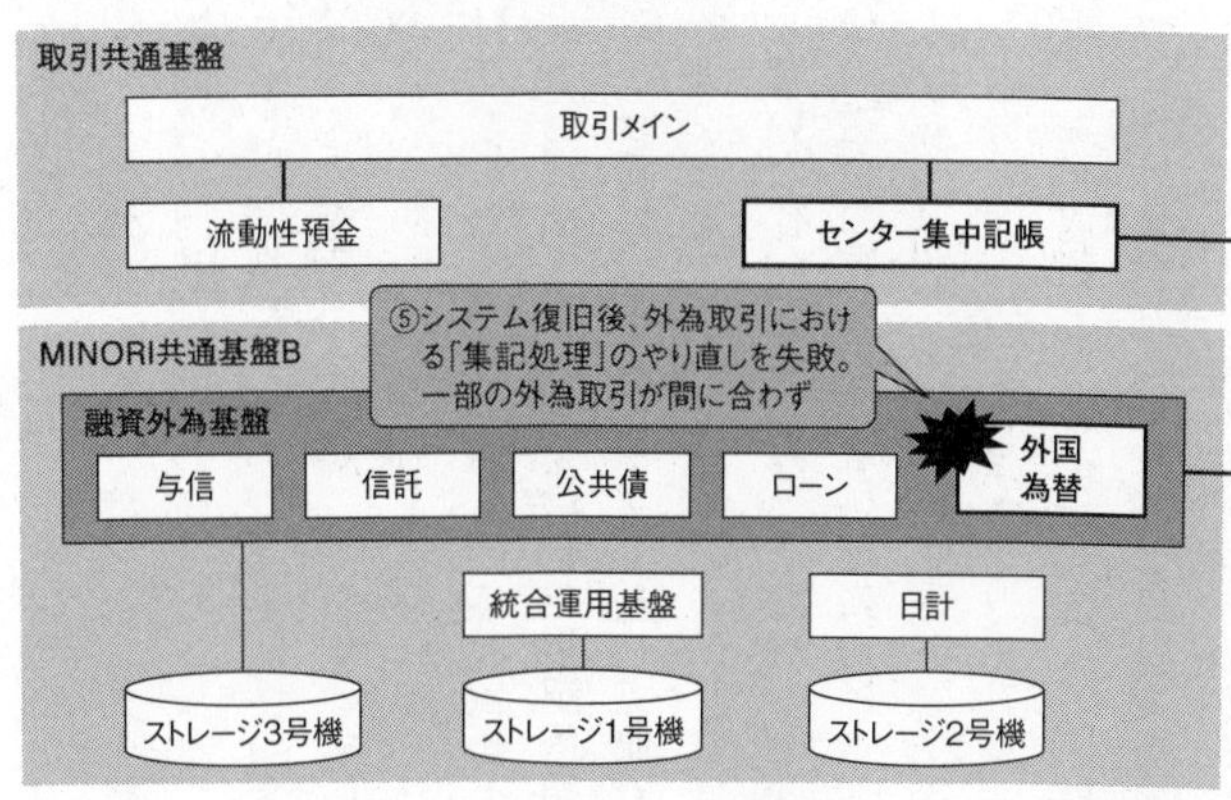

たストレージ装置を使用するサーバーは複数台存在する。他のサーバーについても再起動を順次行った結果、6時20分に全サーバーの再起動が完了した。この時点で故障検知から7時間近くが経過していた。

外為システムの夜間バッチが異常終了

大きな問題となったのは、統合ファイル授受システムが3月11日23時39分から3月12日6時38分まで、長時間にわたって停止したことだ。統合ファイル授受システムは、MINORIの異なるシステム間でファイルを受け渡すのに使用する。

詳しくは第5章で説明するが、MINORIにおけるシステム間連携は通常、「メインハブ」や「取引メイン」と呼ぶシステムを経由し、取引（トランザクション）やメッセージ単位で行われる。これは大量取引の一括処理、つまりは「センター集中記帳」システムで実行されるバッチ処理でも基本的には同じだ。

しかし外国為替システムや定期性預金システムなどが行う一部のバッチ処理については、システム連携にファイルを使っていた。他のシステムから取引データなどをファイルの形で一括受信し、MINORIでバッチ処理を制御するセンター集中記帳システムにはバッチ処理内容である「集記依頼データ」をファイルとして送信していた。センター集中記帳システムは受信した集記依頼データを1件1件のトランザクションやメッセージに分割し、取引メインを介して他のシステムに送信する。

今回、統合ファイル授受システムが停止したことによって、外為システムが夜間に予定していた仕向送金のバッチ処理などがエラーになった。

仕向送金の夜間バッチ処理における通常の手順（ジョブ）は次の通りだ。①外為システムが0時45分までに「CIF」システムから0時時点の顧客データをファイル（CIFファイル）として受信する、②外為システムが2時までに国内他行向け送金に関する集記依頼データを作成する、③外為システムとセンター集中記帳システムが6時までに日付変更処理を行う。日付変更処理が終わると、当日付の仕向送金処理が実行できるようになる、④外為システムが6時30分に集記依頼データを統合ファイル授受シス

2021年3月11～12日のシステム障害の主な経緯（その1）

日付	時間	状況	問題点
2021年3月11日	23：39	MIデジタルサービス（MIDS）やデータセンターに常駐する日立製作所のハードウエア保守担当がMINORI共通基盤Bのストレージ装置内の通信制御装置の故障を検知	
3月12日	0：34	MIDSがみずほリサーチ&テクノロジーズ（MHRT）にストレージ装置の故障を報告。MHRTは日立の保守担当に障害部品の調査や交換タイミングの確認などを指示	
	2：08	本番環境があるMHRT品川シーサイド事務所に日立の開発担当が到着	
	2：30ごろ	外為システムを担当するMHRT第1事業部第2部のメンバーが品川シーサイド事務所に集まり、復旧対応の検討に入る	
	6：00	非常対策PTを開催	
	6：20	障害発生から7時間近くが経過し、日立による復旧作業がようやく完了。みずほ銀行（MHBK）と日立の間で十分な復旧手順を準備しておらず、現場で試行錯誤する結果に	1
	6：38	基盤が違うシステム同士でファイルをやり取りするシステムである「統合ファイル授受」が復旧。その後、センター集中記帳処理を順次実行	
	11：46	センター集中記帳システムの日付変更処理が完了。この時点で外為システムからセンター集中記帳システムに国内他行向け送金データのファイルを受け渡せていなかったが、MHBKのIT・システム統括第一部の誤認でリカバリー手順をとらず	2

2021年3月11～12日のシステム障害の主な経緯（その2）

日付	時間	状況	問題点
3月12日	13：30ごろ	MHBKのIT・システム統括第一部は事務企画部から国内他行向け仕向送金が未処理である旨の照会を繰り返し受けたが、処理完了を待つように事務企画部に回答	3
	15：00ごろ	MHBKのIT・システム統括第一部は事務企画部から再度照会を受けたことをきっかけに、初めてシステムログを確認。外為システムからセンター集中記帳システムに国内他行向け送金データのファイルが受け渡されていないことを認識し、対応を開始	4
	18：31	国内他行向け仕向送金処理が完了	
	19：00	MINORIのオンライン処理が終了。外為被仕向送金761件について、当日中の到着案内が未了に。顧客対応部門が主体的に行動せず、一部を除き、顧客に対する説明が翌営業日に持ち越し	5
3月31日		上記の外為被仕向送金に関して、全て入金済みを確認	

テム経由でセンター集中記帳システムに送信する、⑤センター集中記帳システムが7時、9時30分、10時30分、11時15分に分けて外為システムから依頼された仕向送金処理を実行する、である。

しかし統合ファイル授受システムが3月11日23時39分に停止したことによって、①のジョブがエラーになったほか、②以降のジョブについても正常に実行できない状態になった。

外為システムを担当するMHRT第1事業部第2部

の担当者は2時30分ごろにMHRT品川シーサイド事業部に集まり、夜間バッチ処理の復旧対応について検討を始めた。

外為システムの担当者は統合ファイル授受システムの停止によって、②のジョブがエラーになる恐れがあると理解していた。しかしこの時点における統合ファイル授受システムの復旧見込みは4時であり、④のジョブを実行する6時30分までには②のジョブも完了しているだろうと考え、システム復旧まで一連のジョブの実行を保留するといった対策や、ジョブがエラーになった場合に再実行できるよう準備するといった対策を行わなかった。またそもそもこの時点で、①のジョブがエラーになっている事態に気付かなかった。

実際には統合ファイル授受システムは6時38分まで復旧しなかった。そして外為システムはあらかじめ決まったスケジュールに従って②と④のジョブを実行した。もちろんファイルの送受信ができなかったため、ジョブはいずれも異常終了した。しかし外為システムの担当者は、ジョブの異常終了を検知できていなかった。

6時38分に統合ファイル授受システムが復旧すると、外為システムは自動的に①と②のジョブを再実行した。そのため8時29分までに集記依頼データの作成は完了した。しかしこのデータをセンター集中記帳システムに送信する④のジョブは、自動では再実行されなかった。

11時46分にセンター集中記帳システムの日付変更処理が完了したことから、センター集中記帳システムは⑤の仕向送金処理を実行し始めた。しかし④のジョブが異常終了していたため、集記依頼データは届いていない。そのため11時55分に実行された定刻7時の送金処理や、12時3分に実行された定刻9時30分の送金処理はいずれも「実行件数ゼロ」で完了し、送金処理ジョブは「実行済」になった。

みずほ銀行は本来、⑤の仕向送金処理が再実行される前に、①から④までのジョブのステータスを確認し、異常終了したジョブを再実行しておく必要があった。みずほ銀行のIT・システム統括第一部はそれを見落としていた（3月12日の問題点2）。

業務部門から指摘があるも、異常事態に気付かず

みずほ銀行の事務企画部は13時30分から複数回にわたって、午前中に完了すべき仕向送金処理が未処理になっていると、IT・システム統括第一部に問い合わせた。しかしIT・システム統括第一部は、⑤の仕向送金処理のジョブが「実行済」となっていたことから、事務企画部には処理の完了を待つように回答した（3月12日の問題点3）。

IT・システム統括第一部は15時に再び事務企画部から仕向送金処理が未処理だとの問い合わせを受けたため、この時点で初めてシステムログを確認。④のジョブが異常終了していたことや、⑤の仕向送金処理のジョブが「実行件数ゼロ」だったことに気付い

た（3月12日の問題点4）。この時点で既に、外為仕向送金を完了すべき時限を超過していた。

みずほ銀行は異常終了していたジョブをやり直して、18時7分から仕向送金の再実行を始めた。すべての仕向送金処理が完了したのは18時31分だが、国内他行向け仕向送金処理263件が3月12日の当日中に完了できなかった。

トラブルの発生を翌営業日に顧客へ連絡

外為システムにおいては、海外の銀行や日本国内にあるコルレス（中継）銀行からの顧客宛の外為送金である「外為被仕向送金」に関する夜間バッチ処理も異常終了した。これによって、外為被仕向送金を受領したと顧客に案内する「入金案内処理」が自動で実行されなくなった。

みずほ銀行は3月12日8時35分からバッチ処理の再実行を試みた。しかし12時、事前に定めていた復旧手順では再実行できないことが分かった。そのためみずほ銀行は外為被仕向送金の入金案内処理については、事務系職員が業務端末を使って必要な情報をキーボードから入力（打鍵入力）する方法で手動実行する方針を決めた。

みずほ銀行のIT・システム統括第一部は、夜間バッチ処理のエラーログを解析して打鍵入力に必要な情報を集め、16時15分に必要な情報をみずほ銀行の事務企画部に渡した。しかし事務企画部からは、この時に渡された情報だけでは打鍵入力は不可能との返答があった。IT・システム統括第一部はその後も情報の準備作業を進めた。しかしその作業は、MINORIのオンライン処理が終了する19時に間に合わなかった。その結果、761件の入金案内が当日中に処理できなくなった。

このほか、法人顧客向けに提供するインターネットバンキングのサービスでは、海外に拠点がある顧客が日本国内口座の残高や入出金明細を照会するためにある「バンクレポートサービス」にトラブルが発生し、顧客186社の合計217口座において、3月11日15時以降の取引明細が欠落した状態でデータが配信されるという配信遅延が発生した。法人顧客向けのエレクトロニックバンキング（EB）サービスにおいても、入出金明細を配信するサービスで顧客95社に対してデータ配信が遅延するトラブルが発生した。

外為送金に関しては様々なトラブルが発生していたが、みずほ銀行の顧客対応部門はシステム復旧を待つというスタンスだった。一部の顧客に対してはシステム復旧を待たずに個別対応したケースもあった。しかしほとんどの顧客に対しては、当日中に主体的に行動しなかった。トラブルに関する顧客への説明は、翌営業日に持ち越された（3月12日の問題点5）。

2021年8月20日のシステム障害

5回目のシステム障害は2021年8月20日に発生した。9時から全463店舗で営業店端末や店頭のタブレット端末が使用不能になった。9時45分までは全ての店頭取引ができず、その後も11時58分まで融資や外国為替（外為）の一部取引ができなかった。営業店端末などと勘定系システムMINORIをつなぐサブシステム「業務チャネル統合基盤」が前日の8月19日20時53分ごろに停止したためだ。

業務チャネル統合基盤が停止した影響で、外為の仕向送金が10件、当日中に完了できなくなるトラブルも発生した。この他にキャッシュカードを紛失した顧客から電話で連絡を受けたものの、営業店端末を使ったカードの紛失登録ができなかった結果、カードが不正利用され、他行のATMから50万円が引き出される事件も発生した。

みずほ銀行が銀行法に基づく報告徴求命令を受けて金融庁に提出した報告書などによると、システム障害の発端は8月19日19時40分、業務チャネル統合基盤のデータベース（DB）サーバーのディスク装置が1台故障したことだった。

DBサーバーのディスクはミラーリングしてあるので、すぐにミラーディスクに切り替わった。また新しいミラーディスクを作るために、スペアディスクへのデータコピー

2021年8月20日に発生した障害の概要

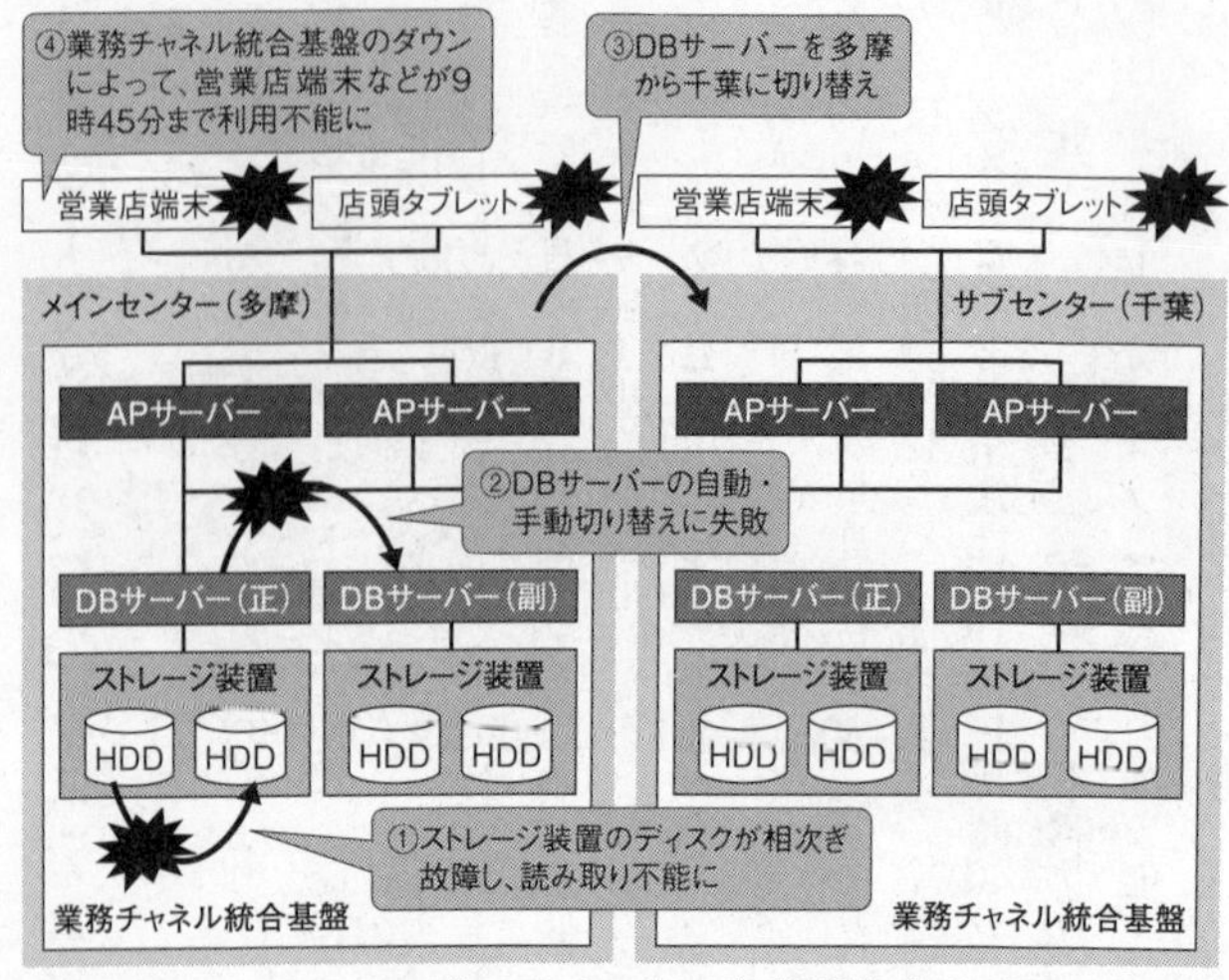

みずほフィナンシャルグループの発表資料に基づき日経コンピュータ作成

も始まった。しかし20時53分、ミラーディスクも故障してしまう。まだスペアディスクへのデータコピーは完了していなかったため、ディスクからデータを読み出せなくなり、DBサーバーが停止した。

業務チャネル統合基盤は富士通のパッケージ製品を採用する。データベース管理システム（DBMS）は富士通の「Symfoware Server」だ。ハードウエアは富士通の資産で、運用も含めて富士通がみずほ銀行にサービスとして提供する。

みずほ銀行はこのDBサーバーを冗長構成にしていた。稼働

2021年8月20日のシステム障害の主な経緯（その1）

日付	時間	状況	問題点
2021年 8月19日	19：40	多摩データセンターで運用する業務チャネル統合基盤のデータベース（DB）サーバー（1号機）が使用するストレージ装置で、ハードディスクが1台故障。冗長化されたディスクに切り替わるとともに、スペアディスクへのコピーを開始	
	19：45	運用を担当するMIデジタルサービス（MIDS）がハードウエア故障を検知。ITベンダー（富士通）の保守員に連絡	
	20：53	切り替わったディスクも故障。スペアディスクへのコピーが未完了だったため、故障したディスクが格納するデータへのアクセスが不能になった。その結果、DBサーバー1号機が停止しただけでなく、DBサーバー2号機への自動切り替えも失敗し、業務チャネル統合基盤が稼働不能になった	
	21：13	みずほ銀行事務企画部から、営業店端末（WING端末）が使用できないとIT・システム統括第一部に連絡	
	21：15	みずほ銀行、みずほリサーチ&テクノロジーズ（MHRT）、MIDSによるTV会議を開始。21:30からMHRTが実際に参加し、21:35からは富士通も参加	
	22：02	みずほ銀行IT・システム統括第一部がシステム障害の第一報（A1ランク懸念）を発信	
	22：30	第1回関係部長会議を開催。全営業店の店頭業務が不能になる恐れがあるため、営業部店行員を7:30をメドに早出出勤させる検討などを開始	

2021年8月20日のシステム障害の主な経緯（その2）

日付	時間	状況	問題点
2021年8月19日	23：29	みずほ銀行の法人業務部と個人業務部が部店長の緊急携帯電話に対してメールを送信。緊急事態となる懸念が発生していることを伝えるとともに、各部店の役席者に対して明朝7:30までに出勤するよう指示	
	22：37	多摩データセンターにあるDBサーバー2号機での復旧を開始するも、手順を誤り復旧に失敗	1
	23：57	DBサーバー1号機の電源を強制オフにする作業に着手	
8月20日	0：22	みずほ銀行のIT・システムグループ共同グループ長が企画グループ副グループ長に復旧状況を説明。1:39には非常対策プロジェクトチーム（PT）会議の開催を決定	
	0：29	富士通がDBサーバー1号機が使用するストレージ装置のディスクを直接抜き差しする復旧手法を提案	
	1：00	MHRTが富士通に対して、多摩DBサーバー2号機を単独で復旧するための手順書の作成を依頼	
	1：12	DBサーバー1号機の電源をオフにしてDBサーバー2号機を再起動したが、アプリケーションサーバーの接続先がDBサーバー2号機に切り替わらず復旧に失敗	2
	1：50	多摩DBサーバー2号機の単独復旧と、多摩DBサーバー1号機のディスク抜き差しという2つの復旧手法のどちらを採用するか検討した結果、後者で行く方針を決定。MHRTは千葉データセンターで稼働していたDBサーバー2号機への切り替えを選択肢として考え始める	3

2021年8月20日のシステム障害の主な経緯（その3）

日付	時間	状況	問題点
8月20日	2：26	多摩DBサーバー1号機のディスク抜き差しを断念し、多摩DBサーバー2号機単独での復旧を目指す方針に切り替える	
	2：35	MHRTが富士通に対して、業務チャネル統合基盤のDBサーバーのみ千葉DCに切り替える手順書の作成を依頼	4
	2：37	みずほ銀行IT・システム統括第一部が、多摩DBサーバー2号機を単独起動できなかった場合に備え千葉DBサーバーへの切り替えを検討するようMHRTに指示	
	2：50	MHRTのITインフラ第1部が富士通に対し、多摩DBサーバー1号機のディスク抜き差し開始を指示	
	3：00	第1回非常対策PT会議を開催。システムの復旧メドが6:00だとの報告があったため、次回会議の開催時刻を6:00に決定	5
	3：04	多摩DBサーバー2号機を単独で復旧するも、アプリケーションサーバーが異常終了し、システムは復旧せず	
	3：06	富士通がMHRTに対して、多摩DBサーバー1号機のディスクを抜き差ししても復旧が成功しなかったと報告	
	3：24	多摩DBサーバー2号機に接続するアプリケーションサーバーを再起動しても、システムは復旧せず	
	3：41	アプリケーションサーバーを再起動してもシステムが復旧しなかったため、復旧しない原因の解析に着手	
	4：12	アプリケーションサーバーを起動してもシステムが復旧しない理由が判明。もう一度再起動を試みる	

2021年8月20日のシステム障害の主な経緯（その4）

日付	時間	状況	問題点
8月20日	4：53	アプリケーションサーバーを再起動してもシステム復旧せず	
	5：03	富士通から千葉DCへDBサーバーを切り替えるための手順書を受け取る	
	5：04	みずほ銀行がMHRTに対して、千葉DCへ切り替えた場合に、後から多摩DCに戻せるか確認するよう指示	
	5：33	千葉DCに切り替えた場合に、多摩DCへの切り戻しには1カ月程度を要することが判明。みずほ銀行は千葉DCのDBサーバー2号機についてバックアップを取得するようMHRTに検討させると同時に、多摩DBサーバー1号機のディスク抜き差しを再び実施することを決断	
	5：47	千葉DCのDB2号機をバックアップする場合、バックアップ作業に4時間、業務チャネル統合基盤の日替わり処理に3時間かかると判明したことから、バックアップ取得は不要と判断	
	6：00	第2回非常対策PT会議を開催。システムの復旧メドが11:00であり、開店時間を超過する見込みとの報告がある。9:00の開店時間には店頭での受付ができないと、顧客に対して8:30から告知すると決定	6
	6：45	富士通から多摩DCのDBサーバー1号機でディスクを抜き差ししてもシステムを復旧できなかったとの報告が入る	
	7：10	千葉DCへの切り替えを決定、作業に着手	7
	7：31	みずほ銀行の法人業務部と個人業務部が顧客対応などを指示	

2021年8月20日のシステム障害の主な経緯（その5）

日付	時間	状況	問題点
8月20日	8：30	みずほ銀行のホームページで、店頭での取引が受け付けられないことや、ATM・インターネットバンキングなどが利用可能であることなどを掲示	
	8：58	Twitterで、店頭での取引が受け付けられないことなどを発信	
	9：45	千葉DCで業務チャネル統合基盤が復旧。営業店端末などが利用可能になるも、融資や外為の一部取引は不可能なままに	
	11：58	業務チャネル統合基盤で日替わり処理が完了し、システムが全面的に復旧	
	14：35	みずほ銀行事務企画部がIT・システム統括第一部に対し、8:30から9:45までに受け付けた外為仕向送金依頼データが処理されていないことを報告	8
	15：36	外為仕向送金依頼データが未処理となった原因が判明	
	16：15	未処理となっていた外為仕向送金の再送を開始するも、国内他行向け外為仕向送金1件、海外向け仕向送金9件がその日のうちの完了せず	

系から待機系にトランザクションログを常時転送してDBを二重化する仕組みだ。本来であれば稼働系が停止すると、待機系に自動的に切り替わるはずだった。

しかし今回の障害では、稼働系のディスク故障によって待機系へのログ転送が停止し、待機系のデータの最新性を保証できないとシステムが判断したため、稼働系から待機系への自動切り替えが失敗した。DBサーバーの障害によって業務チャネル統合基盤が全面停止し、営業店端末が使えなくなった。

みずほ銀行のIT・システム統括第一部は22時2分、関係者に障害の一報を発信した。障害ランクは「行外に軽微かつ広範な影響を及ぼす障害。または行内に重大な影響を及ぼす障害」と定義した「A1ランク懸念」とした。

稼働系の復旧に固執

みずほ銀行は勘定系システムを東京・多摩にあるメインセンターで運用し、災害対策用システムを千葉のサブセンターで運用している。サブセンターにもDBサーバーの稼働系と待機系があり、メインセンターからログを転送してDBを二重化していた。後から分かることだが、サブセンターにある待機系DBサーバーだけは、メインセンターのDBサーバーが停止した後も正常に稼働していた。

しかしみずほ銀行は事前に決めていた手順に従い、メインセンターでDBサーバーの再稼働を目指した。手順ではDBサーバーの自動切り替えに失敗した後は、①稼働系と待機系を手動で切り替える、②待機系単独でDBサーバーを復旧する、との順番だった。

まず22時37分から、待機系を手動で稼働系へ切り替え始めた。しかし待機系のDBサーバーを再起動しても、システムの設定が待機系のまま変わらなかったため、切り替えに失敗した（8月20日の問題点1）。

23時57分からは稼働系DBサーバーの電源を強制的にオフにする作業を始めた。手動切り替えに失敗した理由として、稼働系のOSが正常に終了できていないことが考えられたためだ。しかし8月20日1時12分、稼働系の電源を強制的にオフにしたうえで待機系を再起動しても、切り替えはできなかった（8月20日の問題点2）。

少し前の0時29分、富士通が新しい復旧策を提案した。稼働系DBサーバーの物理ディスクを直接抜き差しするとの手法だ。富士通は「他社実績を踏まえれば短時間で着手でき、復旧する可能性がある」と述べていた。そこでみずほ銀行は1時50分、当初考えていた②の待機系単独での復旧を試す前に、物理ディスクの抜き差しを試すと決定した（8月20日の問題点3）。

同じ1時50分、みずほフィナンシャルグループ（FG）の情報システム子会社であるみずほリサーチ＆テクノロジーズ（MHRT）のITインフラ第1部は、サブセンターへの切り替えを選択肢として考え始めた。アプリケーションサーバーのステータスを確認したところ、サブセンターにある待機系DBサーバーがアクティブ状態だと分かったためだ。

ただしサブセンターへの切り替えには問題があった。同DCは災害対策用であり、勘定系の全システムを切り替える手順書しか存在しなかったのだ（8月20日の問題点4）。そこで2時35分、ＭＨＲＴは富士通に対し、障害が発生している業務チャネル統合基盤のＤＢサーバーだけサブセンターに切り替える手順書の作成を依頼した。

2時26分、みずほ銀行は物理ディスクの抜き差しではなく、待機系単独での復旧を目指す方針に切り替えた。物理ディスクの抜き差し後の同期処理に、さらに1時間半を要すると分かったためだ。

3時、みずほ銀行は今回のシステム障害についての「非常対策プロジェクトチーム（ＰＴ）」を設け、その第1回会議を開催した。この時点では情報システム部門からシステムは6時までに復旧できる見通しとの報告があったため、次回会議を6時に開催すると決定した。甘い見通しでその後の対応を決めていた（8月20日の問題点5）。

3時4分、待機系ＤＢサーバーは単独で起動したが、システムは復旧しなかった。アプリケーションサーバーが異常終了してしまったためだ。4時12分、アプリケーションサーバーが異常終了した理由が「停止している稼働系ＤＢサーバーに接続しようとしているため」だと判明した。そこでアプリケーションサーバーの設定変更を試みたが、これにも失敗する。

5時3分、みずほ銀行は富士通からサブセンターへ切り替えるための手順書を受け取った。そこでみずほ銀行はＭＨＲＴに対し、サブセンターへＤＢサーバーを切り替えた後に、メインセンターへの切り戻しが可能かどうか確認するように求めた。その結果、メインセンターへの切り戻しは可能だが、不整合の解消に1カ月程度を要すると分かった。

ディスクを抜き差ししても復旧せず

みずほ銀行は5時33分、サブセンターの待機系DBサーバーへ切り替える前に、同サーバーのバックアップを取得するようMHRTに検討させ始めた。それと同時に、メインセンターにある稼働系サーバーの物理ディスクの抜き差しに再チャレンジするよう指示した。サブセンターへの切り替えにまだ時間がかかると判断したからだ。

サブセンターでバックアップを求めたのは、復旧作業中のデータ破損を懸念したためだ。しかし直後にサブセンターでのバックアップ取得は断念する。サブセンターでのバックアップ作業に4時間、業務チャネル統合基盤の日替わり処理にさらに3時間かかると判明したためだ。

サブセンターへの切り替えの可能性が高まり、復旧が開店に間に合わない恐れが強まった。そこでみずほ銀行は6時から開催した非常対策PT会議で、コールセンターの開局を8時半に前倒しし、そのタイミングでWebサイトで障害を告知すると決定した（8月20日の問題点6）。

さらにみずほ銀行のIT・システム統括第一部は6時8分、関係者に障害続報を発信し、障害ランクを「Sランク懸念」に引き上げた。Sランクは「経営に影響を及ぼす障害。または行外に重大な影響を及ぼす障害」で、勘定系や決済系オンラインの全面ダウンなどを想定している。

しかしみずほ銀行はサブセンターへの切り替え作業をなかなか始めなかった。

6時45分、富士通から稼働系で物理ディスクを抜き差ししても復旧できなかったとの報告があった。もはやメインセンターで復旧できる望みは完全に絶たれた。そこでみずほ銀行は7時10分、ようやくサブセンターへの切り替えを決定し、作業に着手した。障害発生から既に11時間以上が経過していた（8月20日の問題点7）。

9時45分、サブセンターで業務チャネル統合基盤が復旧した。これによって営業店端末などが利用できるようになった。11時58分、業務チャネル統合基盤で日替わり処理が完了し、システムが全面的に復旧した。

サブセンターへの切り替えをもっと早く決断していれば、システムの復旧が開店に間に合った可能性がある。しかしメインセンターでの復旧にこだわり、時間を浪費した。

再び外為送金が遅延

8月20日のシステム障害では、3月12日に続いてまたも外為送金でトラブルが発生した。国内他行向け外為仕向送金1件、海外向け仕向送金9件が8月20日付で完了できなかったのだ。

8月20日付の外為仕向送金については、3種類の処理を予定していた。8月19日17時までに受け付けた8月20日付の外為送金依頼の処理（予約取引）、8月19日17時から23時までに受け付けた8月20日付の外為送金依頼の処理（前日受付分の当日取引）、8月20日の8時から受け付けた8月20日付の外為送金依頼（当日受付分の当日取引）だ。

予約取引については、夜間のバッチ処理で「集記依頼データ」を作成し、翌朝にセンター集中記帳システムから送金処理を実行する。

MHRTは8月19日23時5分、集記依頼データを作成する夜間バッチ処理の各ジョブを保留（ホールド）にした。3月12日は、システム障害が発生しているにもかかわらず、夜間バッチ処理のジョブをスケジュール通り実行したため、いくつものジョブが異常終了した。ジョブの異常終了を検知できなかったことが、その後のトラブルにつながった。この事案を受けてみずほ銀行は復旧マニュアルを改訂していた。

MHRTはその後、今回のシステム障害が起きたのが業務チャネル統合基盤であり、夜間バッチ処理には影響がないことを確認した。そこでジョブの保留を解除し、夜間バッチ処理を完了させた。センター集中記帳システムによる送金処理も問題なく実行できた。

前日受付分の当日取引は、システムの日替わり処理の完了を待つ必要があったため、送金処理に遅れが生じた。そこでみずほ銀行は、BCP（事業継続計画）を発動し、事務系職員が業務端末を使って手入力で送金処理をすることにした。日替わり処理が終わった12時9分から、前日受付分の当日取引についての処理を始めた。前日に受け付けた送金依頼データを業務チャネル統合基盤にうまく取り込めないなどエラーは発生したものの、14時11分には送金処理が完了した。

トラブルが発生したのは、当日受付分の当日取引だ。当日分の外為送金依頼の受付は、法人向けのインターネットバンキングでは8時から、法人向けのエレクトロニックバンキング（EB）では9時から始まった。それらの外為送金依頼データは8時30分から統合ファイル授受システムを経由して、業務チャネル統合基盤に送られていた。しかし業務チャネル統合基盤は9時45分まで再起動状態にあったためファイルを受信できていなかった。

MHRTはシステムの日替わり処理が終わった12時から、インターネットバンキングやEBで受け付けた送金依頼データについて、送金処理を始めた。しかし業務チャネル統合基盤で受信できていなかった8時30分から9時45分までに受け付けた送金依頼は処理の対象外となった。

みずほ銀行の事務企画部は14時35分に、8時30分から9時45分までに受け付けた送金

2021年8月23日に発生した障害の概要

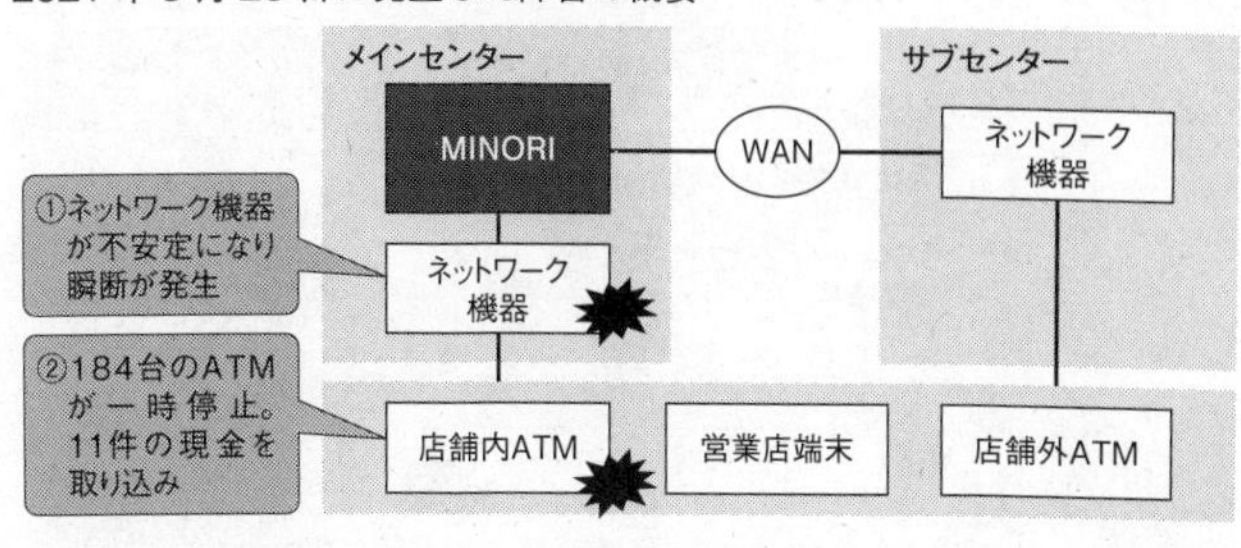

依頼が未処理になっていることを把握し、IT・システム統括第一部に連絡した。MHRTはすぐに調査を始め、その時間帯の送金依頼データが業務チャネル統合基盤で受信できていなかったことを把握した。送金依頼データの再受信などを実行して送金処理を進めたが、合計9件の仕向送金が当日中に終わらなかった（8月20日の問題点8）。

2021年8月23日のシステム障害

6回目のシステム障害は8月23日に発生した。12時ごろから111拠点、184台のATMが一時的に使えなくなり、現金11件が取り込まれた。13時30分までに復帰した。

システム障害の原因は、メインセンターに設置するネットワーク機器だった。この時ネットワーク機器においい

2021年9月8日に発生した障害の概要

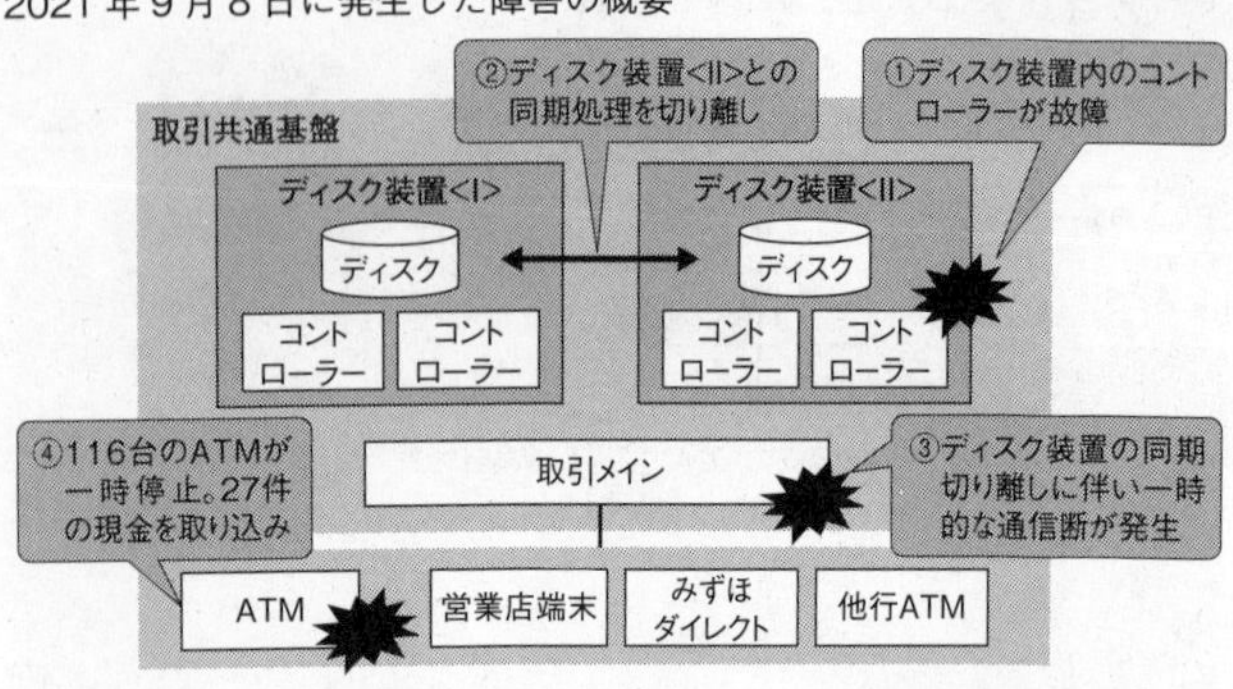

てデータが乱れるパリティエラーが多数発生し、大量のエラーログが生成され始めたため、ネットワーク機器のCPU使用率が高まり、ネットワーク機器が不安定になった。それによってATMとMINORIの通信が遮断されたため、ATMの一時停止が発生した。

2021年9月8日のシステム障害

7回目のシステム障害は9月8日。この日は9時20分ごろに、MINORIの「取引共通基盤」で使用するメインフレームで、ディスク装置のコントローラーが故障した。

このメインフレームのディスク装置は二重化してあり、ディスク装置間でのデータの同期処理がコントローラーの故障によってタイムアウトになった。そこでメインフレームは故障したディスク装置を切り離した。これらはいずれも、ハードウエア故障が発生した際の正常な動作である。

ただしディスク装置の切り離し作業に伴い、メインフレームと他のシステムとの間で一時的な通信の遮断が発生した。その結果、116台のATMが利用不能になったほか、インターネットバンキングのみずほダイレクトでも一部の取引が不成立になるトラブルが発生した。ATMの利用停止は10時30分までに解消した。

2021年9月30日のシステム障害

8回目のシステム障害は、9月30日の午後に表面化した。この日、外為送金取引を支援する「統合決済管理システム（ISCS）」で、月末の処理集中に伴いシステム負荷が高まったことから、送金の電文処理に遅延が発生した。顧客から依頼された外為送金は15時の「カットオフタイム」までに完了させる必要があるが、一部の外為送金がそれに間に合わなくなる恐れが生じた。

そこでみずほ銀行は14時30分、「非常対策プロジェクトチーム（PT）」の会議を開催

2021年9月8日に発生した障害の概要

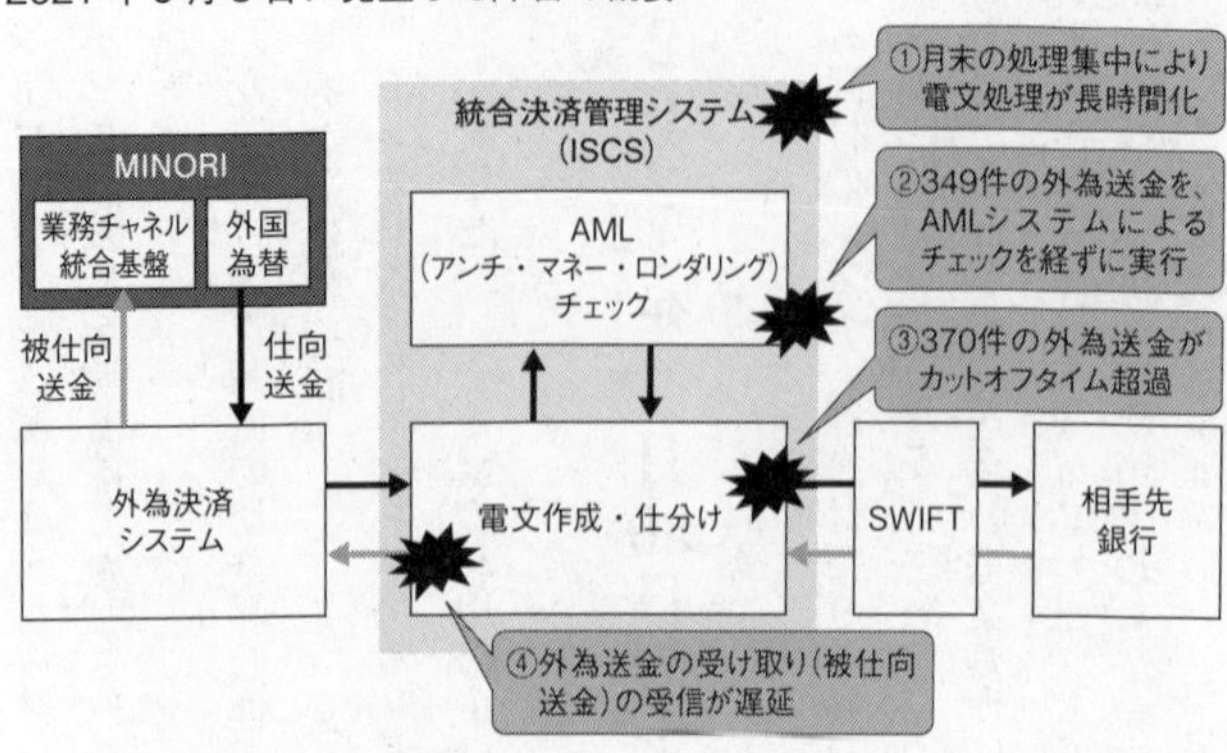

した。この会議で、外為送金をカットオフタイムに間に合わせるために、アンチ・マネー・ロンダリング(AML)システムによる送金内容のチェックを省略する方針が打ち出された。

外国為替及び外国貿易法(外為法)第17条は銀行に対して、為替取引に際して、規制対象取引でないことの確認を義務づけている。しかし会議では高田政臣CCO(最高コンプライアンス責任者)が、AMLシステムによるチェックを省略しても、法令に沿った対応ができると主張した。それを受けて非常対策PTの共同PT長である猪股尚志企画グループ長と石井哲CIOが対応を決定した。その結果、349件の外為送金がAMLシステムによるチェックを経ずに実行された。しかし実際には、これらの送金は外為法違反だった。

またISCSにおける電文処理の遅延によっ

て、国内他行向け外為送金370件がカットオフタイムを超過した。このうち299件については相手先銀行と調整して、当日扱いで処理できたが、残りについては送金遅延となった。

ISCSで電文処理の遅延が発生した原因は、サーバーの処理能力不足だった。みずほ銀行はこのシステム障害の後、ISCSのサーバーが搭載するCPUを増強している。

2021年12月30日のシステム障害

9回目のシステム障害が発生した12月30日は、2021年の最終営業日だった。この日は内国為替送金に関してトラブルが発生した。

内国為替送金は一般社団法人全国銀行資金決済ネットワーク（全銀ネット）を介して、他の金融機関に送金される。全銀ネットには平日の8時30分から15時30分まで稼働する「コアタイムシステム」と、平日のそれ以外の時間帯や土日祝日などに終日稼働する「モアタイムシステム」がある。もともとはコアタイムだけだったが、他の銀行への即時振り込みを24時間365日可能にするために、全銀ネットが2018年10月9日にモアタイムシステムを稼働し、それまでの既存システムをコアタイムシステムと名付けた経緯がある。

コアタイムシステムとモアタイムシステムにはいくつか違いがある。まず全銀ネットには2種類の為替通知方法がある。為替通知を1件ごとにオンラインで発受信する「テレ為替」と、複数の為替通知データを一括して送受信する「新ファイル転送」だ。モアタイムシステムはこのうち、テレ為替だけを扱う。またモアタイムシステムでは1億円以上の為替送金ができない。

年末営業日のコアタイム稼働時間を勘違い

コアタイムシステムの稼働時間は、年末営業日を除く月末営業日だけ7時30分から16時30分にまで延長される。月末営業日は振込件数が普段に比べて多いからだ。しかし年末営業日だけはいつもの平日と同じだ。年末は企業によって年内の営業を終了する日が異なり、振り込みが分散する傾向にあるためだ。

みずほ銀行は12月30日、このルールを勘違いした。本来、12月30日は内国為替の送り先を、普段の平日と同じように15時20分にモアタイムシステムへ切り替えるべきだった。しかし通常の月末営業日と勘違いし、コアタイムシステムからモアタイムシステムへの切り替えを16時20分に設定してしまった。全銀ネットはコアタイムとモアタイムが並行

2021年12月30日に発生した障害の概要

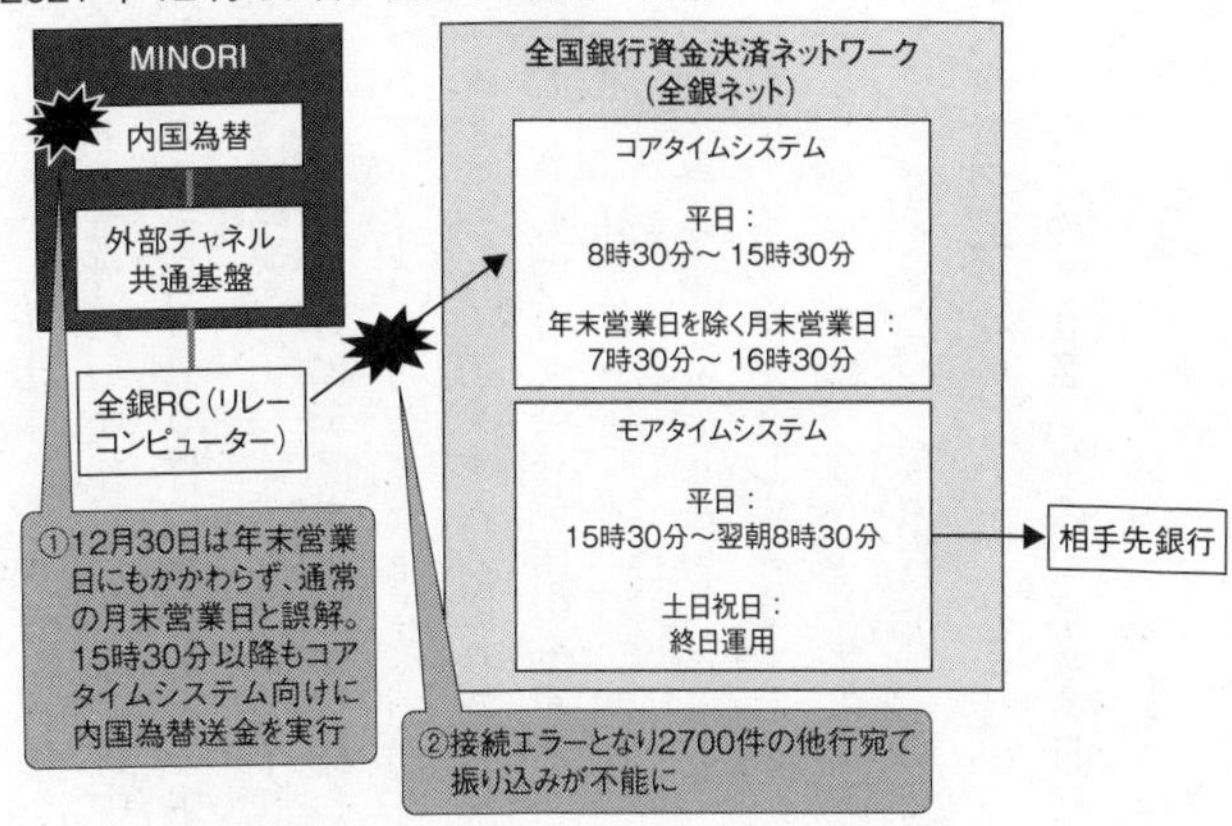

稼働する時間帯を設けており、みずほ銀行はコアタイムが終わる10分前を、モアタイムへの切り替え時間に設定していた。

みずほ銀行がモアタイムへの切り替え時刻を誤った結果、12月30日の15時30分以降、既に稼働が終了しているコアタイムシステムに向けて内国為替が送信されてしまった。接続先がモアタイムに切り替わった後の16時25分ごろまでに受け付けた約2700件の他行宛て振り込みがエラーになった。

年末最終営業日の夕方。そろそろお正月気分も漂っていたみずほ銀行の現場は、大慌てになった。エラーになった約2700件の振り込みを、手作業で再送信する必要があったためだ。営業店や事務センターで多くの職員が残業し、エラーになった振り込みの内容をキーボードを使って1件1件入力して再送信した。しかし約2700件のうち約300件については、12月30日中に送信作業を完了できず、翌31日に作業を持ち越した。また約300件の振り込みの中には、モアタイムに参加していない金融機関に宛てたものがあり、これらは翌営業日である2022年1月4日に送金が完了した。

2018年10月にモアタイムが稼働して以降、参加金融機関の中でみずほ銀行を除いて、コアタイムからモアタイムへの切り替え時間の設定を誤った例はないとみられる。コアタイムからモアタイムの切り替え時間は、IT部門の内国為替担当者がシステムに設定し、その内容を業務部門の全銀ネット担当者がチェックする手はずだった。今回はIT部門の担当者が時刻設定を誤った。さらに業務部門の担当者は、IT部門の担当者が設定作業を済ませた事実だけ確認し、時刻設定の内容はチェックしていなかったため、設定の誤りを見逃してしまった。

2020年までは、2018年のモアタイム導入を担当した職員が業務部門側でこの業務を見ていたため、年末営業日の切り替え時刻を誤らずに済んだ。しかし業務部門側の担当者が最近交代した際、年末営業日に行うべきチェック事項が引き継がれなかった。そのため2021年の年末営業日にミスが生じた。

２０２２年1月11日のシステム障害

10回目のシステム障害は２０２２年1月11日に起きた。法人向けインターネットバンキングの「みずほｅ-ビジネスサイト」がサービス開始の８時から11時33分までつながりにくい状態になった。

原因はｅ-ビジネスサイトのデータベース管理システム（ＤＢＭＳ）にあった。ｅ-ビジネスサイトは、Ｗｅｂサーバー、アプリケーションサーバー、データベース（ＤＢ）サーバーで構成するよくある３階層のシステムである。この日は朝から突然、ＤＢサーバーにおけるクエリー処理に時間がかかるようになり、アプリケーションサーバーにおいてＤＢサーバーに対する処理待ち状態が発生し始めた。

1月11日は連休明けの火曜日。ＤＢサーバーの処理が遅くなったのは、週末に実行した作業のせいだった。この週末、ＤＢサーバーのＤＢの統計情報を更新する定期的な作業と、ＤＢサーバーで行った不定期の作業が競合し、ＤＢサーバーに不具合が生じた。

ＤＢの統計情報とは、業務データがＤＢのテーブルにどのように分布しているのかを調査した情報で、ＤＢサーバーの処理を高速化するのに使用する。具体的にはＤＢＭＳが搭載する「オプティマイザー」という機能が、ＤＢの統計情報に基づいてクエリーの

2022年1月11日に発生した障害の概要

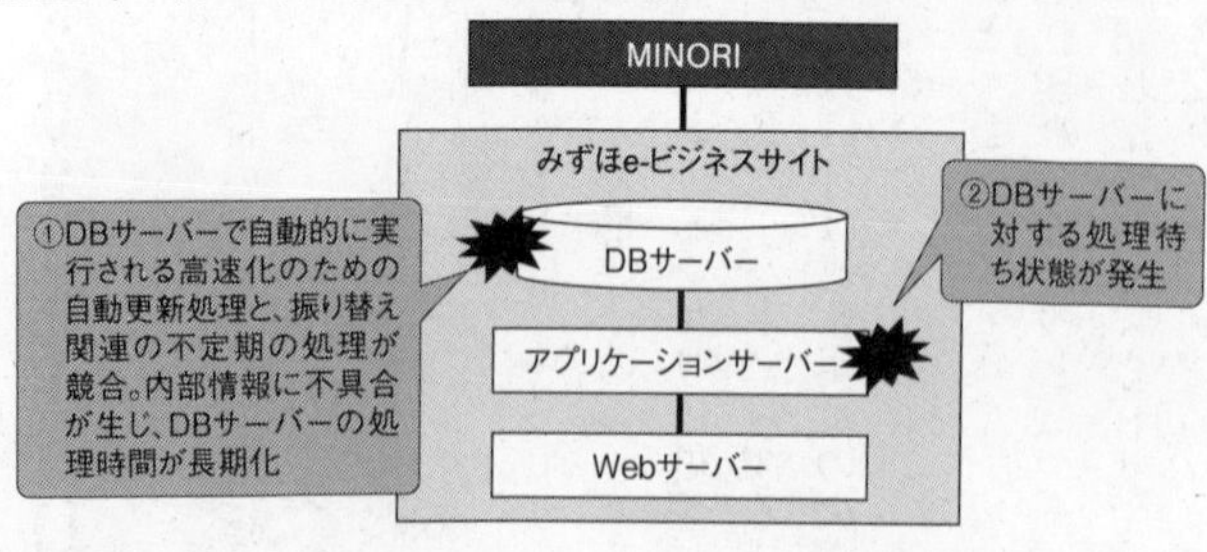

実行計画を最適化する。e-ビジネスサイトで使用するDBMSの種類は公表されていないが、オプティマイザーは今日のDBMSにはほぼ搭載されている。

統計情報が実際のデータ分布と乖離（かいり）すると、オプティマイザーが実行計画の最適化を誤り、クエリーの処理が大幅に遅くなってしまうことがある。本来はインデックスを使ってアクセスすべきデータを、処理時間が長くなるフルスキャンを使ってアクセスしてしまう、といった具合だ。

統計情報はリアルタイムに更新されるわけではないので、多くの場合は定期的に更新する。みずほ銀行では毎月1回、月の半ばの時期に統計情報を更新していた。

e-ビジネスサイトで使用するDBMSは、統計情報を更新する際にDBMSの「ストアドプロシージャ」をいったん無効にし、統計情報の更新が終わったら再度有効にする仕様だった。ストアドプロシージャとは、DBMSにあらかじめコンパイルした上で登録してある

SQLクエリーのことである。アプリケーションが処理のたびにSQLクエリーを発行する方式では、そのたびにSQLクエリーをコンパイルする必要があるため処理に時間がかかる。それに対してストアドプロシージャを使うと、アプリケーションはより高速にクエリーを処理できるようになる。

みずほ銀行はこの3連休、統計情報の更新に先だって、e-ビジネスサイトにおける為替の振り替え処理のプログラムに更新を加えていた。そして統計情報が更新されるタイミングで、為替のプログラムが正常に稼働しているか動作確認する作業を実施していた。

統計情報の更新が終わり、DBMSがストアドプロシージャを有効にしようとした瞬間、DBMSでは為替プログラムの動作確認に伴うデータアクセスが発生していた。この2つの処理が競合した結果、ストアドプロシージャが有効にならなかった。しかしみずほ銀行は、このトラブルに気付かなかった。

連休明けの1月11日、普段通り8時からe-ビジネスサイトの利用が始まったが、ストアドプロシージャが無効になっていたため、DBサーバーの処理時間が長期化し、システムがほぼ利用できない状態となった。実はみずほ銀行では約1年前の2020年11月30日にも、e-ビジネスサイトが9時ごろからしばらくつながりにくくなるシステム障害が発生していた。DBの統計情報と実際のデータ分布が乖離した結果、オプティマイザーが実行計画の最適化を誤ったのが原因だった。みずほ銀行は今回も同じトラブルが発生したと考え、統計情報を更新し直すことでシステムを復旧させようとした。統計情報の更新作業によってストアドプロシージャが有効になり、システムは復旧した。

みずほ銀行は当初、統計情報の更新によってシステムが復旧したことから、システム障害の原因が統計情報の不具合にあったと認識していた。しかしシステムを詳細に調査したところ、ストアドプロシージャが無効になっていたことがトラブルの原因だったと判明した。

DBに詳しいシステムインテグレーターであるアクアシステムズ技術部の堀善洋データコンサルタントは「安定稼働を優先するシステムでは、クエリーの実行計画は設計時点で確定させて、それ以降は更新しないことが多い」と指摘する。みずほ銀行は統計情報に起因するシステム障害が2020年に発生した時点でe-ビジネスサイトの運用を安定稼働にシフトさせて、DBMSで最適化を使わないようにする選択もあったはずだ。

みずほ銀行ではないある銀行で働く情報システム担当者は「当行でも10年ほど前にDBサーバーのクエリー最適化で痛い目に遭った経験がある。そのシステムではその後、実行計画を変更しない運用に変更した」と語る。

2022年2月11日のシステム障害

12カ月で11回目となるシステム障害は2022年2月11日の9時30分ごろに発生した。ATMとMINORIをつなぐネットワーク機器でネットワークカードが1枚故障したことが原因で、一部のATMの稼働が不安定になった。

やっかいだったのは、故障したネットワークカードが完全に壊れなかったことだ。通信は不安定になっていたのだが、完全にはダウンしない、いわゆる「半死に」の状態になっていた。ネットワークカードは故障するとシステムから自動的に切り離され、別のネットワークカードに処理が切り替わる。しかし「半死に」のネットワークカードが自動的に切り離されなかったため、不安定な通信が継続した。

みずほ銀行は15時30分ごろからトラブルが発生したネットワーク機器を停止させて、故障したネットワークカードを交換した。その結果16時30分ごろに、システムは復旧した。

第3章

なぜ障害は拡大した、15個の疑問点

みずほ銀行で2021年2月から2022年2月にかけて発生した11回のシステム障害は、いずれもよくある小さなトラブルを起点とする。そしてそれらの大半は、よくある小さなシステム障害のままで済んだ。しかしいくつかのシステム障害においては、金融機関ではあり得ない問題が次々に生じ、深刻なトラブルに発展した。

特に顧客に大きな影響を与えたのは、2021年2月28日と8月20日のシステム障害だ。なぜこの2回のシステム障害では、小さなトラブルが大きなトラブルにつながったのか。そこには14個の「謎」がある。

またシステム障害の回数が12カ月で11回にまで達した背景には、ハードウエア障害が頻発したことがあった。なぜハードウエアのトラブルが頻発したのか、その「謎」についても解説する。

なお9月30日に発生したシステム障害では、サーバーの処理能力不足という小さなトラブルが、法令違反というあってはならない事態につながった。そうなった「謎」の経緯については、既に第2章で詳しく述べたので、ここでは取り上げない。

では合計15個の疑問点を解き明かそう。

2021年2月から2022年2月にかけてみずほ銀行が起こしたシステム障害（その1）

日付	障害の内容	障害の発端や原因	問題の程度
2021年2月28日	定期性預金システムでデータベース管理システムがダウン。その影響でATM処理システムの複数区画がダウンし、ATMが停止	データベース管理システム（DBMS）の管理不備、アプリケーションのバグ、システム監視体制の未整備	
3月 3日	ネットワーク機器が故障し、3分間通信が途絶。サーバーとの通信がタイムアウトしたATMが停止	ハードウエア故障	
3月 7日	カードローン関連のプログラムにバグがあり、定期預金入金に関するバッチ処理でエラーが発生。定期預金サービスを一時的に抑制	アプリケーションのバグ	よくある
3月12日	バッチ処理に使用する統合ファイル授受システムが使用するストレージ装置の通信制御装置が故障し、待機系の通信制御装置にも切り替わらなかった結果、バッチ処理が遅延	ハードウエア故障	よくある
8月20日	営業店端末を制御する業務チャネル統合基盤のストレージ装置でハードディスクが連続して2台故障。待機系のストレージ装置への切り替えにも失敗し、営業店端末が利用不可能に	ハードウエア故障、DBMSによる切り替え失敗、障害復旧手順のミス	
8月23日	ネットワーク機器が不安定になり通信断が発生。一部のATMや営業店端末が利用不可能に	ハードウエア故障	よくある

2021年2月から2022年2月にかけてみずほ銀行が起こしたシステム障害（その2）

日付	障害の内容	障害の発端や原因	問題の程度
9月 8日	取引共通基盤（メインフレーム）のディスク装置内の部品故障によって、他システムとの一時的な通信断が発生し、ATMやオンラインバンキングを使った取引の一部がエラーに	ハードウエア故障	よくある
9月30日	統合決済管理システムで処理遅延が発生し、一部の外為送金がカットオフタイムを超過。一部の外為送金がアンチ・マネーロンダリング・システムによるチェックを経ずに実行された	ハードウエアの性能不足、コンプライアンス違反	
12月30日	振り込みに関するシステム設定を誤り、ATMやインターネットバンキングで15時半ごろから1時間程度、一部の他行宛ての振り込みが不能に	設定ミス	
2022年1月11日	法人向けインターネットバンキング「みずほe-ビジネスサイト」が8時のサービス開始から11時30分ごろまでログオンしづらい状況に	DBMSの不具合	
2月11日	ネットワーク機器が故障し一部のATMの稼働が不安定になったほか、90拠点でATMが一時利用不能に	ハードウエアの故障	よくある

(疑問1)なぜデータベースは更新不能になったのか

2月28日にみずほ銀行で発生した大規模システム障害の起点は、勘定系システム「ＭＩＮＯＲＩ」のサブシステムである「定期性預金システム」において、データベース(ＤＢ)が更新不能になったことだった。なぜＤＢが更新不能になったのか。ＭＩＮＯＲＩにおける分散トランザクションの仕組みから紐解こう。

２０１９年7月に本格稼働したＭＩＮＯＲＩは、前身である「ＳＴＥＰＳ」時代はメインフレーム上でモノリシック(一枚岩)な状態で稼働していた勘定系システムを、機能別に様々なコンポーネント、つまりはサブシステムに分割した。

各サブシステムはメインフレームやＵＮＩＸサーバー、Ｌｉｎｕｘサーバーといった異なるサーバー上で分散稼働し、開発ベンダーやデータベース管理システム(ＤＢＭＳ)の種類もバラバラだ。

ＭＩＮＯＲＩにおいて取引を処理する際には、顧客データを管理するサブシステム「ＣＩＦ(カスタマー・インフォメーション・ファイル)」や「流動性預金システム」「定期性預金システム」「内国為替システム」といった様々なサブシステムにまたがるグローバルトランザクション(分散トランザクション)を実行する。ＭＩＮＯＲＩにおける分

各業務コンポーネントで使用した主なツールやミドルウエアなど（その1）

業務コンポーネント	開発言語	主な開発ツール	ベンダー	OS	DB
流動性預金	COBOL	Interdevelop Designer	富士通	メインフレーム（z/OS）	IMS
内国為替取引	COBOL	Interdevelop Designer	富士通	メインフレーム（z/OS）	IMS
取引メイン	COBOL	HLL/WB	日本IBM	メインフレーム（z/OS）	IMS
CIF	COBOL	HLL/WB	日本IBM	メインフレーム（z/OS）	Db2
手数料	COBOL	HLL/WB	日本IBM	メインフレーム（z/OS）	IMS
定期性預金	Java	Interdevelop	富士通	Red Hat Enterprise Linux（RHEL）	Symfoware Server
与信取引	Java	Justware	日立製作所	RHEL	HiRDB
ローン	Java	Justware	日立製作所	RHEL	HiRDB
外国為替取引	Java	Justware	日立製作所	RHEL	HiRDB
日計	Java	Justware	日立製作所	RHEL	HiRDB
還元計表	Java	Interstage Studio	富士通	RHEL	Oracle Database
業務チャネル	Java	Interstage Studio	富士通	RHEL	Symfoware
外部チャネル	C	EVOLUO BUSSOLA	富士通	RHEL	Symfoware

各業務コンポーネントで使用した主なツールやミドルウエアなど（その2）

業務コンポーネント	開発言語	主な開発ツール	ベンダー	OS	DB
信託	Java	Rational Software Architect Designer	日本IBM	RHEL	Db2
DM	Java	Rational Software Architect Designer	日本IBM	AIX	Db2

散トランザクションは「取引メイン」と呼ばれるメインフレーム上で稼働するサブシステムが制御している。

例えば、顧客が普通預金口座にある預金を定期預金口座に振り替える場合、まず取引メインは顧客のCIFレコードに対して排他処理を行い、他のトランザクションからCIFを更新できないようロックする。その上で流動性預金システムにアクセスして普通預金の残高を減少させ、定期性預金システムにアクセスして定期性預金の残高を増加させ、最後にCIFのロックを解除する。

CIFと流動性預金システムは米IBM製メインフレーム上で稼働する。CIFが採用するDBMSはIBMのリレーショナルデータベース（RDB）である「Db2」で、流動性預金システムのDBMSは階層型DBの「IMS」だ。一方、定期性預金システムは富士通のLinuxサーバー上で稼働し、DBMS

MINORIにおける分散トランザクション例

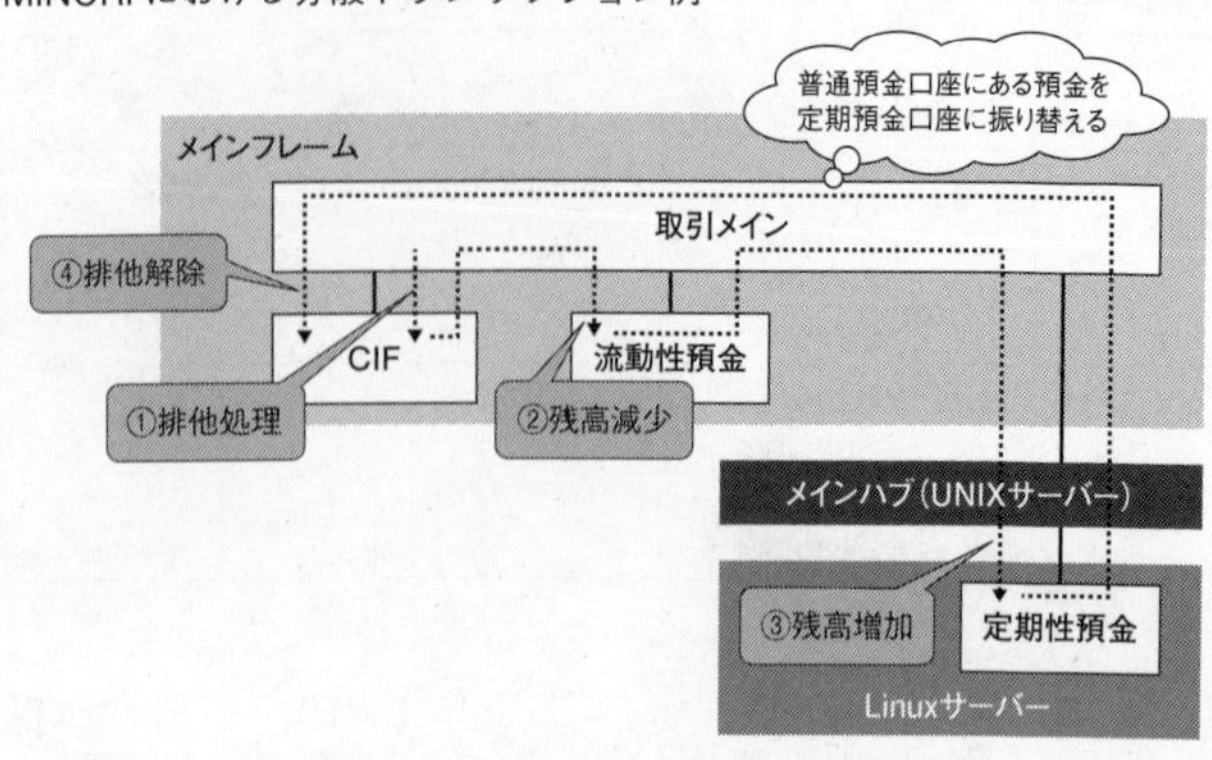

には富士通のRDBである「Symfoware Server」を採用する。またメインフレームとLinuxサーバーの間のトランザクションは、「メインハブ」と呼ばれるUNIXサーバーが中継する。つまり分散トランザクションは異なる3つのアーキテクチャーをまたいでいる。

「取消情報管理テーブル」とは？

MINORIは分散トランザクションが途中で失敗した場合に取り消し（ロールバック）したり、取引成立後にも取り消ししたりできるように、各サブシステムのDBに「取消情報管理テーブル」を設けている。各サブシステムは取引メインから依頼された口座への入出金といったトランザクションを実行すると、その内容を取消情報管理テーブルに記録する。取引メインは分散トランザクションを取り消す際、取消情

定期性預金システムのデータベースが更新不能になった経緯

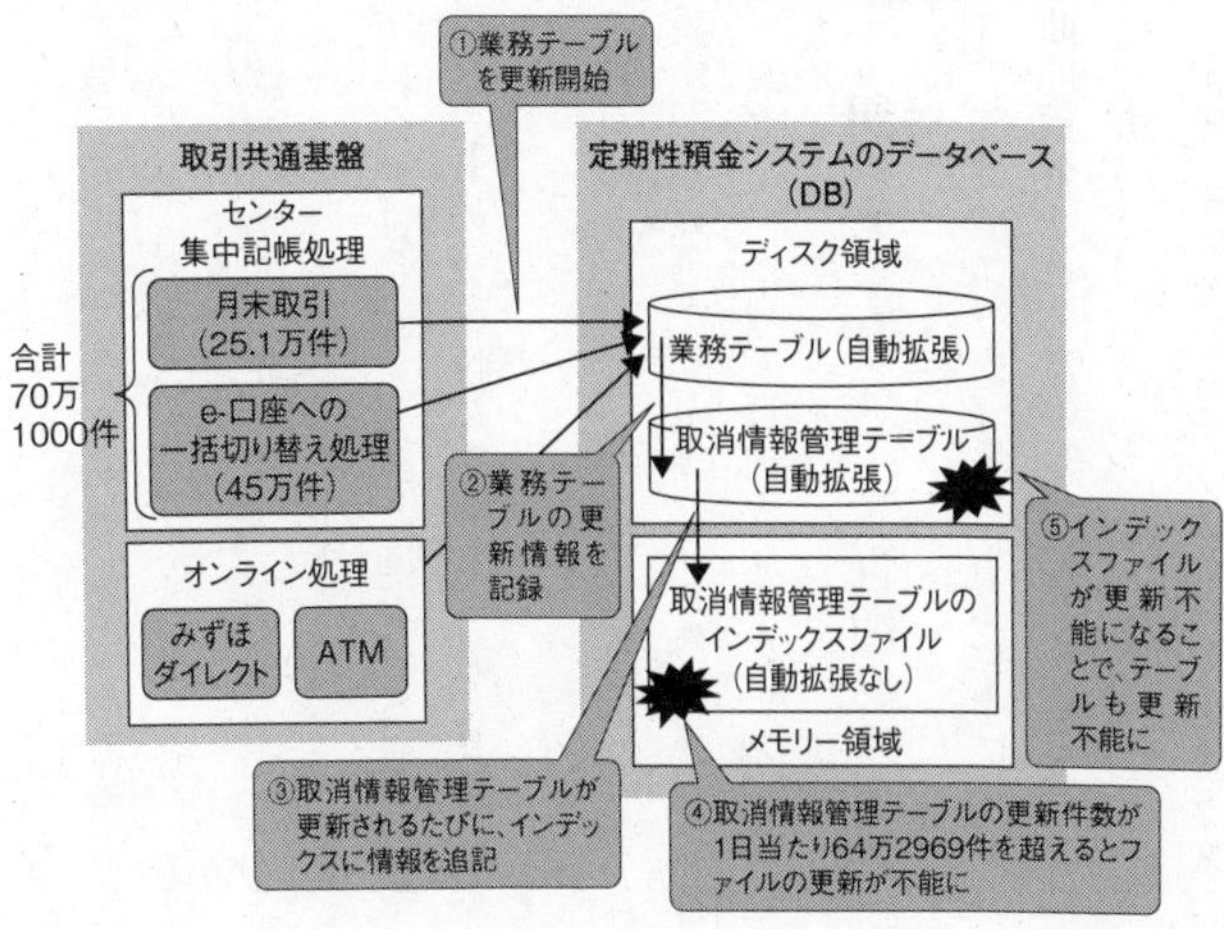

報管理テーブルにある情報を利用して、各DBで行われた個別のトランザクションを取り消していく。

2021年2月28日朝、みずほ銀行は1年以上記帳が無い定期預金の口座約45万件について、通帳を発行しない「みずほe-口座」へ一括して切り替える処理を始めた。これ自体はバッチ処理(集中記帳処理)である。ただしMINORIにおいてはバッチ処理は1件1件のオンライン処理に分解され、取引メインが分散トランザクションとして実行していく。

しかし9時50分ごろ、定期性預金システムにおける取消情報管理テーブルのインデックスファイルが更新できなくなり、それによって取消情報管理テーブル自体も更新不能になった。MINORIの分散トランザクションにおいては取消情報管理テーブルの更新は必須である。よって取消情報管理テーブルの更新が不可になることで、「定期明細テーブル」など定期性預金システムのDBに存在する他のテーブル(取消情報管理テーブルに対して業務テーブルと呼んでいる)もすべて更新不能になった。

実は定期性預金システムにおける取消情報管理テーブルのインデックスファイルは、1日当たりの更新件数が64万2969件を超えると、それ以上は更新できなくなる設定だった。

この日はe-口座への一括切替処理約45万件以外に、通常の月末取引に関するセンター集中記帳処理が25万1000件あり、それにATMやオンラインバンキング「みずほダイレクト」からの日中のトランザクションが加わったことで、上限を突破した。

富士通製データベース管理システムに仕様上の制約

インデックスファイルの容量に上限があり、それを超えると更新不能になったのは、定期性預金システムのDBMSである富士通の Symfoware の仕様や、運用上の事情が関連していた。

Symfoware ではテーブルやインデックスのデータは「DSI」と呼ぶ仕組みに保存さ

れる。ＤＳＩはファイルによって構成される。みずほフィナンシャルグループ（ＦＧ）が２０２１年６月15日に公開した第三者委員会による調査報告書が「ＩＮＤＥＸ　ＦＩＬＥ（本書ではインデックスファイルと表記）」と呼んでいるものは、このファイルを指すもようだ。

Symfowareではテーブルやインデックスのの ＤＳＩについて容量をあらかじめ設定し、その上限に対する使用率を常時監視して、上限をオーバーしないよう気を付ける必要がある。上限を超えるとテーブルやインデックスが更新不能になるからだ。

テーブルやインデックスのＤＳＩについて「自動容量拡張」のオプションを有効にしていれば、「使用率がしきい値を超えたので容量を自動的に増やす（ＤＳＩを構成するファイルを増やす）」といった運用が可能になる。実際にみずほ銀行は「業務テーブル」のテーブルに関しては、自動容量拡張を有効にしていた。

しかしみずほ銀行は性能上の理由から取消情報管理テーブルのインデックスを、ディスクではなくメモリーに保存していた（Symfowareでは「メモリ常駐」と呼ぶ）。保存先がメモリーの場合、自動容量拡張は利用できない。使用率が１００％に達すると、更新不能になる。調査報告書は取消情報管理テーブルのインデックスファイルについて、日付が変わると使用率がゼロに戻る設定だったと述べている。ファイルを削除するのではなく、その中身をクリアする運用だったと推測される。

ファイル単位の容量監視が必須だった

「テーブルやインデックスのファイルについて使用率を監視し、容量をオーバーしないよう気を付ける必要があるという運用は、Symfoware 独特のものだ」。DBに詳しいアクアシステムズの川上明久執行役員技術部長はそう指摘する。

かつては Oracle Database も、1998年にリリースされた「8i」の時代までは複数テーブルを格納する表領域（テーブルのファイル）について容量監視が必要だった。しかし2001年にリリースされた「9i」からは、ファイル単位での容量監視は不要になった。

Oracle DB でもインデックスをメモリーに置くことはできる。しかしその場合は、インデックスのデータをメモリーにキャッシュするだけだ。サーバーのメモリーが足りなくなったら、そのデータはディスクにキャッシュアウトされる。インデックスの更新に時間がかかるようにはなるが、ディスクの容量が残っている限りは更新不能にならない。

Symfoware の運用管理手順は、Oracle DB など現在主流のDBMSと比べると例外的だ。アクアシステムズの川上技術部長は「Symfoware に慣れた技術者でなければ、管理は難しい」と語る。

実際にMINORIの運用担当は、取消情報管理テーブルのインデックスファイルに関して厳格な容量監視が必要との認識を有していなかった。そのため2月28日、インデックスファイルの容量オーバーに起因するシステム障害が定期性預金システムで発生した。

（疑問2）なぜＤＢの更新不能がＡＴＭのカード取り込みにつながったのか

２０２１年2月28日に発生したシステム障害では、ＡＴＭが通帳やキャッシュカードを５２４４件も取り込んだ。ＡＴＭにおける通帳・カード取り込みが生じたルートは３つある。

第１に、定期性預金システムのＤＢが更新不能になることで、ＡＴＭ経由で同ＤＢにアクセスしたトランザクションがエラーとなり、その顧客がＡＴＭに入れたカードや通帳２９１件が取り込まれたままになった。

第２に、定期性預金システムのＤＢが更新不能になることで、取引メインが制御する分散トランザクションが行っていたＣＩＦ排他が解除不能になった。これによって顧客５６３人分のＣＩＦレコードがロックされたままになった。

ATMでカードや通帳の取り込みが発生した原因と件数

原因	件数
定期性預金システムのデータベース(DB)更新不可	291件
CIF排他の解除不可	38件
ATM処理区画の閉塞	4915件

ロックの対象となった顧客がそれを知らずにATMで取引を始めると、CIFロックによって分散トランザクションがエラーとなった。そしてこれが原因で38件の通帳やカードをATMが取り込んだ。

第3に、定期性預金システムのDBが更新不能になったのをきっかけに、取引メインにおいて「二重エラー」と呼ぶ深刻なエラーが発生した。MINORIは取引メインで二重エラーが相次ぎ発生すると、システムの全面停止を防止する措置を自動的に開始する。

具体的には、勘定系システムへのトランザクションの入り口に当たるATM処理区画や、みずほダイレクトの処理区画を閉塞して、トランザクションを抑制しようとした。ATM処理区画の閉塞によって、通帳やカードの取り込みが4915件発生した。

他行では1990年代に改めた仕様

みずほ銀行は、ATMによるトランザクションがエラーになったり、ATM処理区画にエラーが発生したりすると、ATMが通帳やカードを取り込む仕様にしていた。

ATMが通帳やカードを取り込む条件

取引内容		照会系取引（残高照会など）	更新系取引（入金、支払、記帳など）
ATMのトラブル	通帳・カードの取り忘れ、紙詰まりによる機器故障	取り込み	取り込み
	不正な通帳やカードの利用	取り込み	取り込み
ネットワーク機器の故障など通信障害		返却	取り込み
システムエラー（システム内部処理でのエラー）	元帳不整合懸念のあるシステムエラー	返却	取り込み
	ATM処理区画の閉塞など、勘定取引に到達する前のエラー	返却	取り込み

トランザクションがエラーになると、預金残高などに不整合が生じる恐れがあるため、通帳やカードを取り込んだままにするのはまだ理解できる。

しかしATM処理区画にエラーが生じたケースでは、そもそもトランザクションは始まっていない。つまり預金残高などに不整合が生じる恐れも無い。第三者委員会の調査報告書は「（ATM処理区画のエラーでは）ATM内に取り込むのではなく、通帳・カードを返却する仕様に変更したとしても、支障はなかったはずである」と指摘する。もしATM処理区画にエラーが起きてもATMが通帳やカードを返却する仕様になっていれば、2月28日のシステム障害で取り込まれた通帳・カードの件数は329件にとどまっていたはずだ。

みずほ銀行以外のメガバンクもかつては勘定系システムにエラーが発生するなどした場合に、ATMが通帳やカードを取り込む仕様にしていた。

しかしあるメガバンクのCIO（最高情報責任者）経験者はこう証言する。「我々は1990年代にATMの休日稼働や24時間稼働が広がった際に、通帳やカードをなるべくATMに取り込まない仕様に変更した。営業店に職員がいない時間帯にATMが通帳やカードを取り込んでしまうと、顧客に迷惑をかける恐れがあったからだ」。

しかしみずほ銀行はATMがカードや通帳を取り込む仕様を変更していなかった。2021年2月28日は日曜日であり、営業店に職員はいなかった。カードや通帳が取り込まれた顧客は、ATM備え付けの電話からみずほ銀行の「ATMセンター」に連絡し、センター職員による遠隔操作で通帳やカードを取り出してもらう必要があった。しかし障害発生から3時間で4000件を超えるカード・通帳の取り込みが発生したため、ATMセンターの電話はパンク。何千人もの顧客が立ち往生を強いられた。

(疑問3)なぜ「二重エラー」が発生したのか

2月28日のシステム障害で、定期性預金システムのDBが更新不能になったことで、取引メインで「二重エラー」が発生したのはなぜか。

定期性預金システムのDBMSはトランザクションに際して、必ず複数のテーブルを更新しようとする。具体的には「定期明細テーブル」「定期口座残高テーブル」といった口座情報に関する「業務テーブル」と、業務テーブルに対する更新内容を記録しておく取消情報管理テーブルだ。

定期性預金システムのDBMSは、取消情報管理テーブルが更新不能になった際に、業務テーブルや取消情報管理テーブルに対して行われていた更新を、すべて取り消し(ロールバック)していた。DBMSとして正しい動作だ。

アプリのエラー設計に問題あり

しかしDBMSが正しく更新をロールバックしていたにもかかわらず、DBMSに対してクエリーを発行する定期性預金システムのアプリケーションが更新状態の判定を誤り、取引メインに対してDBの「更新状態不明」が発生したと報告してしまった。アプ

取引メインで「二重エラー」が発生した経緯

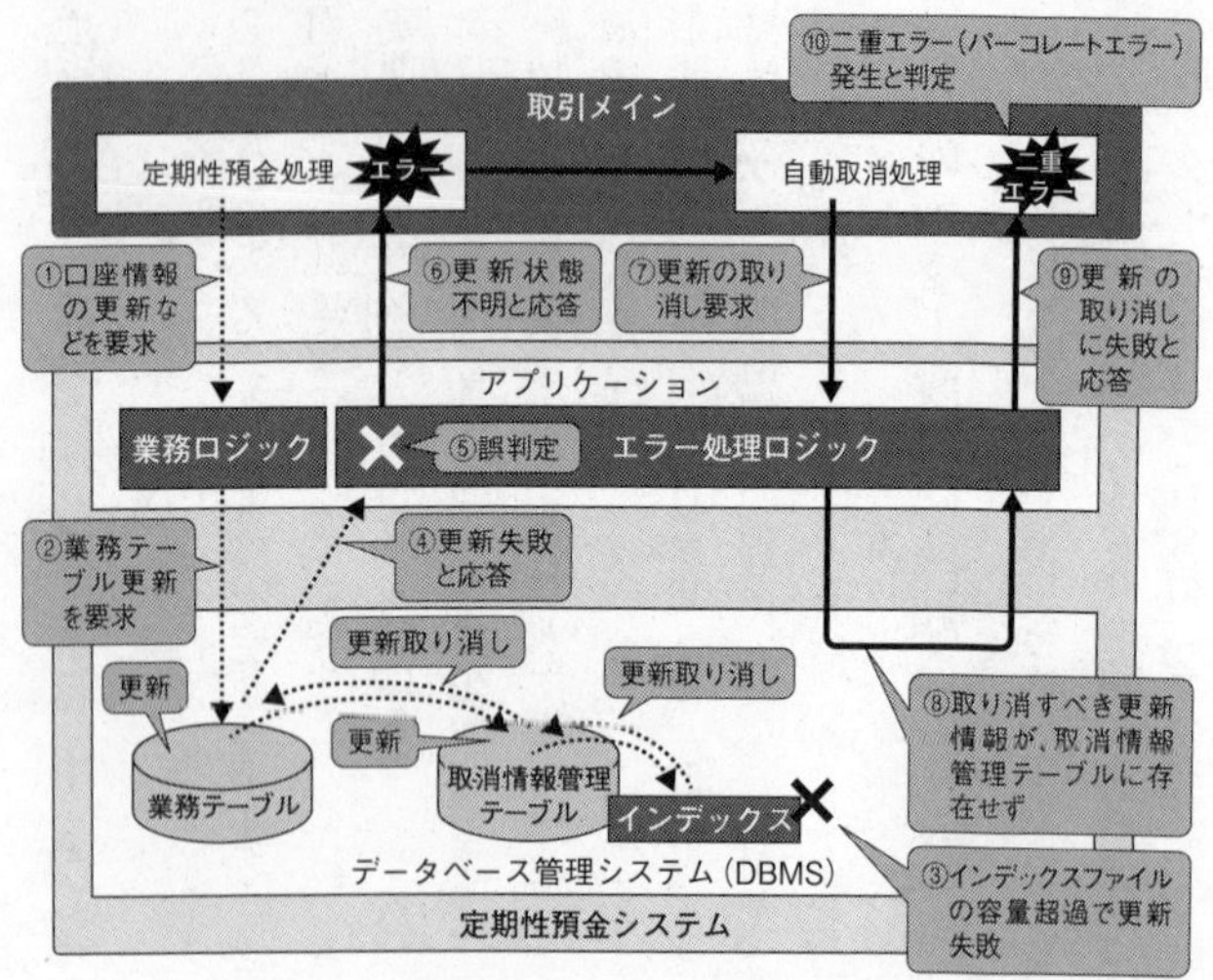

りのエラー設計に問題があった。

ＤＢの更新状態不明は、勘定系システムでは起きてはならない深刻なエラーだ。取引メインはこのエラーによって、預金残高などに不整合が生じる恐れがある「元帳不整合不明」が発生したと判断した。そこでエラーを起こしたトランザクションを確実に取り消すよう、定期性預金システムに対して更新取り消し処理を要求した。

ＭＩＮＯＲＩにおいては分散トランザクションを取り消す際に、各サブシステムのＤＢＭＳが記録する取消情報管理テーブルを参照して、取り消すべきトランザクションを特定する。しかしこのケー

MINORIが作動させた2つの防衛措置

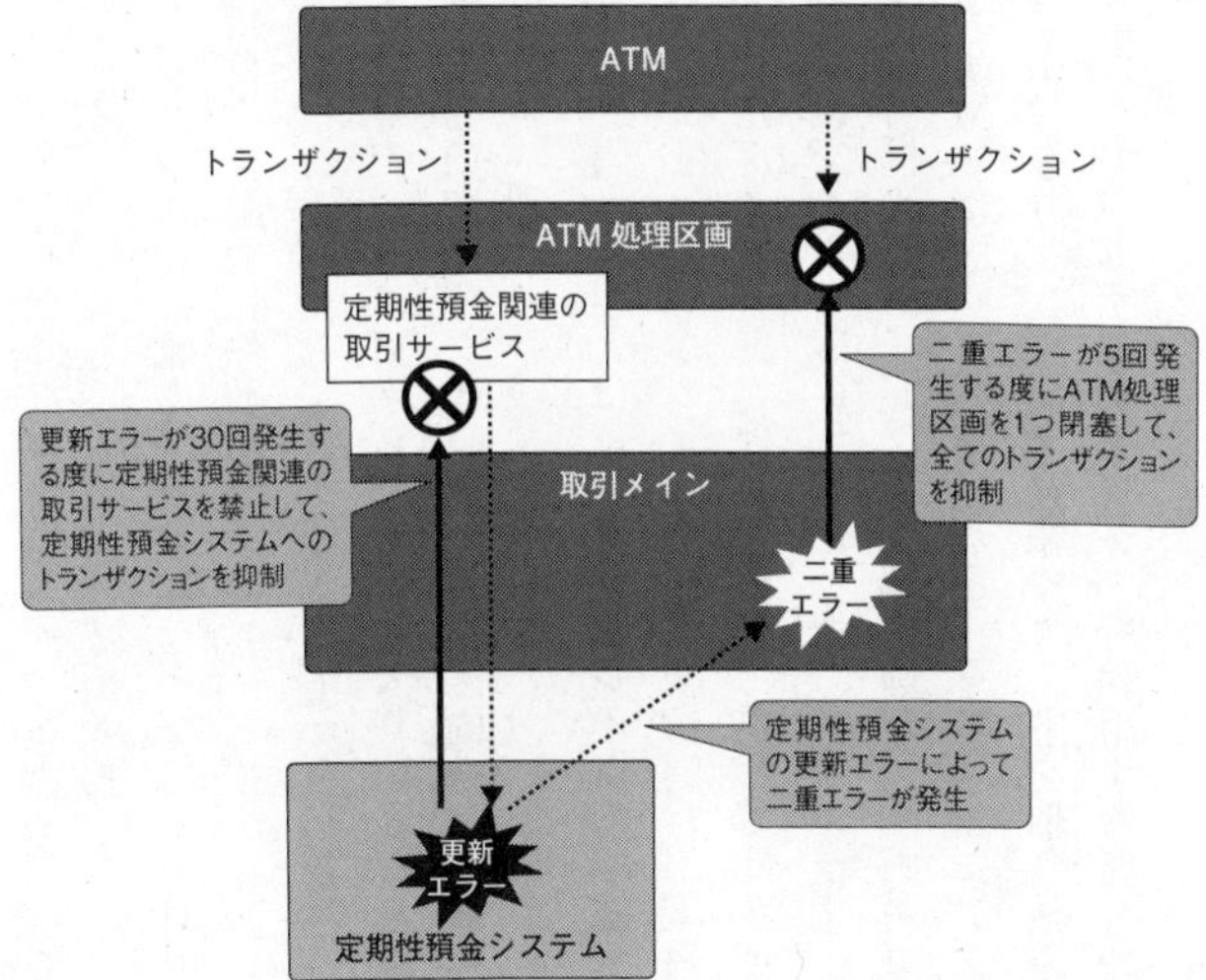

スでは取消情報管理テーブルの更新そのものが失敗していたので、同テーブルには取り消すべき更新の情報が無かった。そのため取引メインによる更新の取り消しが失敗した。

定期性預金システムで更新状態不明のエラーが発生しただけでなく、その更新を取り消す処理もエラーになった。ここで取引メインは「二重エラー」が発生したと判断した。

しかも二重エラーは次から次へと発生した。定期性預金口座をe-口座へ切り替える一括処理だけでなく、ATMやインターネットバンキング「みずほダイレクト」が受け付けた新しいトランザクションも定期性預金システムにアクセスを続けたからである。

二重エラーは非常に深刻なエラーなので、取引メインはMINORIを守る2つの防衛措置を自動的に作動した。

1つはATMやみずほダイレクトからMINORIに流れ込むトランザクションを減らす措置だ。ATMからの処理の入り口となるATM処理区画や、みずほダイレクトからの入り口であるダイレクト処理区画を、二重エラーが5回発生する度に1区画ずつ閉塞した。

ここで言う区画とは、メインフレームの区画だ。MINORIはATM処理システムに関して、メインフレームを3系統稼働し、1系統につき20区画、合計で60区画があった。またダイレクト処理システムに関してはメインフレームが3系統あり、1系統につき13区画、合計で39区画があった。二重エラーの発生によって最終的には、ATM処理区画が57区画、ダイレクト処理区画が30区画閉塞した。

ATM処理区画が閉塞すると、その区画にアクセスしたATMのトランザクションがエラーになり、ATMが通帳やカードを取り込み始めた。またダイレクト処理区画の閉塞によって、みずほダイレクトを利用する顧客の端末でエラー画面が表示され始めた。

防衛措置によって二重エラーが減少

もう1つの防衛措置は、ATMから定期性預金システムに向かうトランザクションを減らす措置だ。ATMからのトランザクションは、ATM処理区画に存在する「取引サービス」を介して、定期性預金システムにアクセスする。取引メインは定期性預金関連の取引サービスである「定期性預金通帳を記帳する」や「定期性預金通帳を表紙見返し作成する」を禁止することで、定期性預金システムへのトランザクションを減らそうとした。「定期性預金通帳を表紙見返し作成する」とは、定期性預金通帳に対して、磁気ストライプに情報を書き込んだり、表紙の裏側（表紙見返し）に口座番号やカナ名などを印字したりすることだ。

取引メインはATM処理区画のメインフレーム1系統につき同じ取引サービスで30回のエラーが発生する度に、その取引サービスを禁止した。これによって定期性預金システムへのトランザクションが減り、それに伴い取引メインでの二重エラーも減少した。

MINORIでは9時50分から取消情報管理テーブルが更新不能になることで、1分間に平均4・14回の二重エラーが発生していた。しかし10時19分にはATM処理区画2系で「定期性預金通帳を記帳する」の取引サービスの禁止が自動的に設定され、続く10時20分にはATM処理区画の1系と3系で「定期性預金通帳を記帳する」の取引サービスの禁止が自動的に設定された。これらによって二重エラーの発生頻度は1分間につき平均0・93回にまで減少した。つまりATMにおける定期預金関連のトランザクションの4分の3が記帳によるものだったことになる。

二重エラーの発生頻度が減少したため、ATM処理区画の閉塞頻度も減少し、ATMが通帳やカードを取り込む件数も減少した。具体的には10時から10時20分までの間は、通帳・カードの取り込み件数は10分ごとに200件程度発生していた。しかし10時19分以降に取引サービス禁止機能が順次作動したことによって、通帳・カードの取り込み件数は10分ごとに数十件程度にまで減った。

もしATMが通帳・カードを取り込むピッチがこのままだったら、ATMが通帳・カードを取り込む総数は2000件程度で収まった可能性がある。しかし12時10分を過ぎると通帳・カードを取り込むピッチは一気に加速してしまった。

(疑問4)なぜ一度減ったATMのカード取り込みが急増したのか

2月28日のシステム障害において、ATMが通帳・カードを取り込むピッチが一度減速した後に再び加速したのは、運用のミスが原因だった。

みずほ銀行は12時2分から12時8分にかけて、取引サービス禁止機能の作動を実質的に無効にしてしまったのだ。具体的には、定期性預金通帳を記帳するという取引サービスの禁止が作動する条件を、それまでの「エラーが30回発生」から「エラーが999回発生」に緩和した。

これによって二重エラーの発生頻度は再び増加する。取引サービス禁止が作動している間は二重エラーの発生頻度は1分間につき平均0・93回だったのに、取引サービス禁止の作動条件を緩和することで、その頻度は1分間につき平均4・33回まで急増してしまった。

この措置によって再び、ATM処理区画の閉塞が急増する。12時14分にはATM処理区画の1系（20区画）が全て閉塞し、12時27分にはATM処理区画の2系（20区画）が全て閉塞する。残る3系（20区画）も17区画が閉塞した。これによって、12時20～12時30分ごろの時間帯は10分ごとの取り込み件数が最大1000件にまで達し、12時50分までに累計の取り込み件数は4000件を突破してしまった。

12時45分、ATMの運用を担う「ATMセンター」がATMの画面から定期性預金に関するメニューを消したため、ATMから定期性預金にアクセスする新規のトランザクションは無くなった。

通帳・キャッシュカード取り込みの状況

時刻	状況
9時50分ごろ	定期性預金システムでデータベースの更新が不能に
10時～同20分	ATM処理区画の閉塞開始。通帳・キャッシュカードの取り込みが「10分当たり約200件」発生
10時19分～20分	取引サービス「定期性預金通帳を記帳する」を禁止
10時20分～12時	通帳・カードの取り込みが「10分当たり数十件」で推移
12時2分～同8分	取引サービス禁止の作動条件を緩和
12時10～同40分	通帳・カードの取り込みが「10分当たり約1000件」に急増
12時45分	ATMのメニュー画面で定期性預金関連のボタンを利用不可に
13時以降	通帳・カードの取り込みが「10分当たり100件以下」に

しかしそれでも、ATMによる通帳・カードの取り込みは止まらなかった。MINORIにおいてはATM処理区画が閉塞すると、トランザクションが定期性預金システムにアクセスするかどうかにかかわらず、通帳やカードが取り込まれる設定だったためだ。

13時以降、通帳・カードの取り込み件数は10分当たり数十件程度にまで減少する。しかしこれは、既に13時の時点で約3500台のATMが停止してしまっていたからだ。

その後も生き残っているわずかなATMが通帳・カードを取り込み続けた。みずほ銀行が18時39分に全てのATM処理区画の再起動を完了させたところ、通帳・カードの取り込みは完全に無くなった。しかしそれまでに5244件もの通帳・カードの取り込みが発生していた。

原因を特定せずに禁止条件を緩和

なぜみずほ銀行は12時2分から、取引サービス禁止が作動する条件を緩和してしまったのか。実はみずほ銀行はこの時点で、システム障害の原因を特定できていなかった。みずほ銀行は、過去に起きたシステム障害に際して「取引サービス禁止機能の作動条件を緩和し対応した同種の経験があった」（調査報告書）ことから、それによってどのような影響が生じるかを検討することなく、条件を緩和してしまった。

このような判断ミスが生じたのは、みずほ銀行における運用監視の環境があまりに貧弱だったためだ。

（疑問5）なぜ警告やエラーは見逃されたのか

2月28日のシステム障害に関しては、その前日である2月27日にトラブルの予兆が現れていた。27日は「みずほe-口座」への一括切替処理の初日であり、28日同様に約45万件の定期性預金口座をe-口座に切り替えていた。その際、定期性預金システムの

MINORIの監視体制

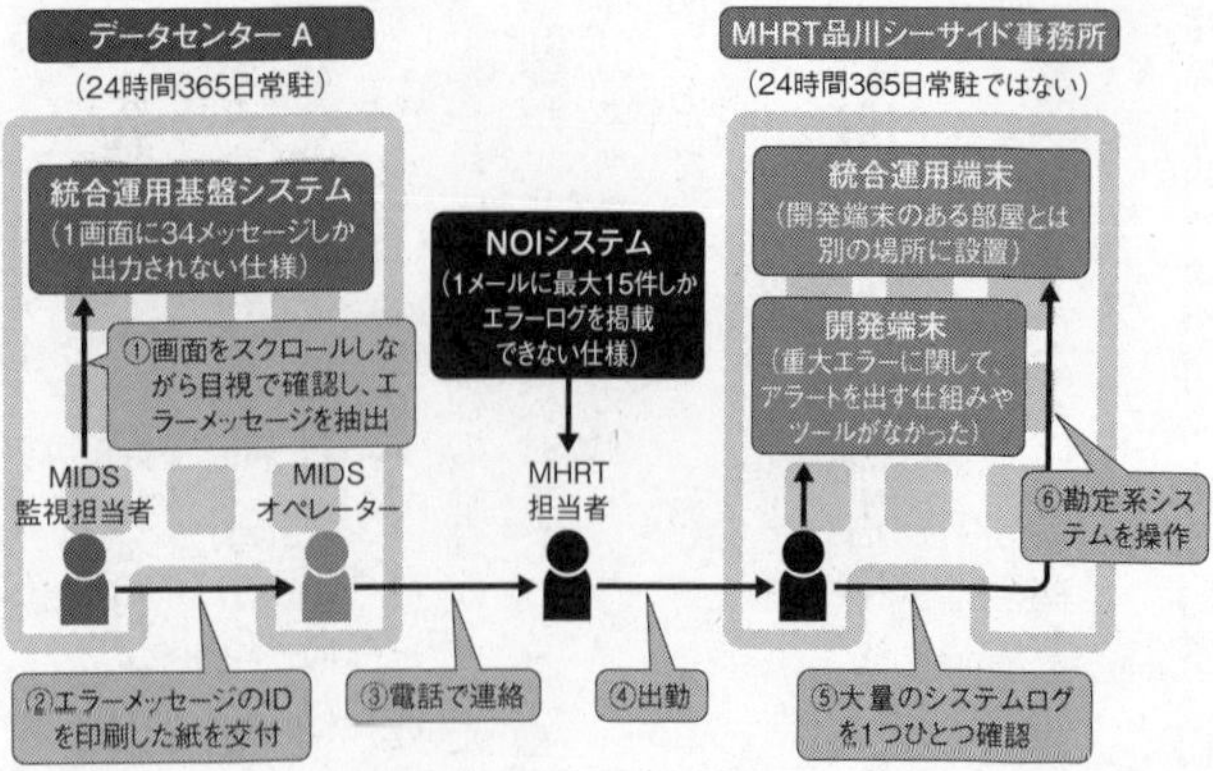

MIDS：MIデジタルサービス、MHRT：みずほリサーチ&テクノロジーズ

DBにある「取消情報管理テーブル」のインデックスファイルの使用率が87%に達し、警戒すべきしきい値の80%を超えたとして、システムはアラートを発していた。しかしアラートは見逃された。

みずほ銀行のシステム運用担当部門は、IT・システム統括第一部だ。MINORIの運用監視については、みずほリサーチ&テクノロジーズ（MHRT、当時はみずほ情報総研）やMIデジタルサービス（MIDS）が実務を担当する。通常時のエラー監視の実務はMIDSが担う。データセンターにオペレーターを置き、24時間365日体制で監視に当たっている。ところがe-口座への一括切替処理に関しては、MHRTがエラー発生状況などを監視するため、MIDSの対応は不要としていた。

しかし実際には、MHRTはエラー監視ができる体制を構築できていなかった。MHRTは担当者が事務所に24時間365日常駐する体制ではなく、休日などにシステム障害が起きた際には事務所に駆け付ける必要があった。

「生」のエラーログを分析

しかもMHRTの事務所であっても、満足にエラーを分析できたとは言いがたい。MIDSには「統合運用基盤システム」があり、MINORIのエラーログの内容を分析して「エラー出力場所」や「対応優先度」などを自動的に判定してくれた。しかしMHRTの担当者は開発端末を使って「生」のエラーログを一つひとつ確認する必要があり、エラーログの深刻度にすぐに気付けない状況に置かれていた。

MHRTは担当者が事務所外でもシステム監視ができるよう、エラー発生状況をメールで送信する「NOIシステム」を用意していた。しかしこれは、事実上使えなかった。NOIシステムはメール1件当たり最大15件のエラーログを掲載して送信する仕組みだったためだ。このエラーログも「生」の状態であり、エラーの発生した場所や深刻度などは分からない。

MINORIのデータセンターに常駐していたMIDSの担当者ならこのシステムアラートに気付いた可能性があるが、いずれにせよその情報はMHRTには届かなかった。

MIDSでは土曜日である2月27日に生じたアラートについて、翌営業日である3月1日月曜日に電話でMHRTに伝える取り決めになっていたためである。

(疑問6)なぜ障害の規模や原因を見誤ったのか

2月28日9時50分ごろ、勘定系システムのMINORIでシステム障害が発生した。ほぼ同時に営業店にあるATMが通帳やキャッシュカードを取り込み始めた。しかしみずほ銀行のシステム運用部門は3時間近く、この2つのトラブルを関連あるものとして把握できていなかった。つまりシステム障害の規模を長らく見誤っていた。

みずほ銀行がATM障害の原因を特定できたのは、障害発生から7時間以上が経過した17時10分のことだった。なぜ障害の規模や原因を見誤ったのか。その背景にもやはり、体制上の欠陥があった。

MINORIのシステム障害に気付いたのは、「みずほe-口座」への一括切替処理についてエラー監視を担当していたみずほリサーチ&テクノロジーズ(MHRT)ではなく、通常の監視業務を担当するMIデジタルサービス(MIDS)だった。しかしMIDSにおいても、システム障害に迅速に対応できる体制は整備されていなかった。

2月28日のシステム監視に関するやり取り

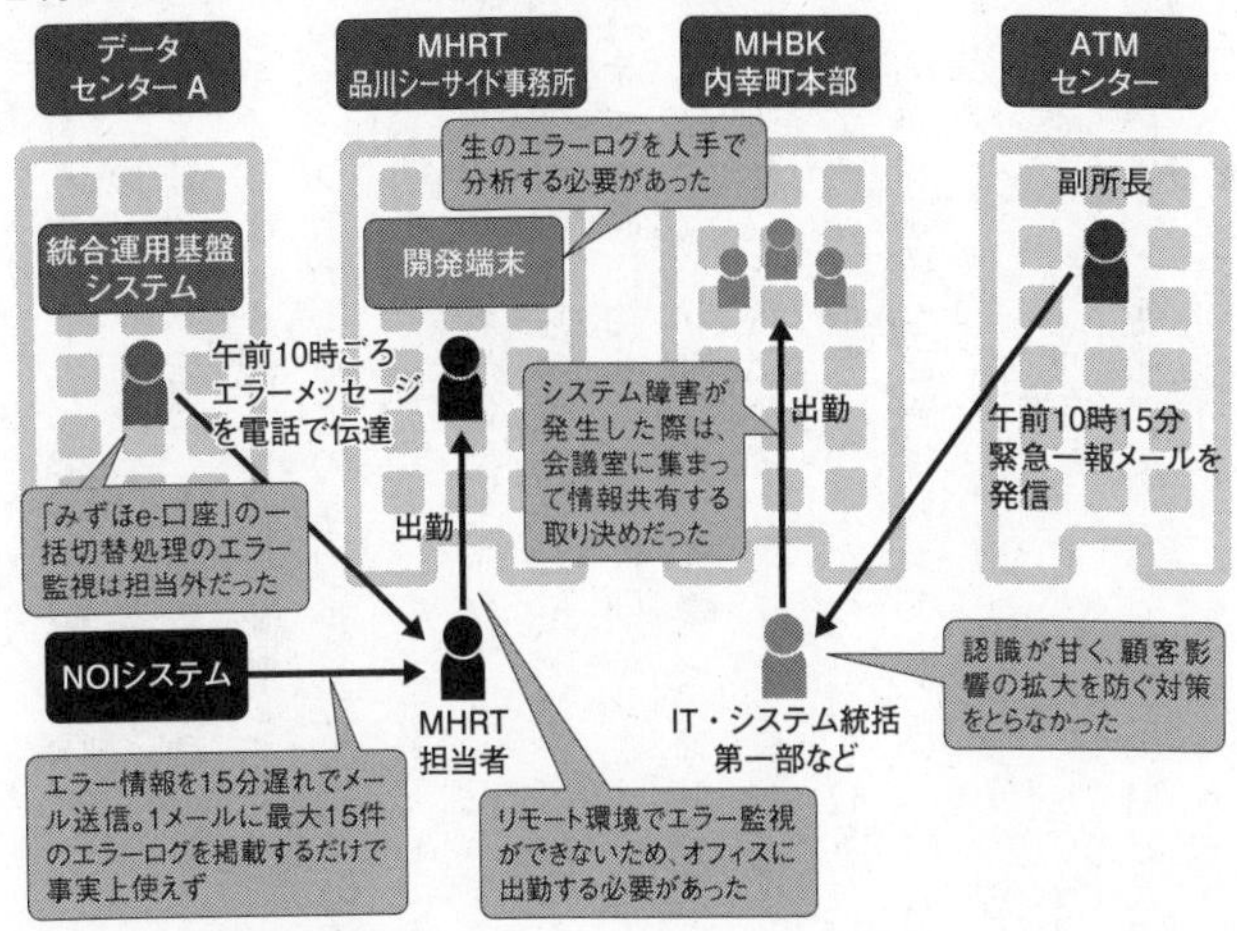

MIDS：MIデジタルサービス、MHRT：みずほリサーチ&テクノロジーズ、MHBK：みずほ銀行

MIDSの監視担当者はデータセンターにある「統合運用基盤システム」を使って、エラー発生状況を把握できた。MHRTの担当者が生ログを確認する必要があったのに対して、MIDSの監視担当者は、エラー発生場所や対応優先度といった情報が付与されたエラーメッセージを閲覧可能だった。

しかしMIDSのツールは、1画面に34メッセージしか出力されない仕様だった。監視担当者は画面をスクロールしながらエラーメッセージを1件ずつ目視で確認し、問題がありそうなメッセージを抽出する必要があった。

エラーメッセージを紙で報告

しかも監視担当者は、問題がありそうなエラーメッセージを見つけたら、そのエラーメッセージIDを記した紙を印刷して別の担当者であるオペレーターに報告する必要があった。システム障害の原因を特定したり障害復旧策を考えたりするのは、MIDSではなくMHRTの担当者である。MIDSのオペレーターは紙の情報に基づき、MHRTの担当者に電話でエラーメッセージIDなどを伝えるプロセスになっていた。

2月28日のシステム障害では、MINORIでトラブルが発生した9時50分から10時5分までの間に約6400件のエラーメッセージが一気に発生した。MIDSは大量のエラーメッセージを目視で確認し、何が起きているのかをMHRTに電話で報告する必要があった。当然ながら情報はまったくスムーズに共有されなかった。

口頭でのやり取りだったため、MIDSとMHRTの間でどのようなやり取りがなされたのか、正確な記録は残っていない。調査報告書によれば、MIDS側が21種類のエラーメッセージを伝達し、MINORIの司令塔である「取引メイン」で非常に深刻なエラーである「二重エラー」が発生している旨を伝えたと同社の「インシデント管理表」の記録に基づき主張している。一方のMHRT側は報告を受けたメッセージの種類はもっと少なく、定期性預金システムなどのエラーに関しては報告を受けたとする一方で、取引メインにおける二重エラーの報告は受けていないと主張している。

ＡＴＭのトラブル情報も届かず

同じ頃、ＡＴＭの稼働状態に関する情報共有でも不備が生じていた。ＡＴＭの稼働を監視する「ＡＴＭセンター」は10時15分、みずほ銀行のＩＴ・システム統括第一部や事務企画部などに対して、ＡＴＭで多数のエラーが発生したことを告げる「緊急一報メール」を送信していた。

しかしＡＴＭセンターからの警告に対して、営業店などでのオペレーションを統括する事務企画部は適切な対応ができず、顧客への影響拡大を防ぐ有効な手立てがなかなか発動されなかった。担当者の多くは緊急一報メールにあった「監視システム上はＡＴＭ正常稼働ながら」という文言に引っ張られ、ＡＴＭは正常に稼働していると思い込んでいたためだ。

またＡＴＭで多数のトラブルが発生している情報は、みずほ銀行のＩＴ・システム統括第一部には届いていたが、同部でＭＩＮＯＲＩの運用を担当する勘定系システム推進チームにはその情報が適切に共有されていなかった。実際、同チームは12時47分、ＭＩＮＯＲＩでシステム障害が発生していることを関係各所に伝達する「障害報告メール」を送信しているが、そこにはＡＴＭのトラブルに関する具体的な情報が入っていな

みずほ銀行が定めていた障害ランクの定義や具体例

障害ランク	定義	主な具体例
S	経営に影響を及ぼす障害。または行外に重大な影響を及ぼす障害	・勘定系や決済系オンラインの全面ダウン ・預金支払や為替送金サービスのダウン ・マスコミ報道されるもの ・株価に影響を与えるようなもの ・訴訟の恐れがあるもの
A1	行外に軽微かつ広範な影響を及ぼす障害。または行内に重大な影響を及ぼす障害	・勘定系や決済系オンラインの一部ダウン ・勘定系や決済系に影響を与えない業務系システムの全面ダウン ・顧客やリスクに関係するシステムの全面ダウン ・不特定多数の顧客に軽微な迷惑をかけたもの ・特定の顧客に重大な迷惑をかけたもの
A2	行外に軽微かつ限定的な影響を及ぼす障害。または行内に軽微かつ広汎な影響を及ぼす障害	・情報系システムの全面ダウン ・特定の顧客に軽微な迷惑をかけたもの ・電子メールなど社内インフラの短時間全面ダウン
B	行内に軽微かつ限定的な影響を及ぼす障害	・勘定系や決済系オンラインに影響を与えない業務系システムの一部ダウン ・情報系システムの一部ダウン ・社内インフラの一部ダウン
C	行内外に影響が無い障害	・影響がシステム所管部内にとどまった障害

かった。障害のランクも「A2ランク懸念」と過小に見積もっていた。

MHRTがシステム障害の原因特定に本格的に動き出したのは、14時である。MHRTではこの日、定期性預金システムの担当者が朝から品川シーサイド事務所に出勤してシステム監視に当たっていた。しかし定期性預金システムが使用するサーバーOSはLinuxで、DBMSは富士通のSymfowareであり、同システムの担当者はメインフレーム上で稼働する「取引共通システム」に関する知識がなかった。取引共通システムのエラーログの内容が分析できる知見のある担当者が品川シーサイド事務所に14時に出勤するまで、本格的な原因調査ができなかったのだ。しかし取引共通システムの担当者は生のログを分析する必要があったため、原因究明には時間を要した。

みずほ銀行は16時22分に定期性預金システムのメモリー容量を拡張し、同システムを再開した。しかしATMは復旧しなかった。ここで同行はようやく、ATMのトラブルを引き起こしている原因が定期性預金システム以外にもあることに気付き、取引共通システムのログ調査を過去に遡って始めた。ATM処理区画が閉塞したためATMでトラブルが起きているという真の原因を認識できたのは、17時10分。システム障害が起きてから既に約7時間が経過していた。

「仮に10時0分ごろにエラーメッセージが（MIDSからMHRTに）全て伝達されていれば、取引共通システムにおけるパーコレートエラー（二重エラー）の発生が認識され、早期に2月28日障害の原因が特定された可能性が高い」。報告書はそう指摘している。

(疑問7)なぜ頭取に情報が届かなかったのか

みずほ銀行の藤原弘治頭取が自行のシステム障害を知ったのは2月28日13時30分。部下からの報告ではなく、ネットのニュースを自ら見て知った。みずほFGの坂井辰史社長のメールボックスに障害発生を知らせるメールが届いたのは14時過ぎ。実際に坂井社長がそのメールを開封したのは16時過ぎだった。なぜシステム障害の報告が経営トップに届かなかったのか。原因はみずほ銀行が当初、障害ランクを過少に見積もったことがある。

みずほ銀行のIT・システム統括第一部は障害発生・検知後、原則1時間以内をめどに、システム障害のランクや顧客数の最大影響などを「一報」として関係各所に報告する必要があった。しかし同部内での情報共有の不備により、障害報告メールの送信は12時47分までずれ込んだ。

人間が判断する体制が問題

しかもみずほ銀行はこの時点で障害ランクを「A2ランク懸念」に分類していた。A2ランクは「行外に軽微かつ限定的な影響を及ぼす障害」と定義されており、頭取への報告は不要だった。しかしATMによるカードや通帳の取り込みが数千件も起きていたのだから、本来であれば「(頭取への報告が必要な)A1以上の判定をすべきであった」(調査報告書)。

他のメガバンクのCIO(最高情報責任者)経験者は「障害の規模を人が判断するという体制に、そもそもの問題があったのではないか」と指摘する。みずほ銀行はシステム障害が発生した際に、複数部署のメンバーがオフィスの会議室に集まり情報共有をした上で、対応を協議するとしていた。

それに対して他のメガバンクでは「何件以上の顧客影響があったら自動的に対策本部を立ち上げる、といったルールを事前に設けている。必ず頭取にも連絡が届く」(CIO経験者)という。みずほ銀行はここでも、体制上の不備があったというわけだ。

――（疑問8）なぜ営業店での顧客対応が遅れたのか

2月28日のシステム障害に際しては、営業店での顧客対応が遅れたため、ATMに通帳・カードを取り込まれた4000人以上の顧客が何時間もその場で立ち往生し、精神的、肉体的、そして金銭的な苦痛を味わった。なぜ営業店での顧客対応は遅れたのか。

ATMによる通帳・カードの大量取り込みを最初に検知したのは、みずほ銀行が外部に委託して運営している「ATMセンター」だ。ATMセンターの副所長は10時15分、ATMのエラーが430件発生しているとの「緊急一報メール」を送信した。宛先は、みずほ銀行のIT・システム統括第一部のチャネル系システム推進チーム、個人マーケティング推進部営業開発チーム、個人マーケティング推進部コンタクトセンター業務チーム、事務企画部事務リスク管理室、事務企画部業務統括チーム・企画チーム、コーポレートコミュニケート部広報室とMHRTだ。

情報システム部門であるIT・システム統括第一部がATMセンターからの情報を適切に取り扱えなかったのは「疑問6」で説明した通りだ。しかし情報システム部門がATMの復旧にてこずったとしても、その他の部門が顧客に適切に対応できていれば、顧客の苦痛は和らげられたはずだ。なぜそうはならなかったのか。情報システム部門以外の各部門による対応状況を見ていこう。

緊急事態の「司令塔」に情報届かず

まずトラブルの第一報となったATMセンターからの「緊急一報メール」が、みずほ銀行におけるトラブル対応の要となる企画管理部危機管理室に届いていない事実は特筆すべきだろう。

企画管理部危機管理室は、みずほ銀行における「事業継続管理統括」を所管している。つまりみずほ銀行において緊急事態や非常事態が発生した場合に、企画管理部危機管理室が危機対応の司令塔になる取り決めだった。

しかし企画管理部危機管理室は、10時15分に送信された「緊急一報メール」の宛先には入っていなかった。ATMセンターのミスではなく、事前に定めた緊急時のルールがそうなっていた。

企画管理部危機管理室の担当者にATMによる通帳・カード取り込みの発生が伝えられたのは11時12分で、伝えたのはコーポレートコミュニケート部（CC部）だった。その後この担当者には11時35分にIT・システム統括第一部からもカードが取り込まれているとの情報が伝えられ、11時57分には営業店を統括するリテール・事業法人推進部からも、通帳やカードの取り込みが多数発生している情報が伝えられた。

この担当者は、情報システム部門が対応に当たっている東京都千代田区の内幸町本部に移動した後の14時10分に、システム障害という緊急事態に全社的に対応するための会議である「関係部長会」を招集する。実際に関係部長会が始まったのは14時30分で、障害の発生から既に4時間40分が経過していた。関係部長会の開催が遅れたことが、他の部門による顧客対応を遅らせることになる。

障害の対外告知まで3時間以上かかる

ATMセンターからの「緊急一報メール」に対する初動が比較的早かったのは、CC部広報室だ。メールを受け取ったCC部の担当者はすぐに他のCC部員に情報を共有し、ATMでトラブルが発生しているとの情報をホームページで告知する準備を始めた。またこの担当者は緊急一報メールの内容を企画管理部のほか、営業店での顧客対応を統括するリテール・事業法人業務部やリテール・事業法人推進部など、ATMセンターから直接メールが届いていなかった部門にも転送している。

CC部には10時55分に、「Twitter」などのSNS（交流サイト）において「みずほ銀行のATMで通帳やカードを取り込まれた」との内容の投稿が8件行われたとの「SNSアラートメール」が届いている。みずほ銀行のCC部は他の事業会社の広報部門と同様に、自社に関する「炎上」がSNSで発生していないかチェックする仕組みを導入していた。

ＡＴＭに関して緊急事態が発生していることを察知したＣＣ部は11時3分、ホームページでＡＴＭトラブルに関する緊急告知を行うことについて確認を求めるメールを、事務企画部の担当者に送信した。みずほ銀行の「情報発信対策ＰＴ（プロジェクトチーム）運営マニュアル」や「緊急時対外広報マニュアル」などは、緊急事態についてホームページで告知する際には、緊急事態を所轄する部門と広報室が協議するよう規定していた。今回はＡＴＭに関する緊急事態なので、事務企画部とメールによって協議しようとしたわけだ。

しかし事務企画部からはメールの返信はなかった。そこでＣＣ部の担当者は11時49分、今度は企画管理部、リテール・事業法人業務部、リテール・事業法人推進部の担当者に、ホームページでの対外告知について相談するメールを送った。ところがそのメールにも返答はなかった。

ＣＣ部はその後、ホームページに掲載する告知文案を独力で作成し、関係各部門にメールで送信した。今度はリテール・事業法人業務部と企画管理部から文案に異存がないとの返答があったことから、ＣＣ部は13時15分に「ＡＴＭ・みずほダイレクトにおいて、一部の取引が利用できない状態になっている」との告知を掲載した。しかしここには、ＡＴＭで通帳・カードが取り込まれているとの情報や、通帳・カードが取り込まれた場合の対応方法などについての情報は記載されていなかった。

宙に浮く重要情報

14時10分には営業店を統括するリテール・事業法人推進部からCC部に対して、通帳やカードが取り込まれた顧客に対して「取り込まれた通帳やカードは確認の上、後日返却するので、今日はお帰り下さい」とのメッセージをホームページに掲載できないかとの相談が寄せられた。ATMの前で立ち往生している数千人の顧客に対して、一刻も早く伝える必要がある最重要情報である。

しかしCC部はこの時も、関係部署との「協議」を始めた。CC部はこうしたメッセージを掲載してもよいか、事務企画部に問い合わせたのだ。事務企画部からの返信はなかったので、CC部は「通帳・カードを取り込まれた方は、後日に連絡・返却する」との告知文案を作成した上で、それをメールで事務企画部、リテール・事業法人推進部、個人マーケティング推進部に送付した。しかしこのメールに対する返信もなかった。

ホームページでの告知文案は15時40分ごろに関係部長会の場で確認がなされた。CC部の担当者が告知文のアップロード作業を開始したのは15時44分で、実際に「取り込まれた通帳・カードについては後日に連絡・返却する」との情報がホームページに掲載されたのは15時58分のことだった。

コールセンターでは独自対応

「取り込まれた通帳・カードについては後日に連絡・返却する」との情報を、ＣＣ部よりも早く顧客に告知し始めた部署があった。個人マーケティング推進部が統括しているコールセンターだ。

コールセンターでは12時30分ごろから顧客に対して、「カードや通帳は後日返却するので、その場を離れていただいても構わない」と案内し始めた。個人マーケティング推進部のコールセンター担当者が事務企画部の担当者と個別に相談した上で決めた、臨時の対応だった。

それまではコールセンターはＡＴＭに通帳・カードが取り込まれた顧客に対して「ＡＴＭ備え付けの電話（オートフォン）から問い合わせて下さい」と案内していた。しかしＡＴＭ備え付け電話の問い合わせ先であるＡＴＭセンターは、既にパンク状態にあった。顧客はＡＴＭセンターに電話がつながらなかったからコールセンターに電話しているのであり、顧客にとって意味の無い案内だった。

もっとも12時30分の時点で、コールセンターもパンク状態になっていた。営業店などで立ち往生している顧客に対しては、ホームページなど他の手段で情報を伝える方法を模索すべきだった。しかし個人マーケティング推進部がＣＣ部などにこうした対応を促すことはなかった。

ＡＴＭセンターの人員増強は14時以降

ＡＴＭの監視を所管していた事務企画部は、ＡＴＭセンターからの「緊急一報メール」に11時ごろに気付いた。事務企画部の部長は11時34分、事務企画部員をＡＴＭセンターに派遣するよう指示した。

事務企画部のＡＴＭセンター担当者は13時ごろにＡＴＭセンターに到着し、ＡＴＭセンターの本部長に対して、営業店や出張所などに警備員を出動させるよう指示をした。また13時45分に、ＡＴＭセンター業務の元請けであるＢＣＳＯＬに対して、ＡＴＭセンターのオペレーターを増員するよう依頼した。実際にＡＴＭセンターの職員に対して、休日出勤などの動員がかかったのは14時のことである。

以上から分かるように、ＡＴＭ監視を所管する事務企画部が具体的な顧客対応を始めたのは、担当者がＡＴＭセンターに到着した13時以降だった。

事務企画部の部長は13時40分、上司である事務グループ長に電話をして、ＡＴＭで異常が多発している状況を直接伝えた。当時の事務グループ長である石井哲氏は、ＩＴ・システムグループ長（ＣＩＯ）も兼務していた。つまりＣＩＯへのシステム障害の第一報は、情報システム部門からではなく事務企画部から届いた。

営業店への出勤指示は14時25分以降

ＡＴＭに通帳・カードが取り込まれた数千人の顧客にとって特に不幸だったのは、営業店を統括するリテール・事業法人推進部（ＲＢ推進部）の動きが遅かったことだ。

ＲＢ推進部にはＡＴＭセンターからの「緊急一報メール」は直接届いていなかったが、このメールは早い段階でＣＣ部がＲＢ推進部に転送している。遅くとも12時までには、ＡＴＭによるカード・通帳の取り込み状況やＡＴＭセンターなどへの受電状況を把握していた。しかし14時25分まで具体的な指示を出さなかった。

ＲＢ推進部が全拠点への出勤指示を出し始めたのは14時25分で、すべての拠点への連絡が完了したのは17時ごろだった。ＲＢ推進部から各営業店に対して、顧客への返却対応や正常に稼働している近隣ＡＴＭへの誘導など具体的な顧客対応の指示が出たのは、17時30分だった。

平日の営業時間中であれば、営業店の職員がＡＴＭに駆け付け、カードや通帳の取り込みに対処できた。２月28日は日曜日だったため、職員の緊急出勤が必要だった。しかし営業店の部店長は営業時間外に業務メールを受信できないため、部店長に電話で連絡する必要があったことなどもあり、出勤指示自体が遅れた。

第三者委員会の調査報告書は、営業店での顧客対応が遅れたのは、みずほＦＧの企業風土に問題があったからだと指摘した。「積極的に声を上げることでかえって責任問題となるリスクをとるよりも、自らの持ち場でやれることをやっていたといえるための行動をとる方が、組織内の行動として合理的な選択になってしまう」（調査報告書）。

（疑問9）なぜe-口座への一括切り替え処理を2～3月に実施したのか

みずほ銀行は２０２１年2月27日から6回に分けて、1年以上記帳が無い定期性預金の口座約２５９万件を、通帳を発行しない「みずほe-口座」へ一括して切り替える計画だった。1回につき切り替える口座は約45万件だ。

しかし2月28日、定期性預金システムでは約45万件のe-口座一括切替処理に加えて、月末取引のバッチ処理が25万１０００件予定されていた。合計は70万１０００件だ。それに対して、定期性預金システムの「取消情報管理テーブル」のインデックスファイルは、1日当たりの更新が64万２９６９件を超えると容量オーバーになる設定だった。

月末や年度末の処理がある2～3月にe-口座への一括切替を強行したのは、3月末までに1年以上記帳がない紙の通帳を廃止できれば、印紙税を年間約16億円削減できると見込んでいたためだ。

「突き抜け」の心配は無かった

またみずほ銀行は約45万件のバッチ処理がリスクになると認識していなかった。そもそも約45万件のバッチ処理は、決して規模は大きくない。実際にみずほ銀行は2月27日に、約45万件の定期性預金口座をe-口座へ一括切替したが、処理は1時間25分で完了した。一般にバッチ処理で最も警戒されるのは、制限時間内に処理が完了しない「突き抜け」だ。今回のバッチ処理は突き抜けが起きる心配も少なかった。

みずほ銀行が警戒を怠っていたのは、定期性預金システムのインデックスファイルに存在した容量制限という落とし穴だ。定期性預金システムの「基本設計書」には記載が無く、「詳細設計書」にもインデックスファイルの保存先がメモリーだとあるだけで、リスクに関する記述は無かった。そのためe-口座への一括切替処理を計画する際に、このリスクを見落とした。一括切替処理のテストでも、実機で試した更新は8万件だけ。2月28日に予定されていた合計70万2000件のDB更新は試さなかったので、リスクが事前に浮かび上がることもなかった。

（疑問10）なぜインデックスファイルをメモリーに置いたのか

定期性預金システムには、1日当たりの更新が64万2969件を超えるとデータベース（DB）が更新不能になる落とし穴があった。「取消情報管理テーブル」のインデックスファイルをメモリーに保存していたためだ。

みずほ銀行はMINORI開発中の2017年11月に、定期性預金システムで実施する「おまとめ処理」というバッチ処理において、処理が制限時間中に終わらなくなる懸念に直面した。そこで同システムのDBにある「定期明細」や「定期取引明細」などの「業務テーブル」のインデックスファイルと、取消情報管理テーブルのインデックスファイルの保存先をメモリーに変更することで、バッチ処理の高速化を図った。

取消情報管理テーブルは、定期性預金システムが処理したトランザクションの内容を記録し、後から取り消せるようにするために設けたものだ。トランザクションが発生する度に、テーブルのレコードは増える。

インデックスの更新は重い処理

DBのインデックスは、参照するだけなら非常に高速だが、インデックスを更新するのには時間がかかる。特にテーブルにレコードを追加すると、インデックスのノードを分割する必要などが生じるため、更新にさらに時間がかかる。毎回レコードが増える取消情報管理テーブルのインデックスは、ノード分割などが頻繁に発生するため、保存先をメモリーに変更して処理の高速化を図ったのだと推測できる。

問題は取消情報管理テーブルのインデックスのサイズが、トランザクションの度に増える点。そして富士通のデータベース管理システム（DBMS）「Symfoware Server」の仕様によって、あらかじめ決めたファイル容量の上限を超えると、インデックスが更新できなくなる点だった。みずほ銀行はインデックスファイルの容量を厳重に監視する必要があったが、運用担当は監視が必要との認識が無く、それがシステム障害を招いた。

（疑問11）なぜインデックスファイルのリスクを見逃したのか

なぜみずほ銀行の運用担当者は、インデックスファイルのリスクを見逃してしまったのか。理由は大きく2つある。

1つは、定期性預金システムの「基本設計書」にインデックスファイルのリスクに関する記載が無かったためだ。「詳細設計書」にもインデックスファイルの保存先がメモリーだとあるだけだった。メモリーに保存したインデックスファイルには厳重な容量監視が必要であるとか、もっと具体的に「1日当たりの更新が64万2969件を超えるとDBが更新不能になる」といったリスクを明示した記述は無かった。そのためe-口座への一括切替処理を計画する際に、このリスクを見落とした。

定期性預金システムで1回に実行できるセンター集中記帳処理（バッチ処理）は45万件に制限されていた。MINORIのバッチ処理を制御するセンター集中記帳システムと定期性預金システムの間のデータの受け渡しには「統合ファイル授受システム」を使用するが、統合ファイル授受システム側で扱えるファイル容量の制限が約45万件だったためだ。

これと同じように定期性預金システムにおいても、1日に実行できる一括処理の件数について明確な制限を設けておくべきだった。

2つ目の理由は不十分なテストだ。みずほ銀行は事前に一括切替処理に関するテストを実施している。しかしこのテストでは、実機で試した更新は8万件だけだった。2月28日に予定されていた合計70万1000件のDB更新は試さなかったので、リスクが事前に浮かび上がることもなかった。

―（疑問12）なぜSOAなのに被害が拡大したのか

MINORIの特徴はサービス指向アーキテクチャー（SOA）を採用したことだった。勘定系システムを複数のサブシステムに分割し、サブシステム間を疎結合にすることで、障害の影響を極小化する狙いだった。

しかし2021年2月28日のシステム障害では、定期性預金システムのエラーがMINORIの司令塔である「取引メイン」の「二重エラー」に拡大し、ATMなどの停止につながった。

なぜSOAなのにエラーが連鎖したのか。第三者委員会の調査報告書は「MINORIの構造、仕組み自体に欠陥があったのではなく、これを運用する人為的側面に障害発生の要因があった」とする。しかし国立情報学研究所の佐藤一郎教授は「連鎖障害が起きたのだから、システムの根幹に問題があったとみるべきだ」と疑問を呈する。

MINORIは疎結合のアーキテクチャーを採用する一方で、サブシステムにまたがる「グローバルトランザクション」を実行していた。例えば定期性預金システムの業務テーブルを更新する際も、まずは顧客データを管理するCIFのレコードをロックして

三井住友銀行とみずほ銀行の勘定系比較

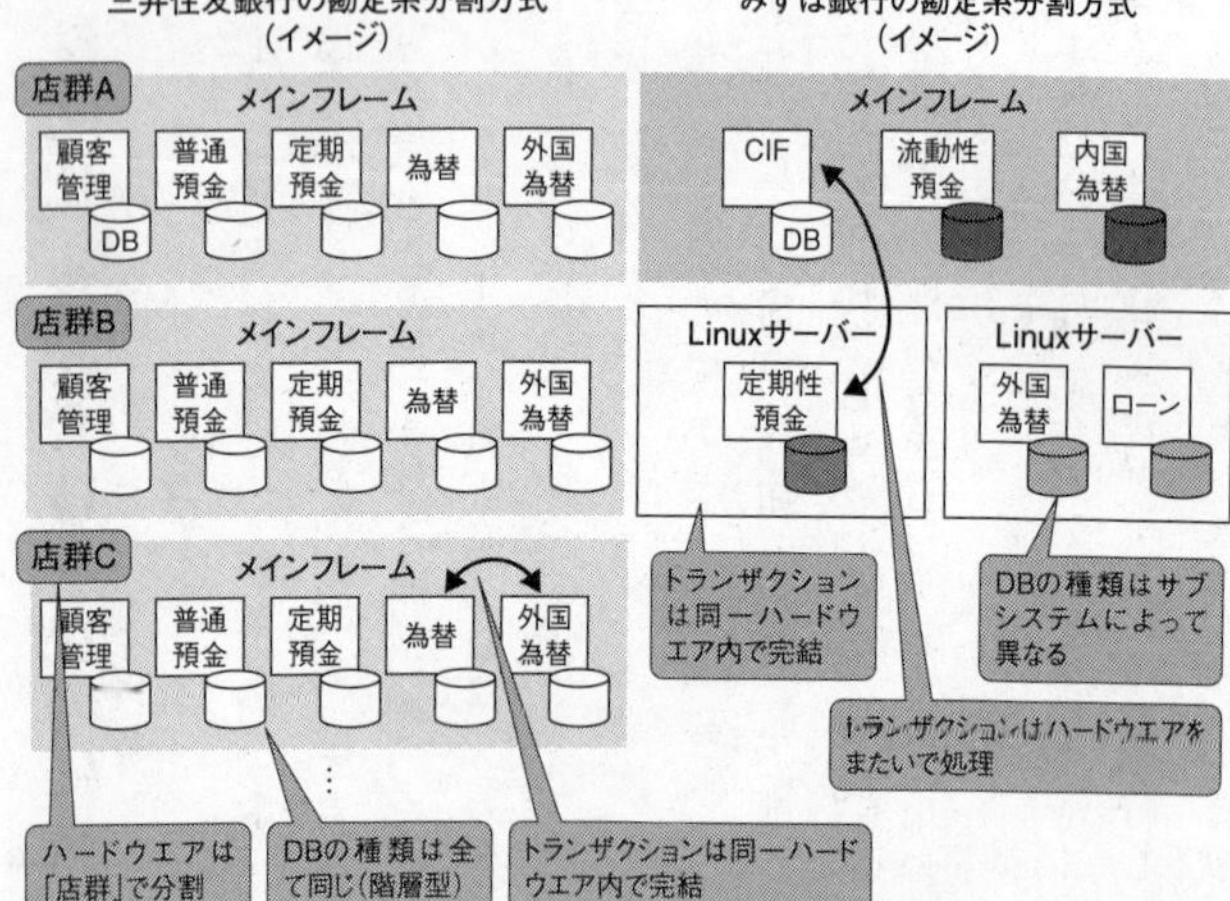

いた。

グローバルトランザクションはシステムが密結合の場合に向いた手法であり、疎結合には向いていない。MINORIは疎結合でもグローバルトランザクションを実行できるよう、各サブシステムに「取消情報管理テーブル」を設け、データの不整合などが発生した場合にトランザクション全体をロールバック（取り消し）できるようにしていた。しかし実際には、取消情報管理テーブルでエラーが発生した。

「グローバルトランザクションがどうしても必要なら、アーキテクチャーを密結合にする手もあった」（佐藤教授）。実際、三井住友銀行の勘定系システムは全てのサブシステムが同一メインフレーム上で稼働する。データベースの種類も1つだ。サブシステムをまたいだトランザクションは同一ハードウエアで完結する。その一方でハードは「店群」によって分割しているため、ハードの故障が影響するのはその店群だけだ。

相いれない2つを同時に追求

一方のMINORIはサブシステム単位でハードを分割した。トランザクションはハードをまたぐため、ネットワーク障害の影響なども受けやすい。OSやDBの種類もバラバラで、システム運用も複雑だ。2月28日はLinuxサーバーで稼働する定期性預金システムで障害が始まったが、メインフレームのログを分析するまで、ATM障害の根本原因を特定できなかった。

疎結合とグローバルトランザクションという相いれない2つを同時に追求したことが、MINORIの弱点となっていたと言えそうだ。

（疑問13）2月28日はどの不手際が致命傷になったのか

2021年2月28日のシステム障害は、様々な不手際が重なった結果、5000人を超える顧客がATMに通帳・カードを取り込まれ、何時間も立ち往生した。どの不手際が「致命傷」になったのか、分析してみよう。

まず本章の「疑問9」で指摘したように、定期性預金システムにおける「みずほe-口座」への切り替え作業を月末に実施していなければ、今回のシステム障害は発生しなかった。前日の2月27日も約45万件の口座を一括で切り替えたが、システム障害は発生しなかった。しかし2月28日は約45万件の口座一括切り替えと月末取引のバッチ処理25万1000件が重なり、「取消情報管理テーブル」のインデックスファイルの容量に起因する1日当たりの処理件数の上限である64万2969件を超えデータベース（DB）サーバーがダウンした。

本章の「疑問11」で指摘したように、2月28日に行う予定だったバッチ処理について十分な処理件数のテストをしていれば、システム障害は防げた。しかしみずほ銀行は8万件しかテストしなかったので、DBサーバーに存在した処理件数の上限に気付かなかった。

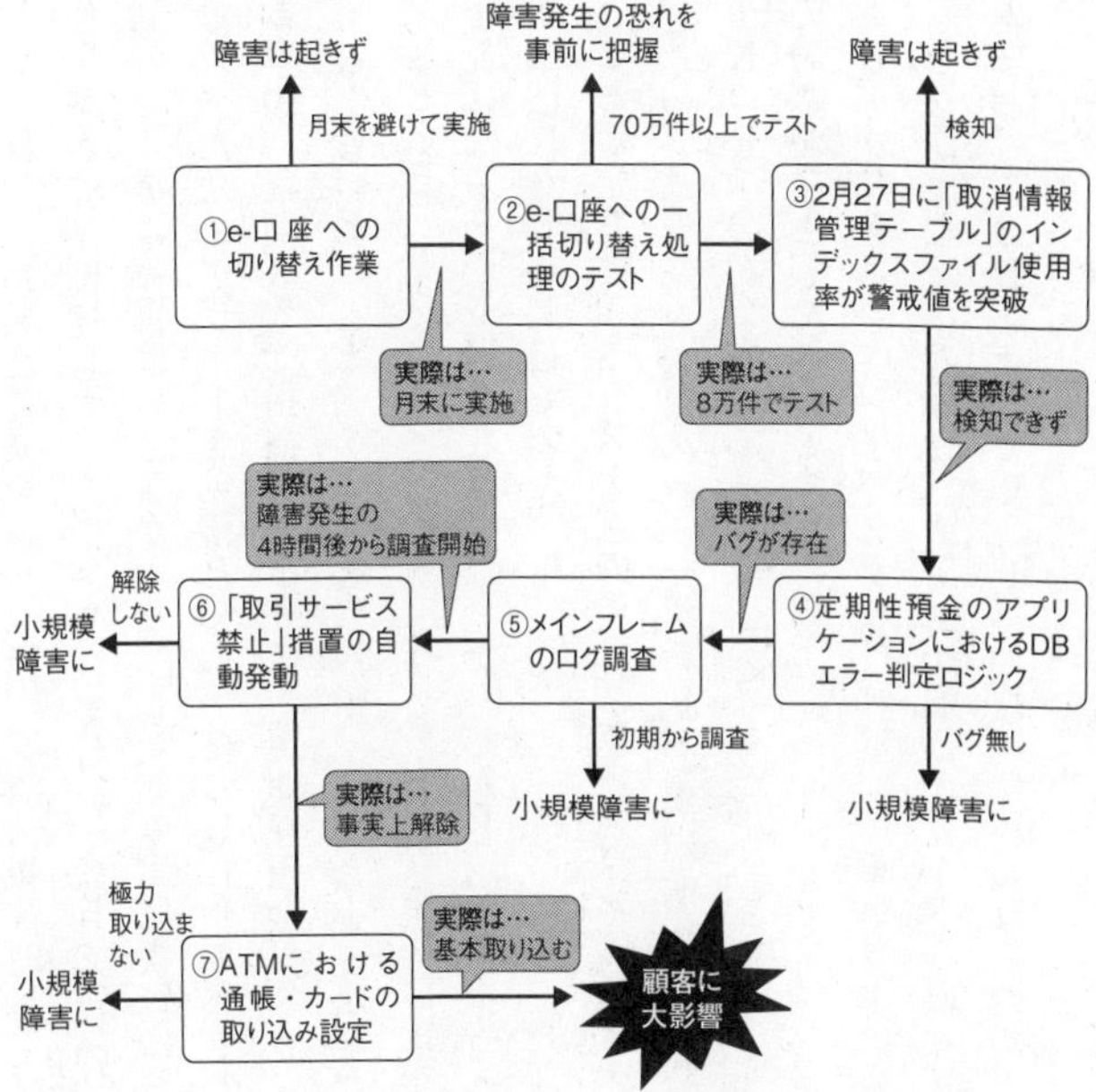

みずほ銀行が定期性預金システムのデータベース管理システム（DBMS）に、富士通の「Symfoware Server」を採用していなければ、今回のシステム障害は起きなかった可能性がある。しかしSymfowareを使っていて、インデックスファイルをメモリーに置いていたとしても、正しくテストしていればシステム障害の発生は防げた。

本章の「疑問5」で指摘したように、2月27日に約45万件の一括処理作業を行った際、取消情報管理テーブルのインデックスファイルの使用率が87%に達していた。これに気付いて2月28日の一括処理を断念していれば、今回のシステム障害は起きなかった。しかしみずほ銀行におけるシステム監視体制が不十分だったためアラートを見落とし、前述のDBサーバーの上限を突破した。

本章の「疑問3」で指摘したように、定期性預金システムのアプリケーションにバグが存在しなければ、システム障害の規模はもっと小さかった。

Symfoware はインデックスファイルの容量が上限設定を超過するとテーブルの更新が不能になるという残念な仕様だった。しかし Symfoware は更新が失敗した際、その更新を正しく取り消していた。

ところが定期性預金システムのアプリケーションにバグがあり、Symfoware は更新を正しく取り消していたのに、「更新状態が不明」と判断してしまった。そのためMINORIの司令塔である「取引メイン」で「二重エラー」が発生し、ATM処理区画の閉塞が発生した。

もしアプリケーションにバグがなければ、二重エラーは発生せず、ATM処理区画は閉塞しなかった。この場合、ATMが通帳・カードを取り込む原因は、定期性預金システムにおけるDBエラーとCIF排他だけに絞られるため、取り込み件数は329件にとどまった。

本章の「疑問6」で指摘したとおり、みずほ銀行はATM処理区画の閉塞に気付いていなかった。もしメインフレームのエラーログを初期から調査できていれば、ATM処理区画の閉塞を防いだり、閉塞した処理区画を早期に復旧できたりした可能性がある。しかしみずほ銀行がメインフレームのログ調査を始めたのはシステム障害発生から4時間が経過した14時のことで、17時10分にようやくATM処理区画が閉塞していることに気付いた。初期からメインフレームのログ調査ができていれば、被害をもっと少なくできた可能性がある。

本章の「疑問4」で指摘したように、MINORIにおける「取引サービス禁止」の措置が自動発動されたのを手動で解除していなければ、被害をもっと少なくできた可能性がある。

2月28日、「定期性預金通帳を記帳する」などの取引サービスの禁止が設定されている間、ATMが通帳・カードを取り込むピッチは10分当たり数十件程度に収まっていた。しかし12時10分までに取引サービス禁止の設定を手動で解除した結果、通帳・カードの取り込みは一気に増加した。もしATMが通帳・カードを取り込むピッチが10分当たり数十件程度のままだったら、最終的な取り込み件数は1000～2000件程度に収まっていた。

本章の「疑問2」で指摘したように、ATM処理区画が閉塞しても通帳やカードを返却する仕様になっていれば、通帳・カードの取り込み件数は329件にとどまっていた。システムエラーが発生した際に通帳・カードを取り込む設定にしていたため、5244件もの通帳・カードの取り込みが発生した。

これら7つの不手際が、2月28日のシステム障害における致命傷になった。もしこのうちの1つでも正しく処置できていれば、これほど大きなトラブルにはならなかった。

(疑問14)8月20日はなぜDBをすぐに復旧できなかったのか

2021年8月20日に発生したシステム障害では、データベース(DB)サーバーをすぐに復旧できなかったことが致命傷となり、営業店の窓口業務が全面停止するトラブルに至った。

このシステム障害のきっかけは、営業店端末や店頭のタブレット端末などと勘定系システム「MINORI」をつなぐサブシステム「業務チャネル統合基盤」が、ディスクの故障によって停止したことにあった。

障害の原因は「ディスク故障」にあらず

業務チャネル統合基盤のDBサーバーが使用するストレージ装置で、ディスクが相次ぎ故障した。それによってストレージ装置からデータを読み出せなくなり、DBサーバーが停止した。

みずほ銀行は2021年10月8日の記者会見で、ディスクの連続故障は極めてまれな事象だと説明したが、そんなことはない。様々な理由によるストレージ装置の全面停止は想定内である。実際にみずほ銀行は、DBサーバーとストレージ装置を4重化してトラブルに備えていた。東京・多摩にあるメインセンターにDBサーバーが稼働系と待機系の2系統、千葉にあるサブセンターにもDBサーバーが2系統あった。

しかし今回のトラブルでは、メインセンターの稼働系DBサーバーでストレージ装置が故障したところ、待機系DBサーバーへの自動切り替えが失敗した。そこでみずほ銀行は待機系DBサーバーに手動で切り替えようとしたところ、それにも失敗。最終的にサブセンターにあるDBサーバーに切り替えてシステムを復旧させたのだが、一連の作業に時間を要したため、8月20日朝からの業務に大きな影響が出た。

データベース冗長化対策の手法

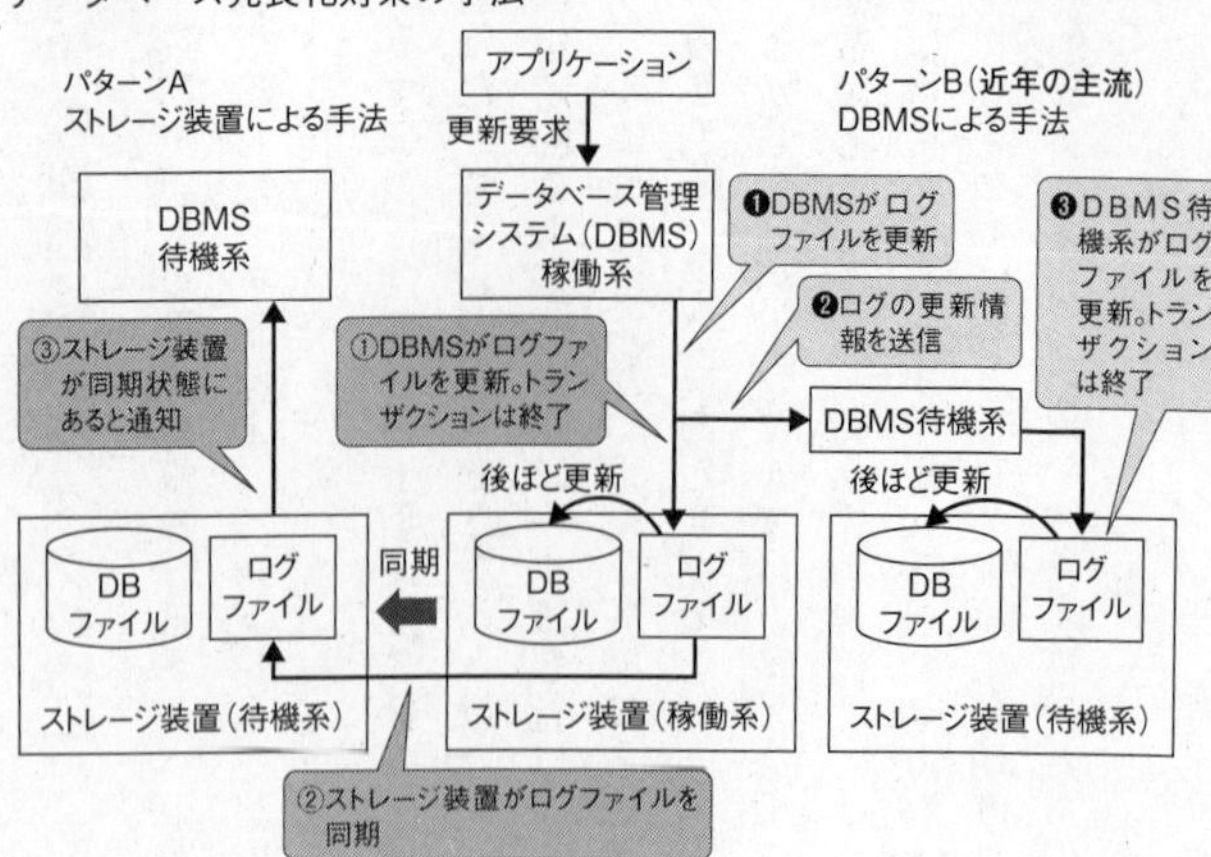

DBサーバー切り替えにまつわる謎

　このトラブルの大きな謎は、メインセンターの待機系DBサーバーへの切り替えが失敗したのに、サブセンターにあるDBサーバーへの切り替えには成功したことであった。業務チャネル統合基盤は富士通のパッケージ製品を採用し、データベース管理システム（DBMS）は富士通の Symfoware Server だった。ハードウエアは富士通の資産で、運用も含めて富士通がみずほ銀行にサービスとして提供していた。

　Oracle Database のようなメジャーなDBMSでは、稼働系のDBサーバーのトランザクションログを待機系DBサーバーへ転送することでDBを二重化するのが一般的だ。それに対して富士通はSymfowareにおけるDBの二重化に関して、ストレージ装置のミラー機能を使用するようマニュアルで推奨していた。

みずほ銀行における Symfoware の運用でも、稼働系のストレージ装置から待機系のストレージ装置へミラー機能を使いDBサーバーを介さずにデータを転送し、後からDBサーバーがその内容を検証する。そのためみずほ銀行のトラブルでは、ストレージ装置の故障によってDBサーバー間でデータの不整合が生じ、DBサーバーの自動切り替えができなくなった。

みずほ銀行はメインセンター内でのDB二重化と、メインセンターとサブセンターをまたいだDB二重化の両方で、ストレージ装置のミラー機能を使用していた。なぜ同じ仕組みでDBを二重化していたにもかかわらず、メインセンター内でのDB切り替えは失敗し、サブセンターへのDB切り替えは成功したのか。

手順を誤り、手動での切り替えに失敗

実は本来であれば、メインセンター内の待機系DBサーバーには手動で切り替えられるはずだった。稼働系のストレージ装置が故障しても、待機系のストレージ装置は生きていたためだ。しかしみずほ銀行が切り替え手順を誤った。DBサーバーを手動で待機

系に切り替えるのと同時に、クラスターソフトウエアの設定を変更して、アプリケーションサーバーの接続先を待機系DBに変更する必要があったのだが、クラスターソフトの設定変更をしなかったのだ。

みずほ銀行はもともと、サブセンターを災害対策用と位置付けており、障害が発生している業務チャネル統合基盤のDBサーバーだけサブセンターに切り替える手順を想定していなかった。そこで急きょ、富士通に対してDBサーバーをサブセンターに切り替える手順書の作成を依頼して、できたばかりの手順書を使って切り替えを敢行した。

つまり元から用意していた手順の選択や想定した障害シナリオに問題があった一方で、その場で作った手順書には問題がなかったのだろう。だからサブセンターへのDB切り替えだけが成功したのだ。

今回障害が発生した業務チャネル統合基盤をみずほ銀行が稼働させたのは、MINORIの開発中だった2015年のことだ。それ以来6年間にわたって、DBサーバーの切り替え手順や障害シナリオの問題が見過ごされていた。

もしみずほ銀行がDBサーバーの障害を想定し、DBサーバーを手動で切り替える訓練を実施していたら、その時点で手順の問題が見つかった可能性がある。しかしみずほ銀行はそうした訓練を怠っていた。

地震訓練しかしていなかった

みずほフィナンシャルグループが2021年6月に公表した第三者委員会による調査報告書によれば、みずほ銀行ではBCP（事業継続計画）訓練は実施していたが、それらは地震発生時における参集訓練が中心だった。MINORIへのシステム移行中は、移行作業の訓練はしていたが、大規模なシステム障害を想定した訓練はしていなかった。

金融機関の中には、定期的にメインセンターからサブセンターへシステムを切り替えているところもある。そうした日常のオペレーションに溶け込んだ形の訓練も、みずほ銀行は実施していなかった。そのため今回の障害でも、メインセンターからサブセンターへのDBサーバーの切り替えに「ぶっつけ本番」で挑むというリスクを負っていた。ディスク故障はあくまできっかけにすぎず、DBMSの仕組みやみずほ銀行の運用体制に、真の問題点があった。

どのような組織にとっても、ハードウエアの故障は不可避であり、ソフトウエアにバグが生じるのも不可避である。システム障害を起こさないようにすることは重要だが、障害は絶対にゼロにはできない。システム障害対策においては、復旧こそが肝であり、そのためには日ごろからの訓練が欠かせない。そうした備えが不足していた。

（疑問15）なぜハードウエア障害が頻発したのか

みずほ銀行で２０２１年２月から２０２２年２月までの間に発生した合計11回のシステム障害のうち、７回はハードウエアの問題がトラブルの発端となった。問題が頻発した背景にはハードウエアの老朽化があった。

みずほフィナンシャルグループ（ＦＧ）が２０２１年11月26日の記者会見で示したスライドには、非常に気になる内容が含まれていた。

それはＭＩＮＯＲＩのＩＴインフラストラクチャー基盤について説明した図だった。一番下の「ハードウエア故障率（ディスク）」を示す部分からは、みずほ銀行がＩＴ機器を10年に１度更改する方針であるように読み解ける。

みずほＦＧとみずほ銀行のＩＴ・システムグループ長を兼務する米井公治みずほ銀行副頭取は11月26日の記者会見でこの点を指摘され「10年で更改というのは誤解がある。ハードウエアの部位ごとに適切な年数でメンテナンスを予定している」と弁明した。

システム障害11件中の7件がハードウエアの問題に起因

システム障害の発生した箇所や発端

日付	システム障害が発生した箇所	システム障害の発端
2021年 2月28日	定期性預金システム、取引メイン、ATM処理区画など	データベース管理システムの管理不備
3月 3日	ATM・みずほダイレクトのネットワーク機器	ネットワーク機器の故障
3月 7日	流動性預金システム、定期性預金システム	カードローンに関するプログラムのミス
3月12日	統合ファイル授受基盤	ストレージ装置内の通信制御装置の故障
8月20日	業務チャネル統合基盤	データベースサーバーのストレージ装置におけるハードディスク故障
8月23日	ATM・営業店端末のネットワーク機器	ネットワーク機器の故障
9月 8日	取引共通基盤	メインフレームのディスクコントローラー故障
9月30日	統合決済管理システム	ハードウエアのリソース不足
12月30日	内国為替取引システム	設定ミス
2022年 1月11日	みずほe-ビジネスサイトのデータベースサーバー	処理の競合
2月11日	ATMのネットワーク機器	ネットワーク機器の故障

みずほ銀行が機関投資家などに示した資料

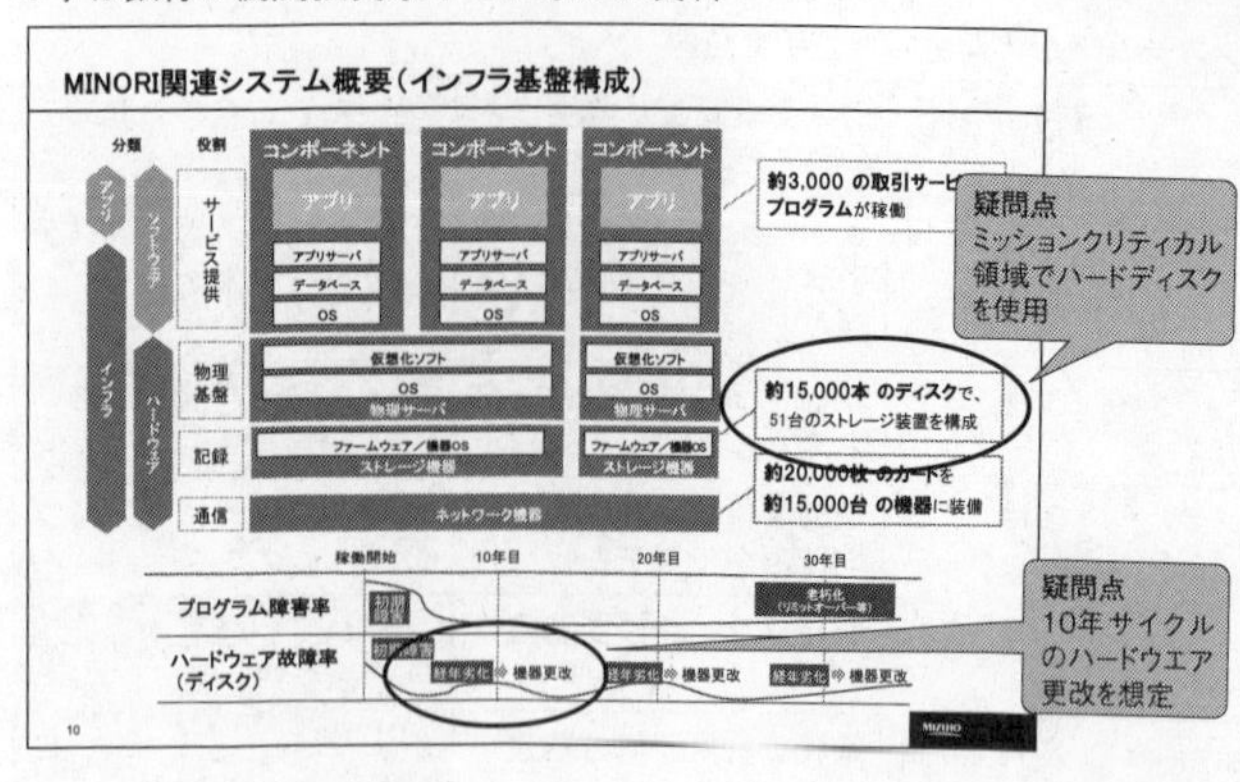

稼働から11年のネットワークカードが故障

しかし実際には、２０２１年３月３日に起こしたシステム障害は、２０１０年３月に導入したネットワーク機器（ネットワークスイッチ）のネットワークカードが故障したのが原因だった。稼働開始から丸11年が経過しており、メーカーによる保守期限は２０２１年７月に終了する予定だった。

２０１０年３月に導入したネットワーク機器は複数あり、２０２１年３月３日に故障したのとは別の筐体で、２０１９年１月と２０２０年６月、２０２０年９月にネットワークカードが故障していた。稼働開始から時間が経つにつれ、ネットワークカードの故障率は上昇していた。

稼働から6年のハードディスクが故障

　また2021年8月20日に「業務チャネル統合基盤」で起きたシステム障害は、2015年に稼働を開始したストレージ装置でハードディスクが2台連続して故障したのが発端だった。MINORIが全面稼働したのは2019年7月だが、そのテストは2015年から始まっていた。ITインフラを稼働してから6年以上が経過していた。故障したストレージ装置のベンダーである富士通が調査したところ、該当するストレージ装置で使用していた特定型番のハードディスクで、読み取り不良などの故障率が足元で上昇していたことが分かっている。

ITインフラの刷新は5年が一般的

　企業の基幹系システム、特に止めてはいけないミッション・クリティカル・システムにおいては、サーバーやストレージなどのITインフラは5年で刷新するのが一般的だ。例えば東京証券取引所は2010年1月に株式売買システム「arrowhead」を稼働して以来、2015年9月と2019年11月にシステムを刷新している。

　数十万社にも及ぶ顧客のシステムを預かる大手クラウド事業者は、ITインフラをもっと短い間隔で更新する。米マイクロソフトや、米アマゾン・ウェブ・サービスとグー

大手クラウドベンダーのハードウエア耐用年数

企業名	サーバー	ネットワーク機器
米アマゾン・ドット・コム	4年	−
米アルファベット	4年	5年
米マイクロソフト	4年	4年

グルの親会社が決算資料に記載するITインフラの耐用年数は、サーバーが4年、ネットワーク機器が4～5年だ。

しかもつい最近まで、耐用年数はさらに短かった。マイクロソフトは2019年までサーバーの耐用年数を3年に、ネットワーク機器の耐用年数を2年に設定していた。AWSも2019年までサーバーの耐用年数は3年だった。グーグルも2020年までサーバーとネットワーク機器の耐用年数をそれぞれ3年に設定していた。

8月20日に障害が発生した業務チャネル統合基盤のITインフラはみずほ銀行のデータセンターに設置されているが、ハードウエアを所有するのは富士通で、富士通が運用も含めてサービスとしてみずほ銀行に提供している。故障したストレージ装置についても、富士通のサポート期間内だった。

みずほ銀行としてはメーカーが保証する範囲内でITインフラを使用していたとのスタンスだ。しかし結果として、ハードウエアの故障をきっかけに大規模障害を起こしてしまった。

みずほ銀行は8月20日の障害後、故障率が上昇していた特定型番のハードディスクについて、障害発生時の影響が大きい重要箇所で使われている約700台を予防的に交換した。また稼働中のディスクについては読み書きのエラーを点検する頻度を上げ、ディスクを交換する基準を従来よりも厳格にしている。

ハイエンドストレージはオールフラッシュが主流に

前述のスライドにはもう1点、IT専門家を驚かせた部分がある。MINORIのITインフラにおいて「約1万5000本のディスクで、51台のストレージ装置を構成」とある部分だ。

近年、ストレージ装置で使用する記憶媒体については、ミッション・クリティカル・システムであればあるほどSSD（ソリッド・ステート・ドライブ）を搭載したフラッシュストレージが選ばれる傾向にある。フラッシュストレージの方が高速であるだけでなく、ハードディスクよりも耐久性に優れるためだ。

ハードディスクは高速に回転する磁気ディスクにヘッドが情報を書き込む構造であり、故障の原因となる可動部が複数存在する。それに対してフラッシュストレージには可動部が存在しないため、物理的な故障が起きにくい。

みずほ銀行がITインフラを整備した2015年は、まだハードディスクからフラッシュストレージへの移行期だった。みずほ銀行がその時点でハードディスクを選んだのは、常識の範囲内である。しかし2010年代後半には、ストレージベンダーが販売するハイエンド機もオールフラッシュに置き換わった。

結果論ではあるが、みずほ銀行が5年ごとにITインフラを刷新し、オールフラッシュのストレージ装置に移行していれば、ハードディスクの故障という「前時代的」なトラブルに遭遇しなかった可能性が高い。ITインフラを長く使うみずほ銀行の方針が、システム運用上のリスクを高めた。

経営陣からの強いコスト削減圧力

金融庁はみずほ銀行とみずほFGが「MINORIの保守・運用に必要な人員の配置転換や維持メンテナンス経費の削減等の構造改革を推進した」と指摘する。開発に4000億円台半ばという巨費が投じられたMINORIだが、その運用に対しては経営陣からの厳しいコスト削減要求があった。コスト削減を追求しすぎたことが、安定稼働を犠牲にした可能性がある。

第4章

金融庁が分析する「原因」「背景」「真因」

金融庁は2021年11月26日に、みずほ銀行が2021年2月から9月までに起こした8回のシステム障害について、同行とみずほフィナンシャルグループ（FG）に対して業務改善命令を出した。また同日、財務省もみずほ銀行に対して、9月30日にシステム障害を起こした際に外国為替及び外国貿易法（外為法）に違反したとして是正措置命令を発令した。

金融庁や財務省は、システム障害や法令違反の原因がどこにあると分析しているのか。詳しく見ていこう。

コンプライアンスに関する知識が欠如

まずは財務省が指摘した、みずほ銀行の問題点だ。

第2章で説明したように、みずほ銀行では9月30日、外為送金取引を支援する「統合決済管理システム（ISCS）」で、月末の処理集中に伴いシステム負荷が高まったことから、送金の電文処理に遅延が発生した。顧客から依頼された外為送金が15時の「カットオフタイム」までに完了できない恐れが生じたため、みずほ銀行は14時30分から「非常対策プロジェクトチーム（PT）」の会議を開催。カットオフタイムに間に合わせるために、アンチ・マネーロンダリング・システム（AML）によるチェックを省略する方針を決断し、実際に349件の外為送金がAMLによるチェックを経ずに実行された。

外為法第17条は銀行に対して、為替取引に際する確認を義務づけている。この外為送金が外為法に違反したとして、財務省はみずほ銀行に対して是正措置命令を発令した。

財務省はみずほ銀行において「役職員の外為法令の知識不足」「危機対応時における関係部署間のコミュニケーション不足」「平時の確認義務の履行態勢に係る問題並びに関係部署間のコミュニケーション及び連携の不足」「外為法令遵守のためのシステム管理態勢の脆弱性」があったと指摘する。

みずほ銀行の非常対策PTでは、会議に出席していたCCO（最高コンプライアンス責任者）がAMLによるチェックを省略しても法令に沿った対応ができると主張。それを受けて非常対策PTの共同PT長である企画グループ長とCIO（最高情報責任者）が対応を決定した。

CCOやCIOが出席する非常対策PTで外為法に違反する決断をしたことが、「役職員の知識不足」や「関係部署間のコミュニケーション不足」に該当する。誤った決断を下した背景に「平時からの連携不足」があった。加えてAMLを省略して外為取引を実行できてしまうシステムであったことが「システム管理態勢の脆弱性」に該当する。

品質を確保するための検証が不足

みずほ銀行を9カ月近く検査した金融庁は、繰り返されるシステム障害の「直接的な

金融庁が指摘したシステム障害の「原因」「背景」「真因」

システム上、ガバナンス上の問題の真因

・システムに関わるリスクと専門性の軽視
・IT現場の実態軽視
・顧客影響に対する感度の欠如、営業現場の実態軽視
・言うべきことを言わない、言われたことだけしかしない姿勢

システム障害の背景にある執行部門や経営陣の問題

・IT現場の実態を十分に把握・理解していない
・MINORIが安定稼働していると誤認
・MINORIは「障害発生時の影響範囲が局所的になりやすい」と過信
・システムの安定稼働に必要な取り組みを十分に洗い出さないままMINORIを開発フェーズから保守・運用フェーズに移行
・MINORIの保守・運用に必要な人員を配置転換、メンテナンス経費を削減

システム障害の直接的な原因

・開発や障害対応における品質確保の検証不足
・委託先の管理不十分などシステムを安定稼働させる保守管理体制の未整備
・危機管理に関する訓練や研修などの不足

ガバナンス上の問題

・IT現場の声を十分に拾いきらないまま、人材の配置転換やコスト削減を実行
・取締役会でのシステムリスクに関する審議が不十分
・高度な専門性が求められるCIOの人選や候補者育成の指針策定をしなかった
・リスク委員会が大規模なシステム障害をリスクに選定していたが、十分な対応をしなかった
・監査委員会がIT関連ガバナンス態勢を監査テーマに設定したが、改善しなかった

原因」とその「背景」、それらの事象を生み出した「真因」に分けて分析している。

金融庁はみずほ銀行が起こしたシステム障害の中でも顧客に大きな影響を与えた2月28日と8月20日の障害と、外為法違反を起こした9月30日の障害について特筆している。システム障害の回数の多さではなく、顧客や社会に大きな影響を与えたことを問題視していると言える。

金融庁はシステム障害の「直接の原因」を3つ挙げている。

第1の原因は「開発や障害対応における品質を確保するための検証が不足していること」。例えば

2月28日の障害は、勘定系システム「MINORI」の定期性預金システムにおいて、データベース管理システム（DBMS）が設定ミスによって停止したことがトラブルの発端になった。加えて定期性預金システムのアプリケーションにバグがあり、DBMSの停止に正常に対処できなかったことで、他のシステムに障害が波及した。こうした品質に関わる問題点を検証によって事前に突き止められなかったことが、障害の原因となった。

運用体制が未整備

第2の原因は「保守・運用に係る問題点を是正しておらず、委託先への管理を十分に行っていないなど、当行の新基幹システムを安定稼働させるための保守管理態勢を整備していないこと」。同じく2月28日の障害においては、みずほFGの子会社でアプリケーションの開発や保守を担うみずほリサーチ&テクノロジーズ（MHRT、当時はみずほ情報総研）において、エラーを監視できる体制が十分に整備されていなかったことが、障害を長引かせる原因になった。

例えばMHRTは担当者が事務所に24時間365日常駐する体制をとっておらず、休日などにシステム障害が起きた際には、品川シーサイド事務所に駆け付ける必要があった。またMHRTではエラーログを分析して表示する「統合運用基盤システム」が利用できず、MHRTの担当者は「生」のエラーログを1つひとつ確認して障害に対処する必要があった。こうした「安定稼働させるための保守管理態勢」の不備を、金融庁は問題視した。

訓練や研修の不足

第3の原因は「危機対応に係る態勢整備の状況について、訓練や研修などを通じて十分に検証していないこと」。例えば8月20日の障害では、ストレージ装置が故障した場合に、DBMSを稼働系から待機系に切り替える手順に問題があり、DBMSの停止が長期化した。

もしみずほ銀行がシステム障害対応訓練などを通じて切り替え手順を検証していれば、その時点で問題が見つかった可能性がある。しかし同行ではBCP（事業継続計画）訓練は実施していたが、それらは地震発生時における参集訓練が中心で、大規模なシステム障害を想定した訓練はしていなかった。金融庁はこうした訓練や研修に不備があったとした。

金融庁はこれら直接的な原因が生じた「背景」に、みずほ銀行やみずほFGの執行部門や経営陣に問題があったと指摘する。

安定稼働と「誤認」、SOAを「過信」

まず金融庁は執行部門が「IT現場の実態を十分に把握・理解しないまま、MINORIが安定稼働していると誤認」していたし、「障害発生時も影響範囲が局所的になりやすいというMINORIの特性を過信した」と指摘する。みずほ銀行はサービス指向アーキテクチャー（SOA）を採用したMINORIにおいては、連鎖障害が発生しにくいと考えていた。しかし金融庁はそれが「過信」だったと断じた。

MINORIの開発・運用担当者を67%も削減

執行部門はこうした誤認や過信に基づき「システムの安定稼働に必要な事項（有事を想定した被害の極小化に必要な取り組みを含む）を十分に洗い出さずに、MINORIを開発フェーズから保守・運用フェーズへ態勢を移行させた上、MINORIの保守・運用に必要な人員の配置転換や維持メンテナンス経費の削減等の構造改革を推進した」。金融庁はそう断ずる。

みずほFGは2019年7月にMINORIが全面稼働した直後、2019年8月26日に開催した経営会議で、MINORI開発プロジェクト管理体制の終了・廃止を決定した。これに伴いMHRTはMINORI開発に参加していた人員を、みずほグループ内の他のプロジェクトやグループ外の顧客を対象とするプロジェクトに異動させた。みずほFGが2021年6月に公表した第三者委員会による調査報告書によれば、MHRTでMINORI業務に従事する従業員の数は、2018年3月末時点で1051人だったのが、最初のシステム障害が発生した2021年3月末までに345人に減少した。減少率は67%に達する。MINORIの開発や保守の実務を担うMHRTの要員を急激に減少させたことが、運用体制の弱体化を招いた。金融庁はそう指摘したわけだ。

専門性のないCIOを任命

みずほFGは2015年から指名委員会等設置会社に移行しており、経営の監督と執行を分離している。金融庁はみずほFGの執行部門だけでなく、経営の監督を担う取締役会や、監査を担う監査委員会やリスク委員会にも問題があったと指摘する。まず取締役会においては、執行部門が進めたMINORIに関する人員削減計画などが十分に審議されていない問題があった。また執行責任者、つまりはみずほFGの社長においては「過去のシステム障害等も踏まえた危機管理を含む高度な専門性が求められるCIOの人選や候補者育成の指針となる人材像を明示的なものとして策定していなかったという問題」があったと指摘する。

みずほFGとみずほ銀行のCIOである石井氏は「デジタルイノベーション担当」と「事務グループ長」の兼任で、2019年4月にCIOに就任するまでは、営業統括や人事グループ長などを務めていた。石井氏にCIOに関する専門性は無かったが、金融庁としては石井氏に問題があったとするのではなく、そうした人材をCIOに選んだ執行責任者に問題があったとした。

リスク委員会や監査委員会が機能せず

金融庁はリスク委員会や監査委員会に対して、提言やテーマ設定をするだけでその後は執行部門任せだったことが問題だったと指摘する。例えばリスク委員会は執行部門に対し、大規模なシステム障害に備えるよう提言していたが、執行部門は十分な対策をとらず、リスク委員会もその後のフォローを怠っていた。

監査委員会は重点監査テーマに「IT関連ガバナンス態勢」を設定していた。しかし社内の内部監査部グループから「改善提言無し」との報告を受けると、その後はこのテーマについて具体的な指示を行わなかった。

過去のシステム障害に通底する「真因」

金融庁はこうしたシステム上やガバナンス上の問題点が発生する「真因」として、「①

システムに係るリスクと専門性の軽視」「②ＩＴ現場の実態軽視」「③顧客影響に対する感度の欠如、営業現場の実態軽視」「④言うべきことを言わない、言われたことだけしかしない姿勢」があると指摘する。

この中でひときわ目を引くのは「④言うべきことを言わない、言われたことだけしかしない姿勢」だ。金融庁は具体的な例を２つ挙げている。１つはみずほ銀行でシステム障害が発生した際、経営トップが障害の第一報を受けても、具体的な指示を出さなかったことが問題だとした。もう１つはみずほＦＧの取締役会でシステム障害について提言や意見が述べられても、執行部門がそうした提言や意見に基づいて具体的な行動をとらなかったことが問題だとした。

「現場の意見が本部に上がらず」「経営陣に忖度」の声

金融庁は経営陣の問題しか指摘しなかったが、6月に公表された第三者委員会による調査報告書は、みずほＦＧやみずほ銀行に「積極的に声を上げることでかえって責任問題となるリスクをとるよりも、自らの持ち場でやれることはやっていたといえるための行動をとる方が、組織内の行動として合理的な選択になってしまう企業風土」があると指摘する。

２０２１年2月28日のシステム障害でも、各部門の担当者が「自らの持ち場でやれること」だけに専念していたシーンがあった。例えば、コールセンターは12時30分ごろから顧客に対して、「カードや通帳は後日返却するので、その場を離れていただいても構わない」と案内し始めた。個人マーケティング推進部のコールセンター担当者が事務企画部の担当者と個別に相談した上で決めた、臨時の対応だった。

もしコールセンター担当者がこの時、営業店を統括するリテール・事業法人推進部やコーポレートコミュニケート部に働きかけていれば、営業店やＷｅｂサイトでも顧客にとって必要な情報を提供できた可能性がある。しかし個人マーケティング推進部はそうした対応をとらなかった。

第三者委員会による調査報告書は、みずほ銀行のＷｅｂ窓口に寄せられた2月28日のシステム障害に関する苦情の中に「耳が聞こえないためそもそもオートフォン（ＡＴＭ備え付けの電話）を使用できなかった」というものがあったと指摘している。みずほ銀行では顧客がＡＴＭトラブルに遭遇した場合、ＡＴＭ備え付けの電話しか連絡手段が無かった。

調査報告書は「（オートフォンを使えない顧客に代替手段を用意していない事実に）みずほ銀行の顧客に対する意識の希薄さを読み取ることができる」と指摘する。金融庁がシステム障害の「真因」に挙げる「③顧客影響に対する感度の欠如、営業現場の実態軽視」の一例である。

第三者委員会が行った社内アンケートでは、「現場の意見が本部に上がらない」「経営陣に忖度(そんたく)して各種判断がなされる」「内向きの姿勢」「事なかれ主義」などの問題点が現場から寄せられたとする。

こうした企業風土に関する問題は、2002年や2011年に発生した過去のシステム障害にも通底すると金融庁は指摘する。次章ではみずほ銀行で発生した過去のシステム障害や、その原因となったシステム統合・刷新に関する様々なトラブルの経緯を振り返ろう。

第5章

障害を繰り返すみずほ銀行のシステム、その歴史を紐解く

みずほ銀行では2002年、2011年、2021年と10年に1度の頻度で大規模なシステム障害が発生している。2002年と2011年に障害が起きた背景には、みずほ銀行の前身となる第一勧業銀行、富士銀行、日本興業銀行の旧3行が経営統合を発表した1999年8月から目指していた勘定系システムの統合や全面刷新が何度も迷走を重ねたという事情があった。

勘定系システムの全面刷新に苦闘し続け、その結果、大規模なシステム障害を繰り返したみずほ銀行の歴史を振り返ろう。

大いにもめた統合方針（1999年8月〜2002年3月）

第一勧銀、富士銀、興銀の旧3行が1999年8月に経営統合を発表した際、3行は経営統合の目的が「戦略IT投資の強化」にあるとしていた。当時の主要な米国銀行に並ぶ「毎年1500億円程度」のIT投資の原資を確保するため、まずは3行の既存システムを統合してシステム運用費などを節約する。そしてシステム統合が終わり次第、「新しい金融商品やサービスを支えるシステムや、マーケティングに使えるデータベース・システムに積極投資していく」（旧富士銀の山本惠朗頭取＝当時）とのもくろみを明

みずほフィナンシャルグループ・みずほ銀行の情報システムを巡る主な動き（その1）

1999年　8月	第一勧業銀行、富士銀行、日本興業銀行の旧3行が経営統合すると発表
9～12月	既存システムの優劣を4カ月かけて議論
12月	リテールは第一勧銀、ホールセールは興銀の勘定系システムに片寄せすると発表。 統合後、早期に後継システムを構築する方針だった
2000年11月	リテール分野の統合作業を一時中断。第一勧銀と富士銀の勘定系システムを「リレーコンピューター」で接続する方式に変更
2002年　4月	旧3行の統合初日に大規模なシステム障害が発生
7月	旧みずほ銀行に存在する2系統の勘定系を一本化する必要があるか再検討するプロジェクトを発足。再検討した結果、旧第一勧銀のシステムに片寄せする方針を再決定
2004年頃	次期勘定系の開発を開始。「第1ステップ（ハブシステムの開発）」を2005年度内に、「第2ステップ（ローンなど勘定系周辺システムの刷新）」を2006年度内に、「第3ステップ（勘定系の全面刷新）」を2011年度までに完了する方針を決定
2004年12月	第一勧銀と富士銀の2系統に分かれていた勘定系システムを第一勧銀側に片寄せ
2005年	次期勘定系開発の第1ステップが完了
2006年	第2ステップの開発が難航
2008年	次期勘定系開発「第3ステップの1」として「業務共通基盤」の開発を開始
2010年	旧みずほ銀行、旧みずほコーポレート銀行、みずほ信託銀行のITシステムやデータセンターを一元化する方針を公表。次期勘定系開発の第2ステップが完了
2011年　3月	東日本大震災をきっかけに大規模なシステム障害が発生
5月	旧みずほ銀行と旧みずほコーポレート銀行の合併に向けて検討を始めると発表。併せて、みずほ信託銀行を含めた3行で勘定系システムを刷新・統合する方針も決定
6月	次期システム構築の「第3ステップの2」として、次期勘定系システムの開発を本格化。2016年3月末の開発完了を目指す

みずほフィナンシャルグループ・みずほ銀行の情報システムを巡る主な動き(その2)

2013年 7月	旧みずほ銀行と旧みずほコーポレート銀行が合併
2014年 4月	次期勘定系システムの開発完了を9カ月延期
2016年11月	2度目の延期を発表。開発完了を数カ月延期
2018年 6月	データ移行を開始
2019年 7月	新勘定系システム「MINORI」が全面稼働
2019年 8月	経営会議でMINORI開発プロジェクト管理体制の終了・廃止を決定。MINORI開発に参加していた人員を2021年3月末までに67%削減
2020年 7月	システム運用業務を担う子会社だったみずほオペレーションサービスの株式を日本IBMに譲渡し「MIデジタルサービス」を発足。MIデジタルサービスの出資比率は日本IBMが65%、みずほフィナンシャルグループが35%に
2021年 2月	MINORIで大規模なシステム障害が発生。その後も断続的にシステム障害が続く

かしていた。

しかし1999年9月から本格的に始まった情報システムの統合作業は、当初から難航した。実は3行の頭取はシステム統合の落とし所を事前に相談していた節がある。しかし3行は頭取がシステム統合の方針を決定する前に、情報システム部門に対して3行のシステムを比較し、システム統合の方針をボトムアップで検討するよう指示した。

その結果、3行の情報システム部門が付き合いのある大手ITベンダーを巻き込んで、4カ月にもわたって猛烈な論争を展開した。

各行と付き合いの深いITベンダーは、第一勧銀が富士通、富士銀が日本IBM、興銀が日立製作所である。経営統合した銀

旧3行が各情報システムで採用していたITベンダー

	第一勧業銀行	富士銀行	日本興業銀行
勘定系	富士通	IBM	日立
営業店系	富士通	沖 / 日立	日立
情報系	日立 / 富士通	IBM/ 日立	IBM
証券系	富士通 /IBM	日立	日立 /IBM
国際系	IBM	IBM	日立

IBM：日本IBM、日立：日立製作所、沖：沖電気工業

行は、情報システムをどちらかの銀行に一本化する。選ばれなかったITベンダーはビジネスを失うことになる。ITベンダーにとって銀行の経営統合とは、自社の受注に直結するイベントなのだ。

特に富士通の危機感は強かった。1990年代から始まった都市銀行の相次ぐ合併によって、富士通は大手銀行の勘定系システムを次々に失っていたからだ。かつては東京銀行とさくら銀行が富士通のメインフレーム上で稼働する勘定系システムを利用していたが、東京銀行と三菱銀行が合併した東京三菱銀行は三菱銀行の勘定系（メインフレームは日本IBM製）に一本化し、さくら銀行と住友銀行が合併した三井住友銀行は住友銀行の勘定系（メインフレームはNEC製）に一本化した。さくら銀行と東京銀行の勘定系システムを失った富士通にとって第一勧銀は最後の牙城だった。

情報システムの統合方針を検討する委員会では、富士通を推す第一勧銀と日本IBMを推す富士銀が真っ向から対

大手銀行の勘定系システムの変遷（年月はシステム統合完了時期）

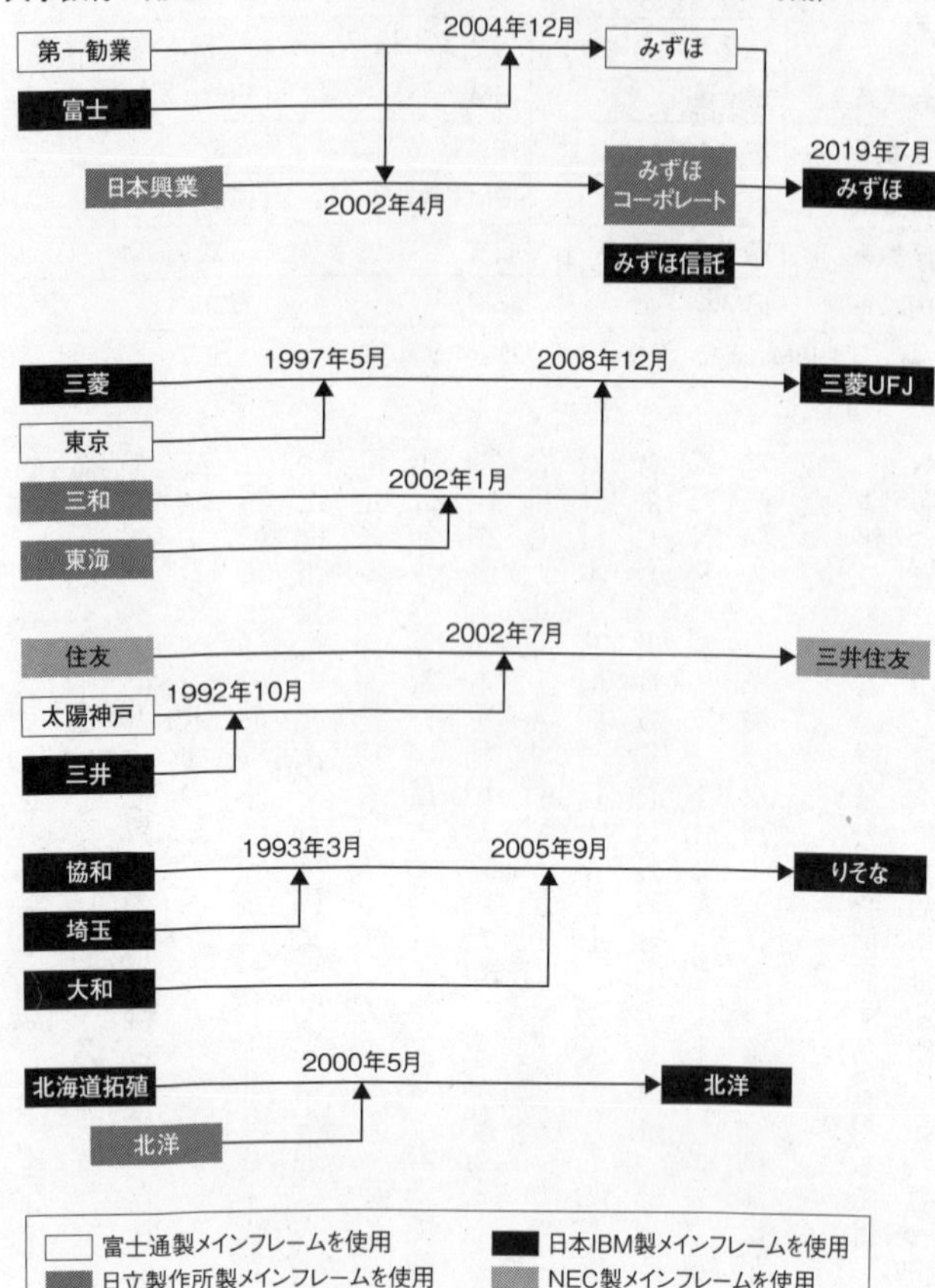

立し、泥仕合となった。お互いのシステムの機能比較をして、延々と議論を続けた。最終的には外部のコンサルティング会社に3900万円を払って「第一勧銀と富士銀のシステムに有意差はない」との報告書を作らせ、3行の頭取が事前に落としどころと考えていた結論に導いた。

一連の論争は3行の情報システム部門に大きな禍根を残した。お互いに相手のシステムを批判したり、相手の見解に反論したりすればするほど、部門同士の仲が悪くなったからだ。緊密な連携が欠かせないシステム統合にとって、この論争は大きなマイナスとなった。

当時を知る関係者によれば、みずほFGの経営トップはこの手の「ボトムアップ型のシステム論争」をその後も何度も繰り返したのだという。そのたびにシステム部門間の仲が悪くなり、部門間の意思疎通は難しくなっていった。それが最終的にはシステム統合の遅れやシステム障害につながっていく。

STEPSに片寄せする方針を一度は決定

3行は1999年12月にシステム統合の方針を発表した。個人・中小企業向け取引を担当するみずほ銀行の勘定系システムは第一勧銀の「STEPS」に片寄せし、情報系システムなどは富士銀のものを採用する。富士銀の勘定系である「TOP」（メインフレームは日本ＩＢＭ製）は廃棄することになった。

大企業向け取引を担当するみずほコーポレート銀行は興銀の勘定系システム（メインフレームは日立製作所製）に片寄せする。情報系システムは富士銀のものを、市場系システムなどは興銀のものを採用する。そして２００２年４月の新銀行発足までにシステム統合を済ませたら、すぐに次期システム開発に着手するとした。

しかしシステム統合の作業を開始して約1年が経過した２０００年11月。片寄せによる勘定系システムの統合が頓挫する。

システム統合が遅れた理由は様々だった。みずほ銀行のシステム統合に関しては、富士銀のＴＯＰを第一勧銀のＳＴＥＰＳに片寄せするために、ＴＯＰにだけある機能をＳＴＥＰＳに追加する開発が大量に必要になった。また店舗で使用する営業店システムは富士銀のものに片寄せすることにしたため、第一勧銀の勘定系システムと富士銀行の営業店システムを接続する「ゲートウエイシステム」が必要になった。

みずほコーポレート銀行のシステム統合に関しては、興銀の勘定系システムに片寄せするには、大企業顧客に関連する給与振込や引き落としなど大量のリテール業務を追加開発する必要が生じた。いずれもシステム統合作業を始めてから判明したとしている。

これら片寄せに伴う追加開発の工数は膨大で、当初のもくろみに比べて大幅に統合費用がかかることや、２００２年４月の新銀行発足までには作業が間に合いそうもないことが分かった。そこで当時の持ち株会社であるみずほホールディングスは、新銀行発足時にはSTEPSと富士銀のTOPを残し、この2つをリレーコンピューターでつなぐ方針に転換した。リレーコンピューターでつなぐのは1年程度で、その後は新しい勘定系システムに移行するとも述べていた。

この時点で新銀行発足まで、残された時間は1年半を切っていた。STEPSとTOPをつなぐためには、リレーコンピューターを開発するだけでなく、STEPSの周辺システムである「対外接続系システム」に大きな修正を加える必要があった。第一勧銀と富士通はこれらの開発を短期間で済ませなければならなくなった。

結果的にはこれが、2002年4月のシステム障害の原因の1つとなる。急いで対外接続系システムの修正を進めた結果、テストが不十分になり、不具合が含まれてしまったからだ。

口座振替の方針を直前になって転換

みずほコーポレート銀行では興銀の勘定系システムに片寄せする方針は堅持されたが、ここにも波乱があった。

興銀の勘定系システムに片寄せするためには、それまで第一勧銀や富士銀が大企業向けに提供してきた様々なサービスを実現するための機能を追加する必要がある。特に扱いが難しいのは、電話・電力・ガス会社などから依頼される公共料金に関する口座振替の処理だった。

電話・電力・ガス会社などはみずほコーポレート銀行に口座を持つが、公共料金を支払う個人顧客の口座はみずほ銀行にある。しかも2002年4月の段階では、個人顧客の口座は第一勧銀と富士銀の2つに分かれたままだ。そこで、電話・電力・ガス会社などから送られてくる口座振替指示データを、どちらの勘定系システムへ送るべきか、みずほコーポレート銀行の勘定系システムで振り分けることにした。しかしこの振り分け処理の扱いが、その後に大問題になった。

みずほFGにとって想定外だったのは、みずほコーポレート銀行との取引を望む顧客企業が、当初の予想よりも大幅に増えたことだった。大手企業が傘下に抱えるグループ企業はその大半が中小企業で、本来であればみずほ銀行の顧客になるはずだった。しかしそうした中小子会社が親会社と同じみずほコーポレート銀行との取引を望んだことが背景にあった。

もともと興銀の勘定系システムは大量のトランザクション（取引）を処理できるようには作られていなかった。当初の予想よりも顧客数が増加したことで、みずほコーポレート銀行向けのシステム開発の難易度は非常に高くなってしまった。

こうした事情を受けてみずほFGは2001年の暮れに、みずほコーポレート銀行の勘定系システムが担当するはずだった口座振替データの振り分け処理のうち、1回で5万件以上の振り替えをする場合は、みずほ銀行のSTEPSで処理する方針に切り替えた。みずほコーポレート銀行の負荷を下げるのが目的だった。しかしこの方針変更によって、第一勧銀はSTEPSで使用する口座振り分けプログラムを突貫工事で開発しなければならなくなった。

これが2002年4月のシステム障害における、もう1つの原因となる。口座振り分けプログラムをわずか3～4カ月で開発しようとするのには無理があった。STEPSの口座振り分けプログラムはテストが不十分な状態で、2002年4月の新銀行発足を迎えることになった。

1回目の大規模システム障害（2002年4月）

みずほ銀行の設立初日である2002年4月1日に、1回目の大規模システム障害が起きた。原因は前述したように、急いで開発したSTEPSの体外接続系システムや口座振り分けプログラムの不具合だった。

旧富士銀の勘定系システムであるTOPは、リレーコンピューターを通じて旧第一勧

2002年4月のシステム障害の概要

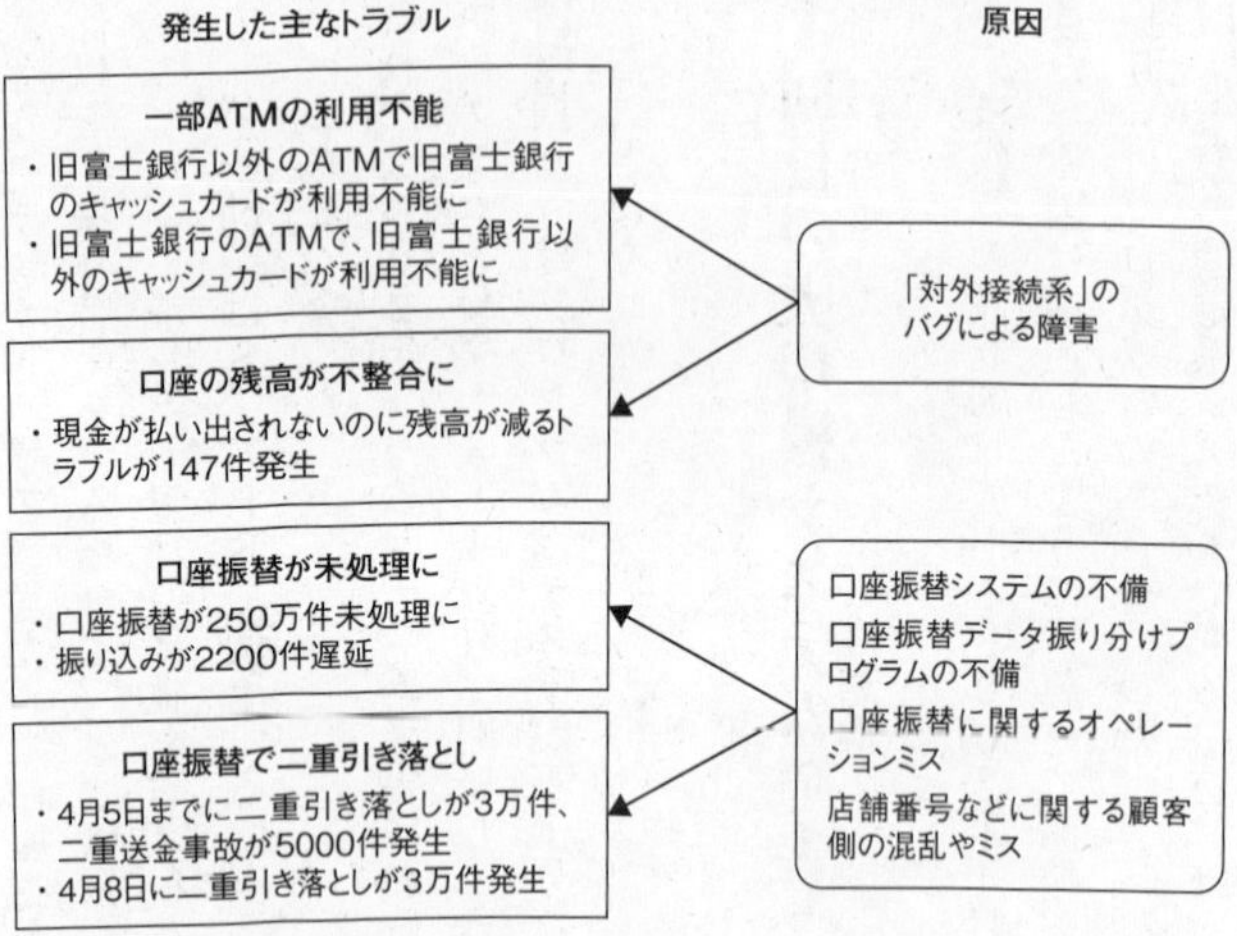

銀の勘定系システムであるＳＴＥＰＳの対外接続系システムにつながり、それを経由して他の金融機関や他行のＡＴＭなどとつながっていた。それがＳＴＥＰＳの対外接続系システムに障害が発生することで、ＴＯＰは旧第一勧銀や他行のシステムと切り離されてしまった。その結果、旧富士銀以外のＡＴＭで旧富士銀のキャッシュカードが利用不能になったり、旧富士銀のＡＴＭで旧富士銀以外のカードが利用不能になったりした。

さらには対外接続系システムの障害によって、他行のＡＴＭで旧富士銀の口座から現金を引き出そうとすると、現金が払い出されずに口座残高だけが減少するというトラブルまで発生し

2002年4月に発生した対外接続系に関するトラブル

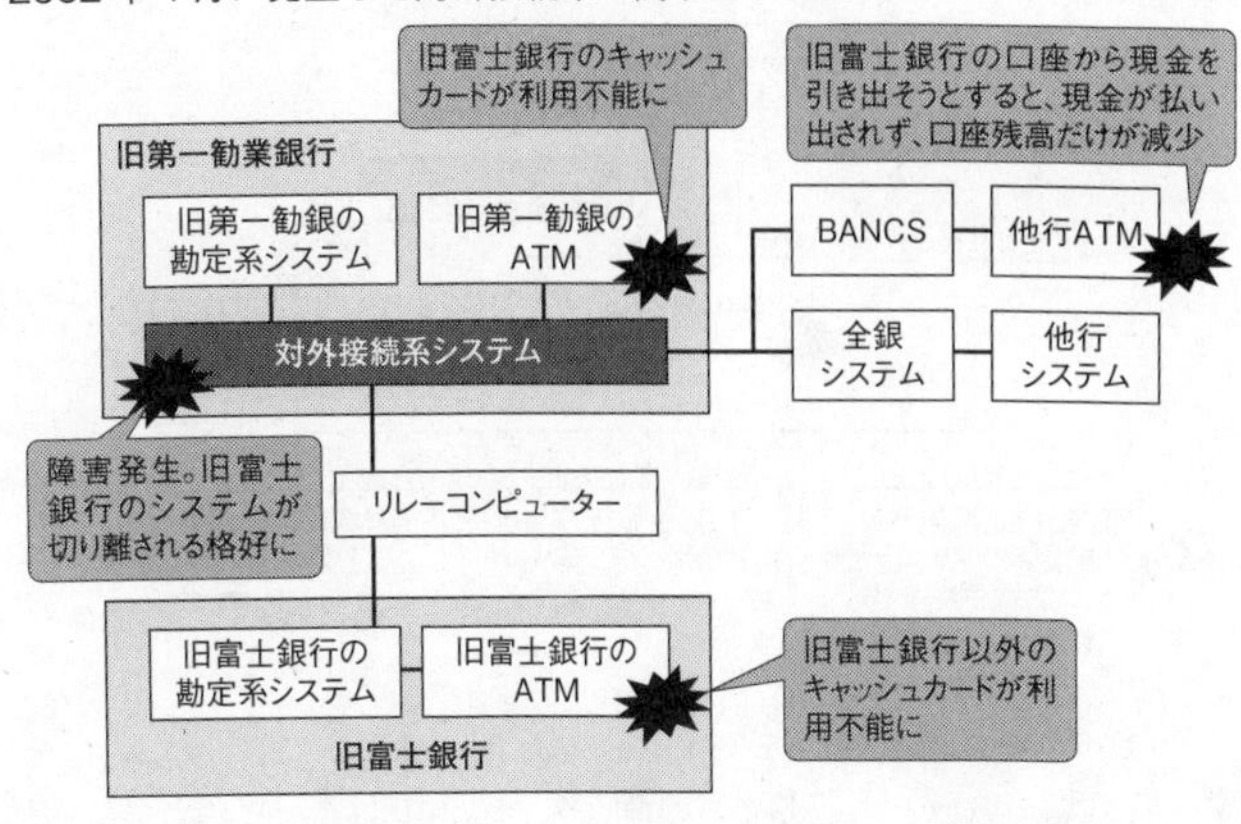

た。

口座振り分けプログラムのバグに起因するトラブルも深刻だった。最大で250万件もの口座振替が遅れる事態になったのだ。

みずほ銀行は3月29日から新システムへの切り替え作業を始めたが、口座振り分けプログラムに不具合があったため、口座振替処理に時間がかかり、4月1日早朝までに終わらせておくべき口座振替処理が完了しなかった。

みずほ銀行は4月1日、口座振替が完了しないまま営業を開始した。みずほ銀行の担当者は遅れを取り戻すために、手作業で口座振替を始めたが、既に完了していた口座振替を誤ってもう一度処理してしまうような不手際が発生し、二重引き落としや二

2002年4月に口座振替でトラブルが生じた原因

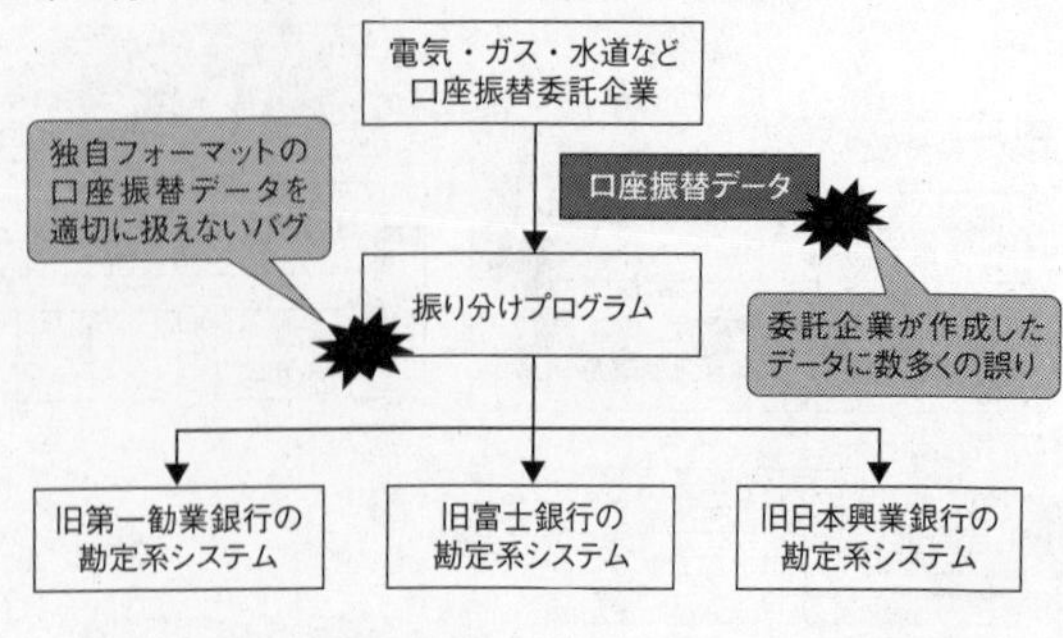

重送金が多発した。

口座振り分けプログラムの不具合とは、電力会社やガス会社がみずほ銀行に持ち込む独自フォーマットの口座振替データを適切に扱えないというものだった。また口座振替が遅れる原因は他にもあった。口座振替を委託する企業が作成した依頼データに数多くの誤りがあったのだ。

みずほ銀行は経営統合と同時に、旧富士銀と旧興銀の店舗については金融機関コードを全面的に変更したほか、数多くの店舗で店番号も変更していた。みずほ銀行は口座振り分けプログラムに、古い番号を新しい番号に変換するような仕組みを追加していたが、依頼企業の側で番号を取り違えるケースも多かった。例えば銀行名や金融機関コードは新しいのに、店番号は古いまま、といったケースだ。そうしたデータの振り分けがエラーになった。

みずほ銀行は口座振り分けプログラムを修正した

り、誤った依頼データの番号を直したりして振り替えの遅れを取り戻そうとしたが、新しい口座振替依頼が毎日数十万件単位で届くため、振り替えの遅れは雪だるま式で膨らんでいった。遅れていた口座振替がすべて完了したのは4月18日のことだった。

4000億円をかけてシステム統合（2002年7月～2004年）

システム障害を重く見たみずほ銀行は2002年7月に、システム統合の方針を再検討し始めた。STEPSとTOPという2系統ある勘定系システムを一本化する必要があるか再検討するプロジェクトを発足し、1999年に行った議論を再び始めた。再検討した結果、1999年と同じ結論に達した。みずほ銀行の勘定系システムは旧第一勧銀のSTEPSに片寄せすることになったのだ。

そして2002年10月から勘定系システムの一本化を前提に、ユーザー部門を含めて要件定義を改めて開始した。結果論ではあるが、半年以上の時間を浪費した。

こうした事情から、みずほ銀行のシステム統合は大きく遅れた。移行が完了したのは2004年12月20日のこと。当初計画では2002年4月までに終わらせているはずの作業だったが、実際には2000日の期間と4000億円もの巨費を要した。

次期システムの開発スタートと挫折（2004年～2011年2月）

本来であればみずほ銀行は片寄せを完了させたらすぐに、STEPSの全面刷新に取り組む必要があった。STEPSが稼働を開始したのは1988年のことであり、老朽化が著しかったからだ。

他のメガバンクは1990年代後半から、巨大な勘定系システムを「コンポーネント」に分割して「ハブ」と呼ぶ連携システムでつなぐ「ハブ・アンド・スポーク」の仕組みを導入し始めていた。またUFJ銀行（当時）や三井住友銀行は2004年までに、従来のファイルベースのバッチ処理による口座振替システムを、汎用データベースソフトウエアを使った「オンラインバッチ」に全面刷新していた。こうした現代化がSTEPSにも必要だった。

銀行オンラインシステムの歴史

1960年代～	第1次オンライン	・普通預金のオンラインシステムを構築。どの支店からでも預金の引き出しが可能に
1970年代～	第2次オンライン	・普通預金や融資など全商品が連動する総合オンラインシステムを構築 ・CIF（カスタマー・インフォメーション・ファイル）によって各商品を連動 ・一部銀行ではDBMS（データベース管理システム）を採用 ・集中記帳方式による公共料金の引き落としや給与振込が可能に
1980年代～	第3次オンライン	・プログラミング言語が従来のアセンブリから高級言語（PL/IまたはCOBOL）に ・DBMSや制御ミドルウエアを全面的に使用 ・24時間稼働や正・副データセンターを使った災害対策が可能に ・情報系システムなどサブシステムの開発が盛んに
2000年代～	第3次オンライン以降	・ハブ・アンド・スポーク・システムの導入 ・集中記帳のオンライン処理化

新勘定系システム開発を仕切り直し

みずほFGも2004年に、改めて次期勘定系システムの開発を始めた。刷新は3ステップに分けた。

「第1ステップ」はハブシステムの整備だ。勘定系システムと「チャネル系システム」とをハブによって接続する。チャネル系システムとは営業店端末やATM、銀行間の決済ネットワークを担う全国銀行データ通信システム（全銀システム）などと連携するシステムである。並行して法人向けのインターネット取引システムの構築も進める。

続いて「第2ステップ」として、

ローンや総合給与振込システムなど勘定系システムにとっての周辺システムを刷新する。ここまではいわば準備段階だ。

「第3ステップ」として、本丸である勘定系システムを刷新する。まず業務アプリケーションの基盤となる「業務共通基盤」を構築する。その基盤の上にみずほ銀行、みずほコーポレート銀行、みずほ信託銀行の勘定系システムを統合する。みずほFGは第3ステップにおける業務共通基盤の構築を「第3ステップの1」、基盤上でのアプリケーション開発を「第3ステップの2」と呼んでいた。また第3ステップの1の中で、業務共通基盤で稼働するアプリケーションのプロトタイプとして「グローバル定期預金システム」を開発することにした。様々な国の通貨で預金ができるグローバル定期預金を管理するシステムである。従来の勘定系システムであるSTEPSでは預金を扱うアプリケーションはメインフレーム上で稼働していた。それに対してグローバル定期預金システムは、メインフレームではないオープン系サーバー（UNIXやLinux、Windowsサーバーなどのこと）で稼働させる点が新しかった。2004年の計画では、勘定系システムの刷新は2011年度までに完了させる予定だった。

しかし第2ステップに当たる周辺システムの刷新が大きく遅れたことから、勘定系システムの刷新自体も暗礁に乗り上げてしまった。2004年の計画では周辺システムの刷新は2006年までに終わらせるはずだったが、最終的に2010年までずれ込んだ。第3ステップも並行して2008年に着手していたが、第2ステップの完了に多くの人手を割かざるを得なかったため、限られた人員で細々と進めていただけだった。

2回目の大規模システム障害(2011年3月)

みずほFGが第3ステップとして業務共通基盤の開発を進めていた2011年3月、東日本大震災が発生した。この時点で新しい勘定系システムのアプリケーション開発は手つかずで、当然ながら完了の見込みも立っていなかった。東日本大震災に関連する大量の義援金振り込み依頼は老朽化した古い勘定系システムであるSTEPSに押し寄せ、大規模システム障害を引き起こした。これが2度目の大規模システム障害である。

みずほ銀行でシステム障害が発生したのは2011年3月14日の夜のことで、それによって3月15日の朝までに完了しておくべき15日付の振り込み31万件が処理されないままになった。システム障害はその後も続き、ATMなどが利用できなくなっただけでなく、16日付の振り込み、17日付の振り込み、18日付の給与振込と給与以外の振り込みが次々と処理できなくなった。みずほ銀行は18日の時点で最大116万件(8296億円)の振り込みが未処理のままになったと発表していた。しかし実際に処理できなかっ

みずほ銀行のシステム構成と、トラブルが波及した箇所

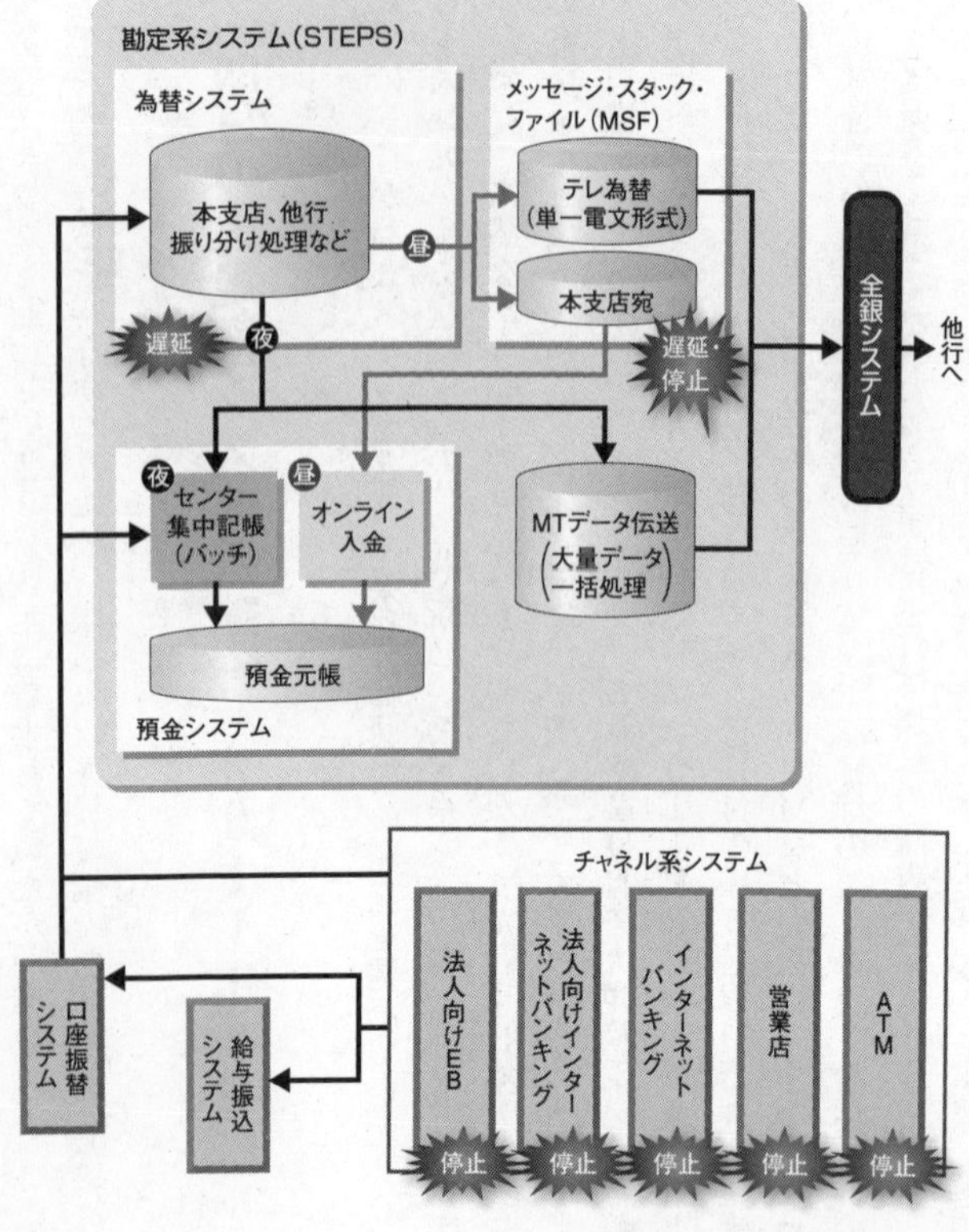

た振り込みは合計120万件で、それに加えて他行からの振り込み101万件も未処理になっていた。

こうした振り込みの未処理が完全に解決し、勘定系システムが正常に稼働できるようになったのは、障害発生から10日がたった3月24日のことだった。

携帯電話を使った義援金振り込みが致命傷に

2度目の大規模システム障害が発生した発端は、テレビ局の義援金口座に関する設定にあった。この義援金口座は、取引明細を通帳に記帳する「通帳口」として設定されていた。テレビ局から「振り込み明細を通帳で把握したい」との要望があったためだ。

しかし本来、義援金口座のような大量振り込みが予想される口座は、記帳用の取引明細を保存しない「リーフ口」に設定する必要があった。みずほ銀行の勘定系システムであるSTEPSには、処理できる取引明細に関する上限値が存在したためだ。

3月14日朝にテレビ局が義援金振り込みを呼びかけたところ、義援金口座に大量の振り込みが発生し、10時16分、取引明細に関する上限値をオーバーした。そして3月14日の夜間バッチ処理で、この義援金口座に15時以降に届いた振込依頼を入金処理しようとしたところ、上限値オーバーの問題によって、夜間バッチ処理そのものが異常終了した。

2011年3月に発生したシステム障害の経緯（その1）

日付	時刻	状況
2005年 9月		テレビ局の義援金口座（以下、口座a）を開設。「個人・リーフ口」に設定
2007年12月		テレビ局の口座aを「個人・通帳口」に変更
2011年3月14日	朝	テレビ局が義援金振り込みを呼びかけたところ、口座aに大量の振り込みが発生
	10：16	テレビ局の口座aで「取引明細」の件数が上限値を突破。同口座への「預金・取引内容紹介」が不能に
	時刻不明	携帯電話事業者が携帯電話を用いた振り込みサービスで義援金を3月15日から呼びかけると、みずほ銀行の営業部門に連絡。ただしこの連絡は、みずほ銀行のIT・システム統括部に伝わらなかった
	22：07	勘定系システム「STEPS」で振込依頼を処理する夜間バッチが異常終了。口座aの取引明細を一時的に退避処理しようとしたところ、処理件数の上限を突破したのが原因。これ以降、3万件のジョブからなる夜間バッチ処理を手動で実行せざるを得なくなった
3月15日	未明	取引明細退避の上限値を拡大して夜間バッチを再実行したが、前回の異常終了で振り込みデータの一部が欠落していたため、夜間バッチが再び異常終了
	3：30	みずほ銀行のIT・システム統括部からシステム担当役員に報告。担当役員が障害発生を知るまで、最初のトラブルから17時間を要した
	6：00	欠落したデータの復元作業に8時間を要したため、時間内にバッチ処理を終了不能に
	7：00	システム担当役員がみずほ銀行頭取に障害発生を報告

2011年3月に発生したシステム障害の経緯（その2）

日付	時刻	状況
3月15日	7：00	オンラインを稼働するために、夜間バッチ処理を中断し、システムの日替わり処理に着手
	7：00	夜間バッチ処理を中断したため、その終了後に実行する予定だった15日指定日の仕向為替31万件が未送信に
	7：00	夜間バッチ処理の中断に伴い、約100にわたる取引抑止オペレーションの実行が必要になった。その作業時間を当初30分と見積もっていたが、実際には2時間30分かかった
	7：00	夜間バッチの中断によって、法人向けEB（エレクトロニックバンキング）サービスで取引明細が提供不能に
	7：00	夜間バッチの中断によって、口座振替結果データの一部が約400社に対して作成不能になったほか、誤ったデータが顧客に送られた
	7：00	夜間バッチの中断によって、融資業務で約定返済の回収が不能に
	7：00	夜間バッチの中断によって、外貨定期預金の自動継続・解約、定期預金の自動解約と手数料収納などが遅延
	10：25	営業店端末を利用した取引を開始。営業店で従業員が未送信為替の送信を始めた
	15：00	携帯電話事業者が携帯電話を用いた振り込みサービスで義援金を呼びかけた。そのため同社の義援金口座（以下、口座b）に大量の振り込みが発生
	17：00	IT・システム統括部が、仕向為替が未送信になった事実に気付く

2011年3月に発生したシステム障害の経緯（その3）

日付	時刻	状況
3月15日	22：00	東日本大震災対応のために設置されていた「緊急対策本部」の中に「障害対策タスクフォース（TF）」を設置
3月16日	未明	3月14日の分の夜間バッチ処理が完了。3月15日分の夜間バッチ処理に取りかかる
	6：00	夜間バッチ処理の完了を優先するため、営業店端末を使った業務の開始を11時まで遅らせると決断
	7：17	3月15日分の夜間バッチ処理が異常終了。原因は口座bに関するデータ振り分け処理で、1口座当たりの処理上限値を上回ったため
	時刻不明	夜間バッチ処理を中断し、システムの日替わり処理に着手
	8：00	8:33までATMが停止。原因はATMで利用する日付の切り替え処理の失念
	8：00	法人向けインターネットバンキング「みずほe-ビジネスサイト」や法人向けEBを11:30まで利用制限
	午前	夜間バッチ処理の中断によって、16日指定分以降の被仕向為替101万件が未処理に
	11：12	システムの日替わり処理に伴う取引抑止オペレーションと8:00からのATM障害への対応が重なったため、営業店端末を使った業務開始が11:12まで遅延
	14：30	インターネットバンキング「みずほダイレクト」を3月17日10:30まで利用制限
	15：00	システムリソースの確保と未送信為替の増加を防ぐため、15:00から翌日9:00までの間、ATMでの振込予約を停止。同様の処置は3月17日にも実施した

2011年3月に発生したシステム障害の経緯（その4）

日付	時刻	状況
3月16日	19：20	未処理となっていた15日夜分の夜間バッチ処理の再実行を4回試みるも、いずれも異常終了
	21：00	3月17日に関しては夜間バッチ処理の解消ではなく、営業店端末の開始を優先することを決定。未処理の夜間バッチ処理については、3月19日からの3連休で対応することに
3月17日	0：00	ATMが5:20まで停止。原因は「オンライン処理に関する日替わり処理」の未実施によるATM日付不整合
	4：13	3月15日の分の夜間バッチ処理について、口座bのデータを除いて再実行する方針を決断
	5：20	3月15日の分の夜間バッチ処理が、口座bのデータを除いて完了。口座bも含む3月15日分の夜間バッチ処理がすべて完了したのは3月19日19:05
	5：30	営業店開始時刻を遅らせないよう、夜間バッチ処理を断念
	8：00	営業店開始準備のため、ATMの利用を10:52まで停止
	8：00	みずほe-ビジネスサイトと法人向けEBを11:30まで利用制限
	10：46	営業店端末を使った業務を開始
	13：30	不要データの削除処理を手動で開始。操作ミスによってその後の処理に必要なデータを削除。喪失データの特定に5時間、データの再作成に11時間をそれぞれ要したことが、夜間バッチ処理をさらに遅延させる要因となる

2011年3月に発生したシステム障害の経緯（その5）

日付	時刻	状況
3月17日	14：30	みずほダイレクトを3月22日12:00まで利用制限
	17：20	STEPSがファイル容量超過によって異常終了。それに伴いATMが21:36まで停止
	19：00	みずほe-ビジネスサイトと法人向けEBを3月22日12:00まで利用制限
	23：00	頭取が翌3月18日とその後の3連休におけるATMなどのサービス利用制限を指示
3月18日	0：00	システムリソースを確保するため店舗外ATMを3月23日7:00まで停止
	10：00	これまで未送信になっていた、3月15～18日指定日の為替の送信を再開。既に手動で送信していた為替も再送信したため、二重送信が発生
	13：30	本店ビル22階に障害対策チームのオペレーションルームを設営
	15：00	システムリソースを確保するため店舗外ATMなどを停止
	19：00	システムリソースを確保するため店舗内ATMを3月22日8:00まで停止
	時刻不明	バッチ処理のジョブを管理する「TARGET」を改良、処理の自動化が可能に
3月19日	9：00	臨時の営業窓口を17:00まで開き、元帳残高確認をせずに本人確認のみで10万円まで支払に応じる特別支払対応を行う。同様の対応は3月20日、3月21日も実施
3月21日	時刻不明	日中のオンラインと夜間バッチを自動運行で並行処理できるようSTEPSを修正する検討を開始

2011年3月に発生したシステム障害の経緯（その6）

日付	時刻	状況
3月21日	22：00	未処理となっていた夜間バッチが3月22日11:00まで解消できない恐れが高まったため、頭取が3月22日以降もサービス利用を制限するよう指示
3月22日		STEPSの改良によってオンラインと夜間バッチの並行処理が始まる。120万件の未送信仕向為替の送信を開始。未送信件数が16万件に減る
	8：00	店内ATMの一部サービスを12:00まで停止
	15：00	店内ATMの一部サービスを24:00まで停止
3月23日		仕向為替の未送信件数が1000件に減る
3月24日		未送信為替の処理完了

このとき、現場にいたシステム担当者は、このような上限値がSTEPSに存在することを知らなかった。また夜間バッチ処理が異常終了すると、その後の夜間バッチ処理はすべて手作業で実行しなければならなかった。そのため3月14日夜の分の夜間バッチ処理が15日朝までに終わらなくなった。

ただし3月14日夜の分の夜間バッチ処理は、3月16日未明までに完了している。「通帳口」と「リーフ口」の設定間違いだけなら、システム障害は小規模で収まっていた。致命傷となったのは、3月15日夜の分の夜間バッチ処理が異常終了したことだった。

この異常終了の原因は、3月15日15時過ぎから始まった、携帯電話を使った義援金振り込みだった。大手携帯電話事業者が、携帯電話を使った振り込みサービスによる義援金を呼びかけていた。

この義援金振り込みの件数が多く、この口座への振り込みデータを振り分ける（分割する）処理に関する上限値をオーバーし、3月15日夜の分の夜間バッチ処理が異常終了した。3月14日のトラブルは、取引明細に関する上限値であり、異なる種類の上限値オーバーが発生した。

しかしみずほ銀行は、夜間バッチ処理のエラーメッセージを読み誤り、振り分け処理の上限値オーバーであったにもかかわらず、前日と同様に、取引明細に関する上限値オーバーでエラーが起きたと判断してしまった。そのため夜間バッチ処理への対応に時間を要した。

その後も運用ミスが重なり、3月15日夜の分の夜間バッチ処理は、その週の土曜日である3月19日夜にようやく完了した。

夜間バッチ処理が未完了になることで、日中のオンライン処理にも様々な影響が生じ、ATMが異常停止したり、他行向けの振り込みが未処理になったり、二重振り込みが発生したりした。

根本的な原因はシステムの老朽化

２０１１年3月の大規模システム障害の根本的な原因は、ＳＴＥＰＳの老朽化にあった。

第一勧銀がＳＴＥＰＳを稼働させたのは１９８８年のこと。当時は、ＡＴＭの24時間稼働も、インターネットバンキングも、携帯電話を用いた振り込みサービスも存在しなかった。その後、これらのサービスを追加する一方、みずほ銀行はバッチ処理の上限値の設定を、23年間一度も見直さなかった。

みずほ銀行はシステム障害が発生した時点で、昼間のオンラインと夜間バッチ処理を、同じハードウエア（富士通製メインフレーム）で交互に実行していた。オンラインとバッチの並行処理は想定せず、準備もしていなかった。昼間のオンラインを稼働するためには、夜間バッチ処理を中断する必要があった。そのため「昼間のうちに夜間バッチ処理の遅れを取り戻す」といった対応ができなかった。

みずほ銀行は急きょＳＴＥＰＳを改修して、昼間のオンラインと夜間バッチ処理を並行処理できるようにしたり、一度失敗した夜間バッチ処理を自動的に再実行したりできるようにした。こうした改良によってようやく、夜間バッチ処理の遅れを解消できた。あらかじめＳＴＥＰＳに予算を投じ、システムを改良していれば、システム復旧はもっと早かった可能性がある。

金融庁からの業務改善命令

みずほ銀行が再び大規模システム障害を引き起こした事実は、銀行を監督する立場にある金融庁にも衝撃を与えた。東日本大震災という「国難」のさなかに、決済システムという社会インフラが機能不全に陥ったためだ。

金融庁は2011年5月31日に、みずほ銀行とみずほFGに対して業務改善命令を発出した。金融庁はシステム障害の再発防止策やシステムリスクの総点検を命じると共に、みずほFGに対してシステム戦略を見直すようにも命じた。みずほFGやみずほ銀行に対して行った緊急検査を通じて、「現行システムに内在する課題を踏まえたIT投資戦略」や「人材育成や適材適所の人材配置」に課題があると判断したからだ。

つまり金融庁は、みずほFGやみずほ銀行の経営トップが適切なシステム投資をせずに問題がある勘定系システムを放置し、システムを理解する人材の育成も怠っていたと断じたわけだ。

金融庁は業務改善命令の中で「平成14年（2002年）のシステム障害の改善策として掲げられたグループ一体感の醸成への取組が十分でなく、依然として、企業風土等に課題が認められる」と、みずほFGの体質についてかなり踏み込んだ指摘もしている。

実際、2度目の大規模システム障害が発生した時点で、みずほFGとみずほ銀行、みずほコーポレート銀行にはそれぞれ情報システム部門が存在し、CIO（最高情報責任者）も会社ごとに別だった。会社組織やオフィスが別だったので、システム障害に関する情報を現場同士で共有することもできなかった。別の会社の情報システム部門と連携するには、「組織のラインを通じて」やり取りする必要があったためだ。

2011年3月のシステム障害の際には、みずほFGやみずほ銀行の情報システム部門に加えて、システム開発の実務を担うみずほ情報総研の担当者などが東京・内幸町にあるみずほ銀行の本部ビルに集結することでようやく、10日間に及んだシステム障害を解消できた。それまでは組織の壁に阻まれて、各社の情報システム部門がうまく連携できていなかった。

金融庁からの業務改善命令を受けてみずほFGは2011年6月に業務改善計画を発表し、その中でシステム障害を再発しないためのリスクチェックなどを実施すると共に、勘定系システムを2016年3月末までに刷新するとした。

計画は仕切り直しだが、推進体制は様変わり

この際に発表した勘定系システムの刷新計画は、実際には従来計画の仕切り直しだった。その証拠にみずほFGのグループ内における新システム開発プロジェクトの通称は

「第3ステップの2」の略称である。2004年に開始した計画の中で既に始めていた「第3ステップの2」だった。

新しい勘定系システムである「MINORI」は、SOA（サービス指向アーキテクチャー）や日本IBM製メインフレームの採用、みずほ銀行とみずほコーポレート銀行、みずほ信託銀行3行のシステム統合など様々な特徴が存在するが、それらはすべて2010年までに決まっていたものだ。

しかし大きく変わった点もある。まずシステム刷新プロジェクトの完了時期を2016年3月末までと明言したことだ。

システム刷新プロジェクトの推進体制も大きく変わった。従来はグループ各社の情報システム部門がそれぞれバラバラに動いていたが、持ち株会社であるみずほFGがシステム刷新を強力に推進する体勢に改めたのだ。

みずほFGは2012年4月に、みずほFG、みずほ銀行、みずほコーポレート銀行の企画・管理部門を統合した。システム刷新を推進する権限や人員はみずほFGの情報システム部門に集約した。みずほFGの安部大作CIOが新たに「グループCIO」に就任し、みずほ銀行、みずほコーポレート銀行、みずほ信託銀行のシステム担当役員を兼務した。みずほ銀行とみずほコーポレート銀行の情報システム部門は、既存システムのメンテナンスに専念させた。

みずほ情報総研で勘定系システムを熟知する人材はみずほFGとみずほ銀行に出向させた。また、みずほ情報総研の「銀行システムグループ長」はみずほFGの情報システム部門の兼任とした。みずほ情報総研の銀行システムグループは、勘定系システム開発の実行部隊である。

グループCIOは2013年4月から、みずほFGの取締役副社長とみずほ銀行の副頭取を兼務するようになった。それまではみずほFGのCIOは、取締役会のメンバーではなかった。CIOの立場をより重くし、経営トップの強いリーダーシップの下にシステム刷新を進め始めた。みずほ銀行とみずほコーポレート銀行は2013年7月に、法人としても一つになった。

システム刷新に踏み切れなかった理由

なぜみずほFGは2度目の大規模システム障害が発生するまで、勘定系システムを刷新できなかったのだろうか。

みずほFGやみずほ銀行は、老朽化していた勘定系システムについて「まだ使い続けられる」と油断していた。みずほ銀行が設置した「システム障害特別調査委員会」が2011年5月20日に発表した、2度目の大規模システム障害に関する「調査報告書」にそれを裏付ける記述がある。

みずほ銀行は2002年に起こした一度目の大規模システム障害の後に、新規開発システムに関する品質向上策や、システム障害の防止策に力を入れる一方で、従来の勘定系システムであるSTEPS自体は「長年安定稼働している」「障害発生件数が減少傾向にある」と認識していた。そのためSTEPSなど「預金・為替システム群」のシステム運用リスクについては、最高レベルではなく、それよりも一段階低く見積もっていたのだという。

経営上の判断もあった。「何かなければ4000億円という投資は決断できない」。勘定系システムの刷新について、みずほFGのある役員はそう振り返った。大規模システム障害のような大きなきっかけがなければ、勘定系システムの刷新に投資できなかったとの趣旨だ。

みずほ銀行の勘定系システムは、銀行のリテール業務を支える存在である。しかし過去30年間で、銀行のリテール業務の収益性は大きく低下した。新たな収入が得られるわけでもない勘定系システムには、そうそう巨額の資金は投じられなくなった。

1980年代まではそうではなかった。企業の資金調達が間接金融中心だった1980年代までは、銀行の融資に対して企業側の大きな需要があり、銀行はそれを満たすためにとにかく預金を増やす必要があった。「預金獲得、口座獲得のためには勘定系システムの整備が不可欠だった」。メガバンクのCIO経験者は1980年代をそう振り返る。だから各行は競うように勘定系システムへ投資した。

しかし企業の資金調達が株式や債券発行による直接金融中心になると、その構図は崩れた。預金獲得の重要性は薄れ、銀行のリテール業務の収益性も下がっていった。それに伴い銀行の勘定系システムへの投資意欲も減速していった。

2000年代に入ると、経営体力が限られる地方銀行は次々と勘定系システムを複数行で共同化していった。共同化によってシステム投資を節約する狙いがあった。しかしメガバンクの勘定系システムは、共同化するにはあまりにも規模が大きすぎた。みずほFGも勘定系システムを刷新しなければならないことは分かっていたが、決断を下せなかった。

IT業界のサグラダ・ファミリア（2012年〜2019年7月）

新しい勘定系システムMINORIは、メガバンクの勘定系システムとしては異例の方針で開発が進められた。まずMINORIは、みずほ銀行の「STEPS」、みずほコーポレート銀行の「C-base」、みずほ信託銀行の「BEST」という3つ勘定系システムを統合するという側面があるが、どこか1行のシステムに片寄せするのではなく、全く新規のシステムを開発することにした。旧システムからはコードを引き継いでいない。

アーキテクチャーや開発体制も異例だ。MINORIではこれまで一枚岩（モノリシック）だった勘定系システムを、複数のコンポーネント（サブシステム）に分割した。そしてコンポーネントごとに異なるアーキテクチャーのハードウエアで分散稼働させる方針を採用した。さらにコンポーネントによって開発するITベンダーが異なる「マルチベンダー体制」をとった。勘定系システムをマルチベンダー体制で開発したメガバンクはみずほFGだけだ。

マルチベンダー体制には、STEPSを開発した富士通、C-baseを開発した日立、BESTを開発した日本IBMに加えてNTTデータが参画した。第一勧銀、興銀、富士銀の旧3行と関係の深かったITベンダーがMINORIの開発にも参加することになったわけだ。

各業務アプリケーションが共通して使用する「業務共通基盤」の稼働環境としては日本IBMのメインフレームを採用。勘定系システムの司令塔として働く「取引メイン」や顧客データを統合管理する「CIF（カスタマー・インフォメーション・ファイル）」などもメインフレームで動かす。

みずほ情報総研の委託先体制

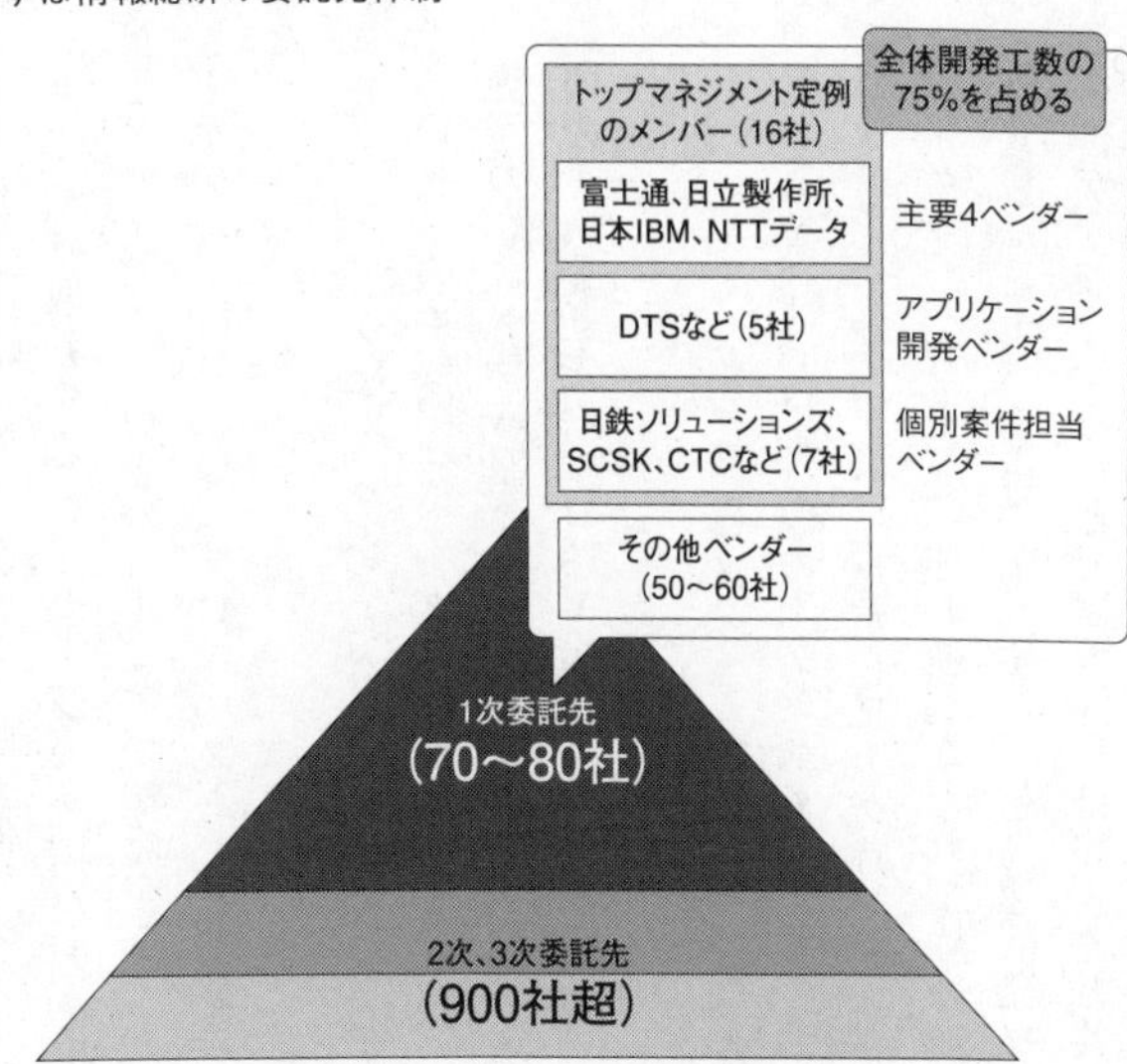

ＭＩＮＯＲＩでは業務アプリケーションと呼ぶ「流動性預金」や「内国為替取引」などのコンポーネントも日本ＩＢＭのメインフレームで動かすが、開発は富士通が担当することになった。「定期性預金」は富士通製Ｌｉｎｕｘサーバーで稼働し、アプリケーションの開発も富士通が担当する。

「与信取引」「外国為替取引」「信託」「公共債」「ローン」は日立のＬｉｎｕｘサーバーで動く。日立のＬｉｎｕｘサーバーで動く信託システムは、日本ＩＢＭがアプリケーションを開発する。外国為替取引やローンなどの日立のLinuxサーバー上で動く他のアプリケーションは日立が開発する。システム間でやり取りするメッセージの変換などを担う「メインハブ」は日本IBMのUNIXサーバー（OSはAIX）で稼働する。NTTデータはPMO（プロジェクト・マネジメント・オフィス）の支援などを担当した。

勘定系システム開発のとりまとめ役は、みずほ情報総研（当時）である。MINORIの主要開発ベンダーは富士通、日立、日本IBM、NTTデータの4社だが、実際のプログラム開発などは数多くのITベンダーが担った。その数は、みずほ情報総研の1次委託先だけで70～80社。2次委託先、3次委託先を合わせると約1000社に上る。

プログラミング言語はメインフレームで稼働するコンポーネントについてはCOBOLを、それ以外のオープン系アーキテクチャーで稼働するコンポーネントについてはJavaを採用した。ただしピーク時で8000人ものエンジニアが参加した開発プロジェクトだ。コード記述の統制がとれていないと、後々の保守性が下がる。そこでみずほFGはコードを自動生成する「超高速開発ツール」を全面的に採用した。生のコードを書かせなくすることで属人性を排除すると共に、開発工程を省力化することを狙った。ツールが生成したコードを手動で調整するのは禁止するなど、極力生のコードを書かせないようにした。

第2ステップが遅れた原因「要件定義」を見直す

みずほ銀行はMINORIを開発するに当たって、システムに必要となる機能をとりまとめる要件定義からやり直した。これは2004年から始めた当初の新勘定系システム開発プロジェクトが大幅に遅れたことを反省した結果の取り組みだった。

当初のプロジェクトでは第2ステップとして、ローンや「総合振込・給与振込（総給振）」など勘定系システムの周辺システムを作り直した。しかし2006年度までに完了させる計画だった第2ステップの開発は4年も遅れ、2010年度までかかった。遅れが生じた原因をみずほ銀行は、旧システムの要件や現状の業務フローを踏襲する「ASIS（アズイズ）」の要件定義にあると分析した。昔の要件定義を振り返ったり、現行の業務フローを情報システム部門が分析して要件として定義したりするのに膨大な時間を費やした。

MINORIの要件定義においては、ユーザー部門に改めてあるべき業務フローを考えさせた上で、不必要な要件は盛り込ませないようにした。

外為システムと定期性預金システムが鬼門に

そうした配慮にもかかわらず、MINORIの開発は遅延した。当初の開発完了時期は2016年3月だったが、まず2014年初めに、開発完了時期を2016年末へと9カ月遅らせた。要件定義を終えて改めて開発期間を精緻に見積もったところ、当初の見込みより長引くと分かったためだ。

統合テストの終了が見えてきた2016年11月には、2度目の延期を発表した。開発完了延期がアナウンスされるたびに、IT業界では不安が膨らんでいった。口の悪いIT業界関係者は、なかなか完成しないスペイン・バルセロナの教会にちなんで、みずほ銀行のシステム開発プロジェクトを「IT業界のサクラダ・ファミリア」とやゆしたほどだった。

2度目の延期は、外国為替取引や定期性預金といった業務アプリケーションで、品質強化が必要と判断したためだ。外国為替取引は顧客ごとの対応が多数必要で、要件定義が非常に難しく、開発ボリュームも大きい。

外国為替取引には海外送金や貿易での信用状取引などが含まれる。大手の法人顧客は自社システムとみずほ銀行のシステムをつなぐEB（エレクトロニックバンキング）サービスを利用しており、明細情報の更新頻度や書類の事前郵送など顧客ごとに対応が異

MINORIの開発スケジュール

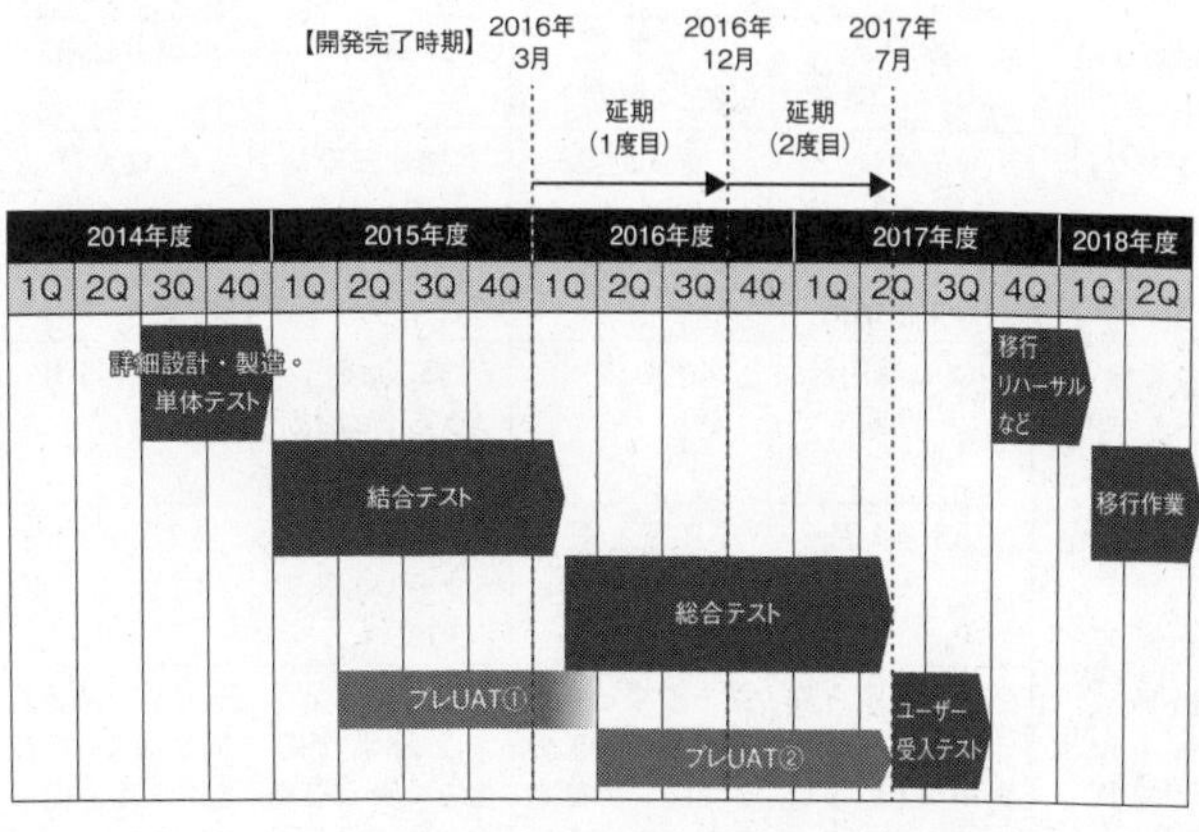

なる場合があって仕様が複雑だ。

定期性預金には別の難しさが潜んでいた。昔から商品仕様の変更が少なく、ＳＴＥＰＳが稼働した１９８８年以来、ほとんど改修してこなかった。開発し直すに当たり、要件定義の解釈などを巡って不透明な部分があったもようだ。

開発が遅れた定期性預金システムと外国為替取引システムは、２０２１年に大規模なシステム障害を起こした箇所でもある。定期性預金システムでは２０２１年２月28日、データベース（ＤＢ）サーバーの設定に起因してシステム障害が発生したが、アプリケーションにバグがあったことが致命傷の１つになった。

外国為替取引システムでは、２０２１年3月12日にストレージ装置の故障に起因す

メガバンクのシステム統合プロジェクトの比較

銀行名	みずほ (2019年完了)	みずほ (2004年完了)	三菱UFJ	三井住友
統合の対象行	みずほ みずほコーポレート みずほ信託	第一勧業 富士 日本興業	東京三菱 UFJ	住友 さくら
投資額	4000億円台半ば	4000億円	3300億円 (うちDay2が2500億円)	1000億円
開発規模	35万人月	9万人月	14万人月 (うちDay2が11万人月)	2万人月
概要	2011年から勘定系システムを再構築し、3行の口座データなどを新システムに移行	第一勧業と富士の2系統に分かれていた勘定系システムを第一勧業側に片寄せ	勘定系システムを2段階で統合し、東京三菱側に片寄せ	勘定系システムを2段階で統合し、住友側に片寄せ

注：一部、日経コンピュータ推定

るシステム障害が発生し、外為送金などに遅延が発生した。また、2021年8月20日に営業店端末を制御する「業務チャネル統合基盤」システムで障害が発生した際にも、外国為替取引システムに影響が波及し、外為送金などに遅延が生じた。そして2021年9月30日には、外国為替取引システムの周辺システムである「取引決済管理システム」で処理遅延が発生し、一部の外為送金が遅延しただけでなく、一部の外為送金をアンチ・マネー・ロンダリング（AML）システムによるチェックを経ずに実行し、外国為替及び外国貿易法（外為法）に違反する事態を招いた。

両システムの開発が遅れたことと、システム障害が発生したこととの因果関係は定かではない。しかし定期性預金システムと外国為替取引システムは、システム開発においても、その後のシステム運用においても、みずほ銀行にとっての「鬼門」になった。

4000億円台半ば、35万人月を投じる

MINORIは2017年7月までに機能開発やテストが完了した。それからユーザー部門を巻き込んだ移行リハーサルなどを重ね、2018年6月からシステム移行を開始。2019年7月にすべての移行が完了した。こうしてMINORIはついに完成した。

みずほFGはMINORIの開発プロジェクトに、「4000億円台半ば」を投じた。銀行業界のシステム開発プロジェクトとして前代未聞の金額である。みずほFGは当初、投資額は3000億円台になるとしていた。しかし開発完了を2度延期したことなどに伴い投資額が膨らんだ。

MINORIの開発規模は35万人月。1人のIT技術者が丸一カ月作業をすると、その作業量が「1人月」となる。その35万倍だ。

1980年代のシステム制約から解放

みずほFGは2019年3月期に、勘定系システムを含む固定資産の減損損失として5007億円を計上している。国内リテール事業部門の将来の収益計画などについて見直しを進めた結果、同事業部門に帰属するMINORIなどのソフトウエアや閉鎖予定店舗などの固定資産について減損損失を計上したとする。MINORIを閉鎖予定店舗と同じような「収益が得られない存在」と見なしたに等しい。

それでもみずほ銀行にとってはSTEPSを全面刷新できたことに、そもそも大きな意義があった。銀行の事務フローは勘定系システムに依存する。老朽化していたSTEPSを刷新できなかったこれまでは、1980年代に設計された非効率的な古い事務フローが現場にそのまま残っていた。新しく開発したMINORIに移行することで、1980年代の制約からようやく解放された。

STEPS時代の非効率性をいくつか紹介しよう。

例えば営業店の担当者が何か取引を始めようとする際には、営業店端末の画面に5桁の番号を入力する必要があった。そうするとその番号に紐付く取引画面が表示された。GUI（グラフィカル・ユーザー・インターフェース）のような気の利いたメニュー画面は存在せず、担当者は取引ごとに5桁の番号を覚える必要があった。

振り込み処理などの結果を示した帳票である「還元計表」は、店舗のプリンターから紙で出力する仕様だった。振り込みが失敗した場合は電話やファクスで連絡があり、営業店の担当者が振り込み内容を端末のキーボードから入力し直していた。

特に問題だったのが、営業店で受けた申し込みに関する事務についてはその営業店で処理する必要があったことだ。これは刷新前のＳＴＥＰＳでは、店番号をキーにして顧客や口座、取引を管理する「店番ＣＩＦ」を採用していたためだ。

顧客情報の管理が店単位だったため、顧客に関連する様々な処理を口座のある店舗の営業店端末で処理する必要があった。一部の事務に関しては、他店からも処理できた。しかしその場合は端末を他店の「代行店モード」にいちいち切り替えなければならず効率が悪かった。

事務センターで処理する場合も同じだった。事務センターの職員はＡ店に口座がある顧客の事務を処理する際には端末をＡ店のモードに、Ｂ店の口座なら端末をＢ店のモードに切り替える必要があった。結局、店舗の事務処理はその店舗で済ませるのが最も効率的だった。そのためみずほ銀行の営業店で多くの事務系職員が働いていた。

ＳＴＥＰＳ時代は電子稟議（りんぎ）システムと勘定系システムが連動していなかった。融資などについて部店長がシステムで決裁すると、部下がその内容を紙の「実行票」に記入して、営業店端末を操作する事務系職員に登録を依頼していた。

STEPSからMINORIに移行することでようやく、店舗や紙に依存する前時代的な業務フローを改められるようになった。

メインフレームが支える「みずほSOA」

STEPSとMINORIの機能には大きく4点の違いがある。

第一に、MINORIにおいてはみずほ銀行が「みずほSOA（サービス指向アーキテクチャー）」と呼ぶ設計思想を採用した。SOAとはアプリケーションやその機能を「サービス」としてコンポーネント化（部品化）し、サービスを組み合わせることで様々な機能を実現する設計手法を指す。

前述のようにMINORIでは、STEPSにおいてはモノリシック（一枚岩）な構造だった勘定系システムをいくつかのコンポーネント（サブシステム）に分割した。そして各コンポーネントをサービスとして他のコンポーネントから利用できるようにした。

みずほSOAにおいてはサービスは2種類ある。業務アプリケーションに相当する「商品サービス」と、複数の商品サービスにまたがる分散トランザクションを実現する「取引サービス」だ。MINORIにおける最大規模のコンポーネントである流動性預金システムは300種類の商品サービスで構成され、MINORI全体では約3000種類の商品サービスが存在する。

「STEPS」と「MINORI」の機能の違い

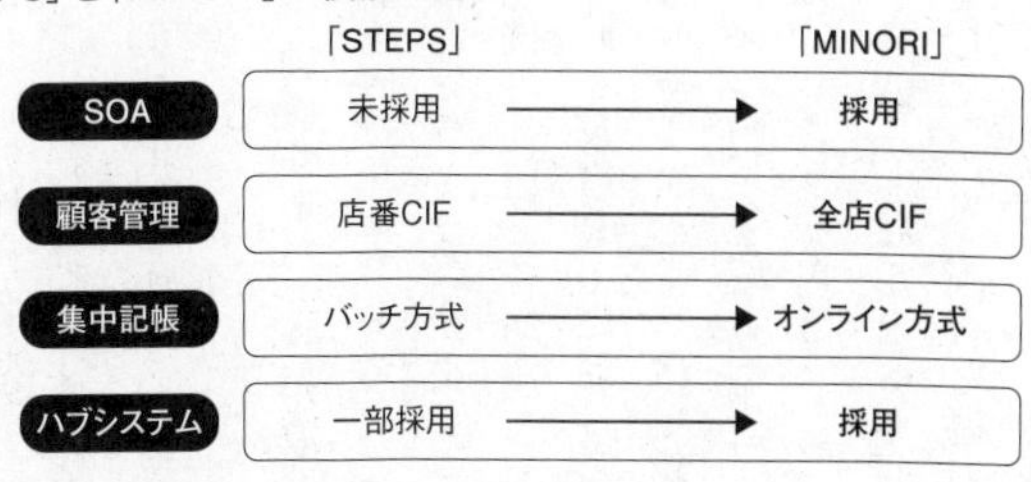

企業情報システムの世界でSOAというと、外部から機能を呼び出すためのWebサービスAPI（アプリケーション・プログラミング・インターフェース）が各サービスに実装されていて、ESB（エンタープライズ・サービス・バス）と呼ばれるミドルウエアがシステム間の連携を制御する、といった構成が想像される。しかし、みずほSOAはそのような構成ではない。

MINORIの場合はシステムを連携させる役割をメインフレームで稼働する「取引メイン」というシステムが担う。そして分散トランザクションを実現する取引サービスは、この取引メインの上に3000種類のCOBOLプログラムとして実装してある。

MINORIの各サービスは、他のサービスと連動した処理を実行する際、直接他のサービスを呼び出すのではなく、取引メインに実装された各種の取引サービスを呼び出す。そして取引サービスが他の商品サービスを呼び出して、分散トランザクションを実行する。

本書の第2章や第3章で2021年2月28日に発生したシステム障害を取り上げた際に、「定期性預金通帳を記帳する」や「定期性預金通帳を表紙見返し作成する」といった取引サービスについて触れたのをご記憶だろうか。この「定期性預金通帳を記帳する」を例に取引サービスの動きを説明しよう。

顧客がATMに預金通帳を入れて定期預金口座の記帳を試みると、ATMを制御する「自動機サーバー」が取引メインにある「定期性預金通帳を記帳する」という取引サービスを呼び出す。するとこの取引サービスが実際に定期性預金システムにアクセスして記帳というトランザクション(取引)を実行する。これがみずほSOAにおけるサービス連携の仕組みである。

MINORIにおける分散トランザクションの詳細については、第3章の「疑問1..なぜデータベースは更新不能になったのか」で詳しく説明したとおりだ。こうした取引メインによる分散トランザクションの制御には、日本IBMのミドルウエアである「SAIL」を使用する。

SAILは1980年代、旧富士銀行と旧三菱銀行が第3次オンラインシステムを構築した際に、両行と協力して日本IBMが開発したミドルウエアで、銀行勘定系システムに特化している。2004年に旧富士銀行の勘定系システム「TOP」が旧第一勧業銀行のSTEPSに片寄せされたことで、SAILはみずほ銀行から一度は姿を消した。それが15年の時を経て、舞い戻った格好だ。

SOAで耐障害性を高める狙いだった

SOAを採用したMINORIは、各サービスやサブシステムが独立して稼働する「疎結合」の仕組みで稼働する。疎結合にすることによって、システム変更が生じた際の影響範囲を極力小さくしたり、耐障害性を高めたりする狙いがあった。

実際に第3章の「疑問3：なぜ「二重エラー」が発生したのか」で説明したように、MINORIには取引サービスを制御することで、サブシステムで発生したシステム障害をMINORI全体に波及させないようにする防御機構が実装されていた。そして2021年2月28日に定期性預金システムでシステム障害が発生した際には、防御機構が正しく動作した。

しかしこの障害では運用担当部門が深く検討せずに防御機構の働きを解除し、システム障害が深刻化した。MINORIに耐障害性を高める仕組みは確かに存在したが、運用担当部門がその仕組みを正しく理解できていなかったと言えるだろう。

顧客情報を管理する「CIF」については、店舗に紐付けられたSTEPS時代の「店番CIF」から脱却し、全店を通じて顧客ごとに単一の顧客番号を割り振った。顧客番号をキーとして各店舗に分散した口座や取引を管理する「店番レス」のCIFを構

集中記帳システムの改善点

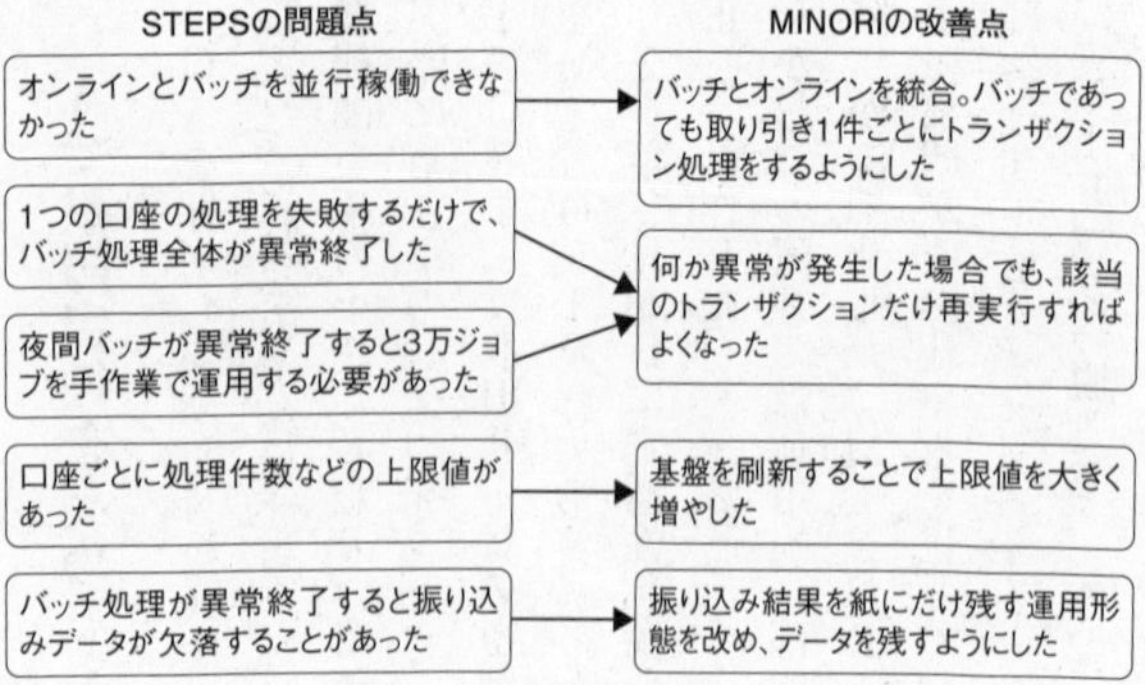

STEPSの問題点	MINORIの改善点
オンラインとバッチを並行稼働できなかった	バッチとオンラインを統合。バッチであっても取り引き1件ごとにトランザクション処理をするようにした
1つの口座の処理を失敗するだけで、バッチ処理全体が異常終了した	何か異常が発生した場合でも、該当のトランザクションだけ再実行すればよくなった
夜間バッチが異常終了すると3万ジョブを手作業で運用する必要があった	何か異常が発生した場合でも、該当のトランザクションだけ再実行すればよくなった
口座ごとに処理件数などの上限値があった	基盤を刷新することで上限値を大きく増やした
バッチ処理が異常終了すると振り込みデータが欠落することがあった	振り込み結果を紙にだけ残す運用形態を改め、データを残すようにした

築した。口座のある店舗でなくても、どこでも同じように取引できるようにした。

バッチ処理も解体

大量の振り込みや振り替えなどを一括処理する集中記帳処理の方式も、STEPS時代のバッチ方式からオンライン方式に変わった。

STEPSは、数十万件を超える振込依頼を一括、つまりバッチで処理していた。しかも2011年3月の大規模システム障害が起きるまでは、夜間バッチ処理とオンライン処理を並行稼働できなかった。STEPSのバッチ処理による元帳DBの更新は、全件が終了して初めて整合性がとれる仕組みだった。

これは1980年代に開発されたSTEPSが、速度が遅い当時のディスク装置を前提にしたDB更新をしていたためだ。STEPSのバッチ処理は勘定系システムの元帳を更新する際に、その順番をDBMS（データベース管理システム）における「アクセスキー」の順番に並び替えていた。STEPSのDBMSはレコードをアクセスキーの順にディスクに記録していた。低速なディスクをシーケンシャル（連続的）に書き換えるため、DB更新をアクセスキーの順に整列し直す必要性があったのだ。

それに対してMINORIでは大量の振り込みを1件ずつ単一のトランザクションとしてオンライン処理する方式を採用した。電力会社からの口座振り替えなどの依頼は、「口座振替」システムや「総合振込・給与振込（総給振）」システムが受け付ける。口座振替・総給振の両システムは依頼データを整形し、「センター集中記帳」システムへと送る。メインフレーム上で稼働するセンター集中記帳システムは、受け取った大量の振込依頼データを解釈して1件ずつの取引に分解。その上で取引メインに対してトランザクションとして送信する。

2011年3月に大規模システム障害が発生した際には、夜間バッチ処理が異常終了すると、3万件のジョブを手作業で最初から実行し直す必要があった。それがトラブルを長引かせた。それに対してMINORIでは振り込みなどに失敗しても、失敗した処理だけやり直せるようになった。

ただし2021年3月12日に発生したシステム障害では、外為システムが大量の振り込みデータをファイル形式でセンター集中記帳システムに送るのに使う「統合ファイル授受」システムで障害が発生。大量の外為送信が遅延するトラブルに発展した。オンライン方式に変更しても、夜間バッチ処理は鬼門のままだった。

このほかSTEPS時代は一部でだけ導入していたハブシステムも、全面的に導入した。

MINORIにまつわる様々な誤解

MINORIは結果的に連続システム障害を起こしたことから、様々な点が批判されているが、その中には誤解に基づくものもある。いくつか紹介しよう。

まずMINORIについては一部で「旧3行のシステムをつぎはぎした」ものであるかのように論じられることがあるが、それは誤解である。MINORIは要件定義からやり直して、コードを新規開発した。従来のSTEPSやC-baseに存在したコードの再利用もしていない。

一方でMINORIについて「旧3行どこか一つの勘定系システムに片寄せしなかった」ことが問題だと論じられることがある。他のメガバンクはいずれも、システム統合に際してシステムを片寄せした。みずほ銀行は片寄せを選ばなかったため、システムが複雑化したとの指摘だ。

実際にはみずほFGは2004年までに、旧みずほ銀行の勘定系システムは第一勧銀のものに、旧みずほコーポレート銀行の勘定系システム興銀のものに片寄せした。ここまでの方針は他のメガバンクと変わらない。

2012年から本格化させたMINORIの開発に際しては、旧みずほ銀行のSTEPSや旧みずほコーポレート銀行のC-baseに片寄せするのではなく新規開発を選んだ。そこには様々な事情があった。

まず旧みずほコーポレート銀行のC-baseは、大企業向けの取引に特化したシステムである。旧みずほ銀行が扱う個人や中小企業向けの取引をC-baseに担わせるのは現実的ではない。つまりC-baseへの片寄せはあり得なかった。

一方で旧みずほ銀行のSTEPSは2011年のシステム障害で明らかになったように、システムの老朽化が著しく全面刷新が必要だった。またSTEPSが富士通製メインフレームで稼働することも問題だった。富士通は2022年2月に、メインフレームの製造・販売を2030年度に終了すると発表している。正式発表は2022年だったが、既に2000年代後半の時点でも、富士通製メインフレームがこのまま存続するのは難しいとの認識が一般的だった。今後20年、30年と利用する可能性のある勘定系システムの基盤に富士通製メインフレームを選ぶのはリスクが高かった。つまりSTEPSへの片寄せも不可能だった。

メインフレームを選んだ背景

ＭＩＮＯＲＩがメインフレームとＣＯＢＯＬ、階層型データベースという古い技術を採用した点が批判されることもある。確かに現在のシステム開発における主流はＬｉｎｕｘサーバーやＪａｖａ、リレーショナルデータベースなどの技術であり、新規システム開発にメインフレームやＣＯＢＯＬが選ばれることはまずない。しかしみずほ銀行が２００４年から２０１０年にかけてＭＩＮＯＲＩのアーキテクチャーを検討していたことを考えると、メインフレームやＣＯＢＯＬはやむを得ない選択肢でもあった。

実は２０００年代、様々なＩＴベンダーが銀行の勘定系システムをメインフレームではないオープン系システムを使って実現しようとしていた。しかし勘定系システムのオープン化は、なかなか進まなかったのだ。日本ユニシスの「BankVision」など成功例もあるが、日本におけるオープン勘定系システムの採用は地方銀行などにとどまる。

銀行業界やＩＴ業界に衝撃を与えたのは、日本ＩＢＭのオープン勘定系システム「ＮＥＦＳＳ」の挫折だった。日本ＩＢＭとスルガ銀行が２００４年からＮＥＦＳＳを使った次期勘定系システムの開発を進めてきたが、プロジェクトは２００７年に失敗。スルガ銀行が損害賠償を求めて日本ＩＢＭを提訴するというトラブルに発展した。２００８年に始まった裁判は２０１５年まで続き、日本ＩＢＭに約42億円の賠償が命ぜられた。

大手銀行の中には、日本IBMのメインフレームで稼働する勘定系システムをNEFSSに移行する検討を進めていたところもあったが、そうした取り組みも立ち消えになった。

三井住友銀行は2009年から、NECのメインフレームで稼働する勘定系システムをオープン系システムで全面刷新する検討をしていた。50億円を投じた約3年間の実証を経て、技術的にはオープン化できるとの結論も得ていた。しかしみずほ銀行で2011年3月に大規模システム障害が発生し、銀行システムの安定性を求める声が高まったことからメインフレームを続投させている。

みずほFGがMINORIのアーキテクチャーを検討していた際、ある大手ITベンダーはオープン系システムを使った勘定系システムの開発を提案していた。しかしみずほFGはメインフレームとCOBOLを選んだ。検討した時期を考えると妥当な選択と言えそうだ。

マルチベンダー体制よりも問題だったこと

MINORIに関する批判で多いのは、富士通、日立、日本IBM、NTTデータの4社によるマルチベンダー体制で開発されたことだ。これは批判として妥当であり、誤解も存在しない。

ただしマルチベンダー体制がトラブルに結びつくとは限らない。他のメガバンクはシングルベンダー体制といっても、実際の勘定系システム開発には多数のＩＴベンダーが参画しているからだ。メガバンクの勘定系システムは銀行本体やグループの情報システム子会社が「内製」するものであり、ＩＴベンダーへの開発の「丸投げ」はしていない。

みずほ銀行におけるマルチベンダー体制に問題があったとすれば、コンポーネントを担当するＩＴベンダーによってＤＢＭＳやミドルウエアがバラバラになり、システムが複雑になって、運用しづらいものになったことだろう（第3章「疑問1」の表を参照）。

システムの要であるＤＢＭＳを見ると、メインフレームで稼働するコンポーネントについては日本ＩＢＭのＩＭＳとＤｂ2で統一されており、富士通がメインフレーム上に開発した流動性預金システムなどのコンポーネントもＩＭＳを使っている。しかしオープン系サーバーで稼働するコンポーネントはバラバラで、富士通が開発したコンポーネントは富士通の Symfoware、日立が開発したコンポーネントは日立のＨｉＲＤＢ、日本ＩＢＭが開発したコンポーネントは日本ＩＢＭのＤｂ2といった具合になっている。

「こんな複雑なシステム構成は、当社なら運用部門が認めないだろう。運用が難しすぎるからだ」。ある金融機関の情報システム担当者は、ＭＩＮＯＲＩのシステム構成についてこうした感想を口にする。金融機関では一般的に、システムを開発する部門と運用する部門は独立しており、互いにけん制を効かせている。この情報システム担当者が所属する金融機関では、システムの設計や開発に際して、運用部門が運用のしやすさをレビューする。運用部門による承認がなければシステムは稼働できない。運用が難しいシステムは、設計の見直しが迫られる。

それに対してみずほ銀行では伝統的に、運用部門の力が弱かった。みずほ銀行においては発足以来、勘定系システムの統合や刷新が最大の経営課題であり、開発部門にリソースが優先的に割り当てられていた。運用部門は決められた手順書に従ってシステムを操作する「オペレーター」にすぎないと見なされていた。

運用の軽視は2011年3月のシステム障害が長期化した原因にもなった。本章でも見てきたように、2011年3月のシステム障害は、昼間のオンラインと夜間バッチ処理を並行処理できるようにしたり、一度失敗した夜間バッチ処理を自動的に再実行したりできるようSTEPSを急きょ改修して初めてトラブルが解消した。こうしたシステムを運用しやすくする改修は、システム障害に先んじて済ませておくべきだった。

2011年3月のシステム障害を経験しても、運用を軽視する姿勢は改まらなかった。MINORIにおけるシステムの複雑さは、みずほ銀行において開発部門と運用部門のけん制が機能していなかった証しと言える。それが2021年から2022年にかけて発生した連続システム障害の背景になった。

MINORI担当者は7割削減（2019年8月〜2021年2月）

MINORIの全面稼働後にみずほFGが進めたのは、営業店の事務改革だった。

前述のとおりSTEPS時代は、営業店で受け付けた申し込みに関する事務はその営業店で完結させる必要があったため、営業店には事務系職員が多数在籍していた。それに対してMINORIでは、従来は店舗単位で管理していた顧客情報が全店共通になったことから、営業店で事務を行う必然性がなくなった。

そこでみずほ銀行はMINORI稼働後に、これまで営業店が担ってきた預金関連の処理や問い合わせ対応といった膨大な後方事務は「ビジネスオフィス（BO）」をはじめとした事務センターに集約させ始めた。

これに伴い、これまで店舗のカウンターの後ろで事務を手掛けていた担当者は、顧客と直接やり取りするフロント（店頭）に出たり、近隣のBOに異動したりするようになった。

MINORI完成後に進めた営業店改革

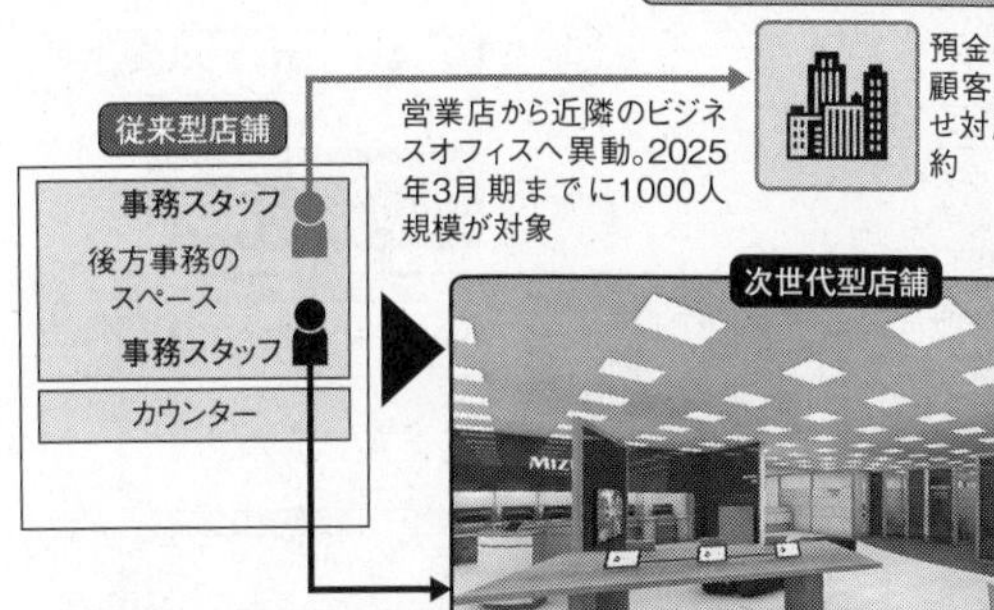

MINORIにAPIを追加

2020年3月にはMINORIに、グループ会社向けのAPIを追加した。これはMINORIに存在する様々なサービスの一部を、HTTPで呼び出してデータをJSON形式で受け取れるWebサービスとして利用できるようにするもの。みずほFGのグループ会社が構築したシステムからだけ利用できるAPIであるため、グループ会社向けAPIと呼ばれる。

前述したとおりMINORIにおけるSOAは、メインフレーム上に実装されたCOBOLプログラムが担っている。他のシステムからMINORIの機能を使用する際には、メインフレーム上で稼

MINORI稼働後に開発を始めたAPIゲートウエイ

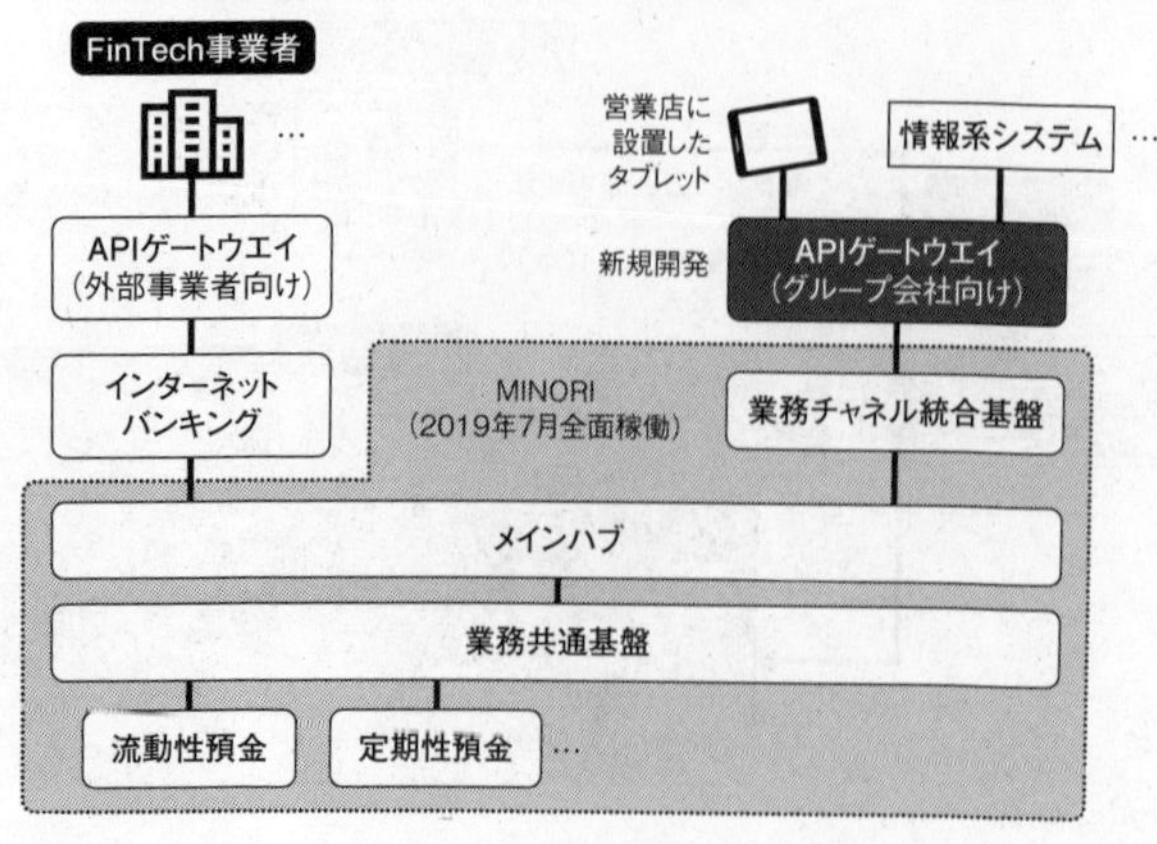

働する取引メインや業務アプリケーションを改修する必要があった。

グループ会社向けＡＰＩは、ＭＩＮＯＲＩの周辺システムとして「ＡＰＩゲートウエイ」を追加することで実装した。これによってＪａｖａなどＣＯＢＯＬ以外のプログラミング言語からＡＰＩを呼び出すだけで、ＭＩＮＯＲＩと連携できるようになった。

このＡＰＩを使って開発したのが、２０２０年10月から営業店に配備し始めた、通称「ＭＩＮＯＲＩタブレット」である。

これは、営業店で受け付ける口座開設や住所変更、入金、出金などの手続きに使うものだ。顧客はこれらの手続きをする際に、店頭にあるＭＩＮＯＲＩタブレットを使って住所などを入力する。その内容は直接、勘定系システムに送信される。従来は顧客が記入した伝票の内容を事務系職員が営業店端末に入力していた。

MINORIタブレットは富士通製で、1店舗当たり7~8台配備する。導入台数は全国で約3000台に達する。

以前も一部の営業店はタブレットを使っていた。しかし従来はタブレットのような新しいデバイスと勘定系システムを連携させるのが難しかったため、特殊な運用が行われていた。まず顧客が入力した内容はいったん紙の伝票に印刷する。その伝票にはQRコードがついていて、職員は営業店端末のスキャナーで読み取る。そうすると顧客が入力した情報が営業店端末に取り込まれ、勘定系システムに入力されるのだった。

APIがMINORIに追加されたことで、顧客がタブレットで入力したデータは勘定系システムに直接送れるようになった。情報系システムと勘定系システムの連携なども容易になった。

MINORIの経験者を他のプロジェクトに異動

こうした動きと並行してみずほFGが進めたのが「MINORIの保守・運用に必要な人員の配置転換や維持メンテナンス経費の削減等の構造改革」（金融庁の業務改善命令より）である。

第4章でも述べたとおり、みずほFGはMINORIの全面稼働直後の2019年8月26日に開催した経営会議で、MINORI開発プロジェクト管理体制の終了・廃止を決定した。それに伴いシステム子会社であるみずほ情報総研（現在はみずほリサーチ&テクノロジーズ）は、MINORI業務に従事する従業員の数を67％削減した。

みずほFGはMINORI以外にも様々なシステム開発プロジェクトを抱えており、そちらに人員を振り向ける必要があったためだ。みずほFGの海外部門が利用する勘定系システム「G-Base」の刷新やみずほ証券におけるリテール向け基幹システムの刷新など規模の大きい他のプロジェクトに、MINORI経験者を異動させた。

何度も開発が遅延したMINORIの二の舞になっているプロジェクトもある。みずほ銀行とLINEフィナンシャルが共同出資する「LINE Bank設立準備株式会社」が進める新銀行のプロジェクトだ。みずほFGとLINE（当時）は2018年11月、スマートフォン向けにサービスを提供する〝スマホ銀行〟を2020年度中に開業すると発表。両社は2019年5月に20億円を投じて設立準備会社をつくって、システム開発を進めてきた。

しかし新銀行の開業は遅れている。一連のシステム障害が発生する直前の2021年2月22日、LINEフィナンシャルとみずほ銀行は設立準備会社に120億円を追加出資し、システム開発を加速させると発表している。その際には新銀行の開業時期を

２０２２年度中に改めた（文庫版注：新銀行開業に向けたプロジェクトは２０２３年３月に中止された）。

運用子会社は日本ＩＢＭ傘下に

みずほＦＧはシステム開発子会社やシステム運用子会社の体制も変えた。まず２０２０年６月に、システム運用子会社であるみずほオペレーションサービスが日本ＩＢＭの出資を65％受け入れ「ＭＩデジタルサービス」となった。ＭＩデジタルサービスは社長も日本ＩＢＭ出身者が務める。

２０２１年４月には、みずほ総合研究所、みずほ情報総研、みずほトラストシステムズの３社を「みずほリサーチ＆テクノロジーズ」に統合した。みずほトラストシステムズはみずほ信託銀行のシステム開発を担うグループ会社だった。みずほ情報総研とみずほトラストシステムズのシステム運用機能については、ＭＩデジタルサービスに集約する方針としていた。

ＭＩデジタルサービスを日本ＩＢＭの子会社とした狙いについてみずほＦＧは、日本ＩＢＭの力を借りてＭＩＮＯＲＩの運用管理システムを高度化することにあるとしていた。みずほＦＧ自身も、オペレーターが目視でログなどを確認し、手順書に沿って必要な処理を手動で実行するようなＭＩＮＯＲＩのシステム運用体制が時代遅れだとの認識

情報システム子会社の再編

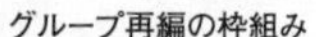

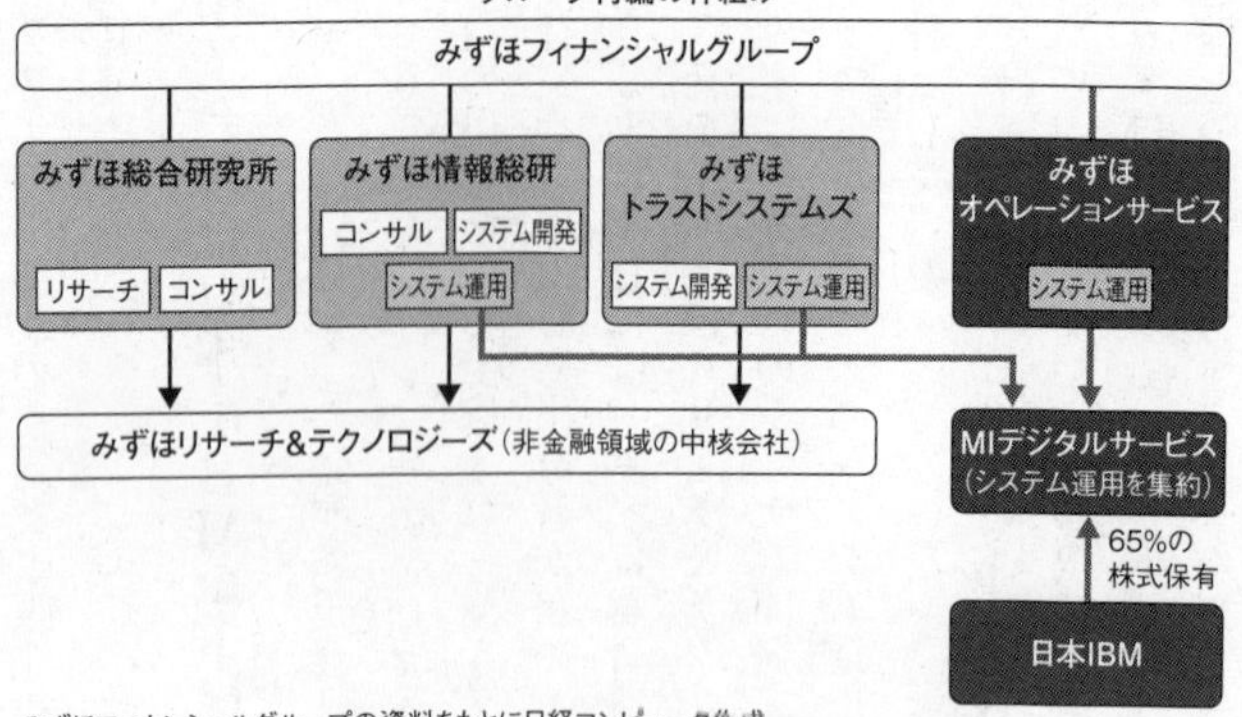

みずほフィナンシャルグループの資料をもとに日経コンピュータ作成

はあった。

アラートの検知からジョブ実行まで人手を介さずに自動化できる、そんな新しい運用監視システムの構築をMIデジタルサービスは目指していた。しかしMIデジタルサービスによる運用監視システムの高度化は、今回のシステム障害に間に合わなかった。

本来であればみずほ銀行はMINORIの稼働後に、システム部門が力を入れるべき点を開発から運用に転換し、新しい保守・運用体制を作り上げる必要があった。システムの開発と保守・運用とでは、必要となるスキルや組織体制が異なる。しかしみずほ銀行ではMINORIの稼働後も、システムの保守・運用に対して十分な投資が行われなかった。こうした保守・運用体制の不備が、2021年から2022年にかけて発生した連続システム障害の大きな要因となった。

第6章

なぜみずほ銀行でだけ、何度も障害が起きるのか

みずほ銀行は1999年に経営統合を発表してから21年の間に、情報システムに関連する4種類の大きなトラブルを経験してきた。3回の大規模システム障害と、システム刷新プロジェクトの度重なる遅延である。

情報システムに関連するトラブルは他の金融機関でも起きているが、大きなトラブルを頻発させたのはみずほ銀行だけだ。なぜ、みずほ銀行でだけ大きなトラブルが繰り返されるのか。みずほ銀行と他の金融機関との共通点や違いに基づき考えてみよう。

銀行統合に伴うシステム障害は他行でも起きた

まずみずほ銀行で2002年4月に発生した1回目の大規模システム障害は、銀行の経営統合に際して発生した。実は当時、同じく経営統合したばかりのメガバンクで、似たようなシステム障害が発生している。みずほ銀行よりも一足早く、2002年1月15日に三和銀行と東海銀行が統合して発足したUFJ銀行だ。

UFJ銀行は1月15日の新銀行発足に合わせて、東海銀行の勘定系システムを三和銀行のものに片寄せした。しかし統合直後から、口座振り替えの遅延や預金の二重引き落としなどが断続的に発生した。トラブルの原因は「口座振替システム」の不具合だった。UFJ銀行が発足した1月15日の夜、口座引き落とし処理の結果を自動集計する夜間バッチ処理が遅延し、1月16日朝の業務開始時間までに間に合わなくなった。それがき

みずほ銀行4大トラブルの事象と原因

時期	トラブルの種類	トラブルの内容	直接的な原因	根本原因
2002年4月	大規模システム障害	ATM 障害 二重引き落とし 口座振替の遅延 振り込みの遅延 口座残高の不整合	ソフトウエアのバグ ソフトウエアの検証不足 振替データの誤り	経営陣の情報システムに対する無理解 過度なスケジュール優先による時間不足 旧行間の連携不足
2011年3月	大規模システム障害	ATM 障害 口座振替の遅延 振り込みの遅延	口座設定の誤り 夜間バッチ処理の失敗 システム復旧オペレーションの誤り	勘定系システムの老朽化・ブラックボックス化 システム復旧手順の未整備、訓練不足
1999~2019年	システム刷新プロジェクトの遅延	システム刷新計画の迷走 システム開発の遅延	甘い計画立案 不十分な要件定義 要件定義や開発、テストの長期化	経営陣の決断不足・理解不足 プロジェクトマネジメント能力やITガバナンス能力の不足 リテール事業の収益悪化
2021~2022年	連続システム障害	ATM 障害 窓口サービス停止 インターネットバンキング停止 振り込み遅延 法令違反	ソフトウエアの設定ミス ソフトウエアのバグ ハードウエア故障 ハードウエアの性能不足 法令についての無理解	(金融庁が指摘する真因) システムに関するリスクや専門性の軽視 IT 現場の実態軽視 顧客影響に対する感度の欠如、営業現場の実態軽視 言うべきことを言わない、言われたことだけしかしない姿勢 (その他の原因) 勘定系システム「MINORI」の複雑さ

っかけとなり、磁気テープに処理結果を格納する作業や、翌日分の引き落としデータを作成する処理など後続の処理が次々と遅延。時間が経つにつれ処理の遅延が雪だるま式に大きくなり、1月23日には約45万件の引き落とし処理が間に合わなくなり、最終的には1月25日までに合計175万件の引き落とし処理が遅れる結果になった。

引き落とし遅れを人手で解消しようとした際に、人為ミスがあって二重引き落としや引き落とし漏れのトラブルも発生した。二重引き落とし件数は約18万件、引き落とし漏れは約5000件発生した。

UFJ銀行で統合直後に発生したシステム障害は、その直後にみずほ銀行で発生したシステム障害に非常によく似ていた。三和銀行はもともと、新しい勘定系システムを2002年4月に稼働させる予定で開発していた。そこに東海銀行との経営統合が重なったため、新しい勘定系システムに東海銀行の勘定系システムを片寄せすることにした。さらに2001年4月になって、UFJ銀行の開業時期を当初の2002年4月から2001年1月15日に3カ月前倒しした。厳しい開発スケジュールでシステム統合を進めた結果、口座振替システムで処理遅れが発生した構図は、UFJ銀行とみずほ銀行に共通する。

もちろん、みずほ銀行の方がシステム障害の規模が大きく、システム統合を巡る方針が二転三転した度合いも大きかった。それでも2002年当時においては、みずほ銀行だけが特殊な状況だった、というわけではなかった。

ブラックボックス化したバッチ処理で大規模障害

東日本大震災直後の2011年3月にみずほ銀行で発生した2度目の大規模システム障害は、老朽化した勘定系システムの中でも特にブラックボックス化していたバッチ処理でトラブルが起き、オンラインにも影響が及んだ。夜間バッチ処理が1週間近く未完了になったり、何日もATMが使えなくなったりするほどの大規模システム障害は、日本の金融機関では他に例を見ない。

英ロイヤル・バンク・オブ・スコットランドの大規模障害事例

しかし海外に目を転ずると、似た事例が存在する。英国の大手銀行であるロイヤル・バンク・オブ・スコットランド（RBS）や傘下銀行で2012年6月に発生した大規模システム障害だ。勘定系システムにおける夜間バッチ処理で不具合が発生し、650万人に影響を与えた。2014年11月には英国の規制当局から5600万ポンドの制裁金を科せられた。

ＲＢＳとその傘下にあるナショナル・ウエストミンスター（ナットウエスト）銀行とアルスター銀行でシステム障害が発生したのは２０１２年6月19日のことだ。勘定系システムの夜間バッチ処理が同日朝までに完了せず、翌日以降のオンライン処理が停止。顧客による入出金処理などが全面的にできなくなった。

ＲＢＳ本体の障害は短期間で終了したが、ナットウエスト銀とアルスター銀の障害は長期化した。ナットウエスト銀の業務が正常化したのは障害発生の6日後の6月25日、アルスター銀の業務が正常化したのは同3週間後の7月10日。全体で顧客６５０万人がシステム障害の影響を受けた。

ジョブスケジューラー更新が引き金

ＲＢＳが２０１３年と２０１４年に公表したリポートによれば、ＲＢＳと傘下銀行（以下、ＲＢＳグループ）で発生したシステム障害の引き金となったのは、夜間バッチ処理をつかさどる「バッチ・ジョブ・スケジューラー」のアップデートだった。

ＲＢＳグループは顧客の預金などを管理する勘定系システムを米ＩＢＭ製メインフレームで運用している。入金などを夜間に一括処理する夜間バッチ処理には、米ＣＡテクノロジーズ（２０１８年に米ブロードコムが買収）製バッチ・ジョブ・スケジューラー

「CA-7」を使用していた。

RBSグループは2011年8月からジョブスケジューラーのアップデートを進め、障害が発生した2012年6月までに35のシステムで作業を完了していた。それまで「アップデートに伴う障害は発生していなかった」（RBS）という。

問題が発生したのは、2012年6月17日の日曜日。この日、グループ内で最大規模のナットウエスト銀とアルスター銀の勘定系システムで、ジョブスケジューラーをアップデートした。

翌6月18日夜、アップデート後初めてとなる夜間バッチ処理を実行した。するとジョブスケジューラーの処理負荷が高まり、本来は19日朝までに完了すべきバッチ処理が完了しなかった。

その結果、19日朝からナットウエスト銀とアルスター銀の勘定系システムが停止し、両行の顧客は入出金や振り込みができなくなった。両行の勘定系システムと連動しているRBS本体の勘定系システムでも、入出金ができなくなるなどの障害が発生し始めた。

ロールバックが障害を拡大

RBSグループ各行の勘定系システムは、情報システム子会社であるRBSテクノロジーサービスが一元的に運用している。同グループは6月19日未明、あらかじめ決めていたシステム障害時の手順に従い、問題が発生したジョブスケジューラーを以前のバージョンに戻す「ロールバック」処理を実施。19日の昼間にシステム部員がジョブスケジューラーを動かして、未完了のバッチ処理を再実行することにした。

ここでさらなる問題が生じた。ジョブスケジューラーは登録した多数のバッチジョブを、登録した順番通りに実行する。ところがシステム部員がジョブスケジューラーの登録ジョブを確認したところ、大量のジョブが未登録状態になっていることが分かったのだ。ジョブスケジューラーが正常に動作しなくなったため、手動でのバッチ処理も不可能になった。

ジョブスケジューラーが正常に動作しなくなった原因は、ロールバックにあった。実はジョブスケジューラーはアップデート時に、内部データの形式を変更していた。RBSグループがジョブスケジューラーをロールバックしたところ、前バージョンのジョブスケジューラーでは変更済みの内部データを読み込めなくなったのだ。

営業強行でデータに不整合

RBSグループは6月19日夜から、ジョブスケジューラーにジョブを再登録して、バッチ処理の再実行を試みた。

ナットウエスト銀では20日朝までに、19日までのバッチ処理をほぼ完了できた。そのため週明けの6月25日に、業務は全面的に正常に戻った。

これに対し、アルスター銀では障害が長期化した。同行で19日までの夜間バッチ処理が完了したのは、21日朝。20日分の夜間バッチ処理が完了しないまま、21日の営業を迎えたことになる。これが障害を長期化させた。

実はナットウエスト銀、アルスター銀はともに、20日朝から勘定系システムのオンライン処理を強行稼働させ、入出金などの業務を再開していた。アルスター銀は19日分の夜間バッチ処理が完了しないまま、20日の営業を行ったため、データに大量の不整合が発生し、「雪だるま式に障害が広がっていった」(RBS)とする。

アルスター銀は、何千人もの銀行員を動員してデータの不整合を手作業で修正したが、作業に時間を要した。アルスター銀が最終的にデータの不整合を解消し、業務が正常に戻ったのは7月10日である。

RBSグループはシステム障害を受け、様々な対応策を実施した。

まず夜間バッチ処理の異常終了に備え、バッチ処理を日中でも実行できるようにした。夜間バッチ処理の進行状況をリアルタイムで監視する体制も整えた。さらに夜間バッチ処理に関して計2万点の修正を実施。その結果、従来の半分の時間で夜間バッチ処理を完了できるようにした。

複雑化していた夜間バッチを整理

複雑化していた夜間バッチ処理そのものにもメスを入れた。夜間バッチ処理のジョブを整理し、勘定系システムが実行する処理全体に占める夜間バッチ処理の割合を減らした。同時にオンライン処理の性能を強化し、日中のオンライン処理でほとんどの入出金処理を完了できるようにした。

ディザスターリカバリー（DR）体制も刷新した。従来のDRは、データセンターに物理障害が発生した場合などに、待機系に切り替えるというものだった。新たなDR体制では、待機系を一系統追加。本番系にソフトウエア障害が発生した際に待機系へシステムを切り替え、入出金処理などを継続できるようにした。

RBSグループで発生したシステム障害に関しては2014年11月、英国政府の金融行動監視機構（FCA）と英国の中央銀行であるイングランド銀行の健全性監督機構（PRA）が計5600万ポンド（当時のレートで約103億円）の制裁金を科した。イングランド銀行のアンドリュー・ベーレー副総裁（当時）は、「障害回復力に欠けた貧弱なレガシーシステムと、ITリスク管理の不十分さが招いたシステム障害」と、RBSを批判している。

RBSは2014年11月20日に声明を発表し、振り込みなどができなくなることでビジネス上の損害を被った同行の顧客に対して7030万ポンド（当時のレートで約130億円）、同行の顧客ではないがRBSからの入金が無かったことで損害を被った人々に対して46万ポンド（当時のレートで約8500万円）の損害補塡をそれぞれ実施したことを明らかにしている。さらにRBSはシステム障害対策として、3年間で7億5000万ポンド（当時のレートで約1380億円）を投資している。

つまりRBSは1件のシステム障害に伴い、1600億円もの出費を強いられたことになる。金額ベースで見ると、史上最大規模のシステム障害と言えるだろう。

RBSグループのシステム障害は、2011年3月に発生したみずほ銀行のシステム障害と共通点が多い。両行とも複雑な夜間バッチ処理が異常終了して、深刻なシステム障害を引き起こした。夜間バッチ処理が異常終了した状態で営業を強行した結果、データの不整合が発生し、それがシステム復旧をより困難にした点も共通している。

第3次オンラインの刷新はどこも苦労

みずほ銀行で2002年と2011年に大規模システム障害が発生した背景には、同行において勘定系システムを統合・刷新する方針が二転三転したり、刷新プロジェクトが何度も遅延を重ねたりしたとの事情があった。

1980年代に稼働した第3次オンラインシステムの刷新は、どこの都市銀行でも難航した。特にみずほ銀行と似た経緯をたどったのが、三井住友銀行の前身の1行であるさくら銀行（旧太陽神戸三井銀行）である。

さくら銀行の第3次オンラインシステムは太陽神戸銀行が1980年代に稼働させたもので、みずほ銀行で2018年まで稼働していた勘定系システム「STEPS」（元は第一勧業銀行のシステム）と同じく、富士通製のメインフレームを採用していた。

さくら銀行は1990年代後半、勘定系システムの全面刷新に挑み、大いに苦しんだ。当初は元帳のデータベースサーバーをIBM製メインフレームで稼働させ、アプリケーションサーバーについては3社のUNIXサーバーを併用するとの方針で挑んだが、オープン化やマルチベンダー体制を採用する野心的な計画は早々に頓挫した。

続いてNTTデータが開発中の勘定系パッケージソフトウエア「BeSTA」を採用する方針に切り替えたが、このプロジェクトも取りやめとなった。NTTデータと進めていたプロジェクトでは、IBMのメインフレームや階層型データベースのIMS、金融機関向けのミドルウエアであるSAILを使う方針でもあった。

結局さくら銀行は、第3次オンラインシステムの刷新を果たさぬまま、2001年に住友銀行と合併して三井住友銀行となり、三井住友銀行の勘定系システムは住友銀行のものに一本化された。住友銀行は1994年に、米NCRのメインフレームを採用して1987年に稼働させた第3次オンラインシステムから、NECのメインフレームを採用した新システムに移行していた。住友銀行の勘定系システムは当時、都市銀行の中でも最も新しく、経営規模的にも住友銀行のシステムに一本化するのが合理的だった。

さくら銀行とみずほ銀行は、富士通のメインフレームで稼働していた勘定系システムを、IBMのメインフレームやオープン系システムに移行しようとして苦しんだ点が共通している。そしてさくら銀行は刷新に失敗し、みずほ銀行は完全刷新までに19年もの時間を要した。

連続障害は特異

みずほ銀行が他の国内金融機関と比べて特殊なのは、過去20年間にわたって大規模なシステム障害を何度も繰り返してきたことだ。

我々日経コンピュータは2週間に1度発行される隔週誌で、システムトラブルの事例を紹介する「動かないコンピュータ」というコラムを毎号掲載している。同コラムは過去20年間、金融機関で起きたシステムトラブルを30件近く取り上げているが、みずほ銀行のように何度ものシステム障害が連続して発生したケースはない。

とはいえやはり海外に目を転ずると、みずほ銀行のようにシステム障害を長年にわたって繰り返し起こしてきた金融機関がある。英国の郵便局の窓口業務を手がける英ポストオフィスだ。勘定系システムの不具合によって窓口の現金とシステム上の残高に不整

日経コンピュータのコラム「動かないコンピュータ」が取り上げてきた主な金融機関のシステムトラブル（みずほ銀行除く）（その1）

号	金融機関名	記事タイトル
2020/10/29号	ゆうちょ銀行	相次ぐ口座の金銭被害 組織の縦割り体質が真因か
2019/05/16号	横浜銀行、世田谷区、楽天銀行など	「1989年5月7日」や「平成3元年」 令和対応トラブル、日本全国で相次ぐ
2018/08/16号	きらぼし銀行	3行統合の初日に勘定系で3障害 作業漏れ、テスト抜けなどミス重なる
2018/07/19号	みずほ証券	2日半にわたりネット取引が停止 サーバー入れ替え中の設定を誤る
2018/02/01号	三菱UFJニコス	カード利用料を二重請求 HDD故障でデータ消失、復旧作業誤る
2017/12/21号	東日本銀行	勘定系システムが100分間全面停止 ATM移行用のソフトにバグ
2016/11/10号	地方銀行4行	勘定系の負荷急増でATM取引停止 銀行カードの不具合をスルーし誤動作
2016/05/12号	NTTデータ、地方銀行7行	ATMが2度にわたり、利用不能に 引き金はマニュアルへの転記ミス
2016/01/21号	三重銀行	1日に2度ATMが利用不能に ソフト不具合と設定不備が重なる
2013/02/07号	シティカードジャパン	二つの基幹系統合でトラブル 請求や引き落としの誤り多発
2012/08/16号	山陰合同銀行	勘定系の保守ミスでATMがダウン バグ出現、影響範囲が10倍に拡大
2011/11/10号	住信SBIネット銀行	全サービスが10時間停止 スイッチ故障で不具合が連鎖
2010/10/27号	外為どっとコム	半年でシステムトラブル15回 1カ月の業務停止命令を受ける

日経コンピュータのコラム「動かないコンピュータ」が取り上げてきた主な金融機関のシステムトラブル（みずほ銀行除く）（その2）

号	金融機関名	記事タイトル
2010/09/01号	ゆうちょ銀行	対外系ダウンの全容判明 発端はディスクの「間欠障害」
2009/10/28号	大光銀行	データ保護の仕組みが遅延の原因 ATMが2度にわたり使用不能に
2008/08/01号	福岡銀行	新版導入で15年前のバグが表面化 勘定系システムの全取引が不能に
2007/03/05号	労働金庫連合会	労金のATMなどで相次ぎ3件のトラブル、約3万5000件、2万人に影響、仕様の誤認識や作業ミスが重なる
2007/01/08号	スルガ銀行	IBM製パッケージを利用した新勘定系の全面刷新を延期、要件定義が遅れ情報系の部分稼働に方針変更か
2004/02/09号	NTTデータ、複数銀行	全国でATMトラブルが相次ぐ、ベンダーのソフトに不具合、“2038年問題”も発生
2003/08/11号	日本銀行	決済用ネットワークに障害、取引終了を1時間半延長、通信用コンピュータの不具合が原因
2003/06/02号	ジャパンネット銀行	勘定系のダウンでサービスが22時間全面停止、ミドルウエアの不具合が引き金に
2003/05/05号	りそな銀行、埼玉りそな銀行	3200台のATMが最大5時間以上停止、小さな障害の究明作業が引き金に
2002/09/09号	三井住友銀行	東日本のATMが2日連続で停止、想定外のルーター障害に対応できず
2002/07/15号	しんきん情報システムセンター	1万9000台の信金ATMで障害発生、メインフレームの記憶装置とOSに不具合

合が頻発し、職員の冤罪（えんざい）事件まで起こしてしまった。このトラブルについて詳しく見ていこう。

英ポストオフィスの大規模障害事例

英国の高等裁判所に相当する高等法院は2019年12月16日、ポストオフィスに対して550人の元「サブポストマスター」へ合計5800万ポンド（当時のレートで約83億円）を支払うよう命じる判決を下した。サブポストマスターとはポストオフィスと雇用関係が無い独立した事業主で、ポストオフィスから委託を受けて郵便局を運営している。日本語に直訳すると「副郵便局長」だが、実質的には郵便局長である。

アラン・ベイツ氏を代表者とする元サブポストマスターのグループは2016年、ポストオフィスによっていわれなき横領の罪を着せられたとの訴えを起こしていた。運営する郵便局の窓口における現金の残高とポストオフィスの勘定系システム「Ｈｏｒｉｚｏｎ」が記録する残高とが一致しなかった際に、ポストオフィスから「現金を横領していた」と疑われた。そして2000年代前半以降、現金の不足分を弁償させられたり、横領の罪で警察に告発され逮捕・投獄されたりしていた。これらの損害を賠償するようポストオフィスを訴えていた。

この訴えに対して高等法院のピーター・フレイザー判事は、残高不一致の原因は勘定系システムであるＨｏｒｉｚｏｎの不具合にあったと認定した。そのうえでポストオフィスは元サブポストマスターに謝罪して賠償金を支払えとの判決を下した。勘定系システムのバグが何人もの元サブポストマスターに無実の罪を着せ、人生を狂わせていたことになる。

当初のアプリケーションはCとVisual Basicで開発

ポストオフィスの勘定系システムＨｏｒｉｚｏｎに存在した問題の詳細は、フレイザー判事が下した３１３ページの判決文や付属する１１４ページの技術資料などに記されている。

ポストオフィスは２０００年にＨｏｒｉｚｏｎの運用を開始した。英国の郵便制度は民営化されており、郵便事業を手がける英ロイヤルメールと、郵便局の窓口業務を手がけるポストオフィスなどが存在する。ポストオフィスは英国内に約１万１５００の郵便局を展開し、郵便サービスに加えて年金受取口座や保険販売といった金融サービスや、提携する銀行の窓口サービスなどを提供している。現在のＨｏｒｉｚｏｎはこれらの窓口業務を支え、１日当たり６００万件以上のトランザクションを処理している。

2000年に稼働した当初のHorizonは「レガシーHorizon」と呼ばれており、国民が郵便局で年金を受け取るためのシステムとしてまず導入された。判決文に付属する技術資料によれば、英国の郵便局における業務は1990年代まですべて紙ベースであり、これが初めての本格的なシステム導入だった。

レガシーHorizonは各郵便局内で稼働するブランチ（支店）サーバーと、窓口端末で稼働するクライアントソフトウエアによって構成するクライアント／サーバー型だった。基本的には各郵便局内だけでトランザクション処理が完結する非同期型のシステムであり、CとVisual Basicで開発していた。ブランチサーバーのデータベース（DB）管理システムは「Oracle Database」だった。

ブランチサーバーのDBは本社サーバーのDBとバッチ処理で同期する仕組みで、この部分にはオランダのIT企業が販売する郵便業務向けのミドルウエア「Riposte」を使用していた。ブランチサーバーと本社サーバーとの間の通信にはISDN回線を使用していた。

2010年に「非同期処理」を撤廃

ポストオフィスは2001年にレガシーHorizonを更新し、切手や保険などを販売するためのPOS（販売時点管理）機能などを追加した。さらに2003年にはネットワークバンキング機能を追加し、ポストオフィスと提携する銀行の窓口サービスの管理にもレガシーＨｏｒｉｚｏｎを使用するようになった。

ポストオフィスは２０１０年にレガシーＨｏｒｉｚｏｎを「Ｈｏｒｉｚｏｎオンライン」に全面刷新し、Ｈｏｒｉｚｏｎはこの時ようやくオンライン化された。トランザクションはすべて本社データセンターにあるサーバーで処理されるようになった。アプリケーションの開発言語もＪａｖａに切り替わり、非同期処理も使われなくなった。ただし業務プロセスのビジネスロジックはＪａｖａではなく、Ｈｏｒｉｚｏｎ独自の「プロセス定義言語（ＰＤＬ、Process Definition Language）」で記述していた。

２０１７年にはＨｏｒｉｚｏｎオンラインを更新し、現在のシステムになった。クライアント端末のＯＳを従来のＷｉｎｄｏｗｓ ＮＴ ４・０からＷｉｎｄｏｗｓ 10に切り替えたのが主な変更点だった。

「堅固ではない」と判事

判決ではＨｏｒｉｚｏｎに存在した29個のバグやトラブルを精査した上で、窓口の現金とシステム上の残高の不整合がＨｏｒｉｚｏｎのバグによって引き起こされたと結論づけている。

フレイザー判事は判決文で２０００年に稼働したレガシーＨｏｒｉｚｏｎを「ロバスト

（堅固）ではなく、多数のバグやエラー、欠陥が存在していた」と指摘した。ポストオフィスは裁判中に「Ｈｏｒｉｚｏｎはロバストなシステムであり問題は無い」と主張していたが、これを全面的に否定した格好だ。

例えばレガシーＨｏｒｉｚｏｎには、郵便局からポストオフィス本部に送った現金袋の金額を正確に記録できないバグが存在した。郵便局のサブポストマスターは日々、顧客から受け取った硬貨や紙幣を種類ごとの小袋（パウチ）に入れ、それをまとめて現金袋（バッグ）に入れた上で、本部のキャッシュセンターに送っている。現金袋を送る際には袋のバーコードを窓口端末でスキャンすることで、送られた金額がシステムに登録される仕組みだった。

しかしレガシーＨｏｒｉｚｏｎにはバグがあって、ある条件下で複数の現金袋を何度かに分けてスキャンすると、すべての現金袋がキャッシュセンターに送られたにもかかわらず、最初にスキャンした現金袋は郵便局の窓口に残っていると誤って記録するようになっていた。当然ながらこの結果、実際に郵便局の窓口に存在する現金は、システム上の残高に比べて少なくなっていた。

トランザクションが消失することも

レガシーＨｏｒｉｚｏｎにはほかにも、トランザクションが消失するバグ、窓口端末のソフトウエアが異常終了するとトランザクションに不整合が生じるバグなどが存在した。レガシーHorizonが採用していた非同期処理ソフトのRiposteにもバグがあり、ブランチサーバーのDBと本部のDBが正しく同期できなくなる問題も生じていた。これらはいずれも、窓口の現金とシステム上の残高の間で不整合を生じさせる要因となった。

後継のHorizonオンラインについても、フレイザー判事は「レガシーHorizonに比べればわずかにロバスト」だが、「それでもまだかなりの数のバグやエラー、欠陥があった」と指摘している。判決文では2017年以前のHorizonオンラインを「HNG（Horizon Next Generation）-X」、2017年以降のHorizonオンラインを「HNG-A」と区別し、現行のHNG-Aはさらに改善されているとしている。しかしHNG-Aで新たに追加されたバグも存在するため、フレイザー判事は「2019年時点でもHorizonは問題を抱えている」との立場を示している。

例えば2017年までのHorizonオンラインには、顧客に対して発行したレシートの内容とシステム上に記録される支払額が食い違うバグや、郵便局の在庫データが誤った値に置き換わるバグ、本部のキャッシュセンターから送られてきた現金袋の金額がシステムに正しく登録されないバグなどがあった。現金袋に関しては、郵便局から本部に送るときにも、本部から受け取るときにも、正しく金額が登録されないバグがあったわけだ。

こうしたバグによって生じた金額の不整合を、ポストオフィスは横領の結果だと誤って判断していた。

システムの問題を隠蔽

訴訟団の代表でありサブポストマスターだったベイツ氏は2000年代前半からHorizonには大きな問題が存在すると、英国のコンピューター専門誌などに告発していた。しかしポストオフィスは2019年に判決が下るまで、Horizonに問題があると公式に認めてこなかった。

実際にはポストオフィスは2012年、外部の会社にシステム調査を依頼し、その調査会社が2013年にまとめたリポートによってHorizonの様々な問題を把握していた。このリポートの内容は英テレビ局のBBCが2013年の時点で報じてもいた。それ以来Horizonの問題は国会でも取り上げられていた。それでもポストオフィスは問題を認めず、2016年から始まった裁判でもHorizonには問題がないとする主張を繰り返した。

ポストオフィスは判決が出た後にようやく、冤罪の被害者である元サブポストマスターたちに謝罪し、Horizonに様々な欠陥が存在した事実を認めた。

Ｈｏｒ:ｉｚｏｎを開発したのは富士通の英国子会社、富士通サービシーズ（旧ＩＣＬ）である。同社は初期のＨｏｒ:ｉｚｏｎの開発から、その後の保守・運用や刷新まで担当してきた。富士通サービシーズは訴訟の対象ではなかった。

それでもなぜ、みずほ銀行のシステム障害は注目されるのか

これまで見てきたように、みずほ銀行以外の国内や海外の金融機関でも、みずほ銀行で起きたのに似たシステム関連のトラブルが発生している。それでもみずほ銀行以外の国内金融機関、特にみずほ銀行と競合するメガバンクにおいて、システム障害によって何千、何万人もの顧客が迷惑を被ったり、経営に打撃を与えたりするような事態は近年発生していない。それは各社がシステム障害のインパクトを極小化する「ダメージコントロール」に気を配り、顧客にシステム障害の影響が出ないよう努力を重ねているからである。

みずほ銀行と他のメガバンクにおけるシステム安定稼働対策を比較すると、いろいろと違いがあることが分かる。

はっきり異なったのは、システム障害に対する備えだ。

他行はシステム障害訓練を充実

みずほ銀行は勘定系システムの「MINORI」稼働後は、システム障害を想定した訓練を実行していなかった。それに対して他のメガバンクでは、高可用性が求められるシステムについては、年に1回必ずシステム障害を想定した訓練を実行していた。しかも運用手順を確認するといった形式的な訓練ではなく、開発・テスト機を使って実際に稼働系から待機系に切り替えてみるといった実戦的な訓練を行っている。

みずほ銀行では2021年8月20日に発生したシステム障害に際して、事前に想定していない手順で災害対策用データセンターにシステムを切り替えた。データセンターの切り替え訓練も行っていなかった。

それに対して他のメガバンクの中には、データセンターを災害対策用のデータセンターに切り替える訓練を実施しているところもある。ただし、災害対策用データセンターを起動する手順を確認するといった内容にとどまる。実際にシステムそのものを災害対策用データセンターに切り替える訓練を実施しているメガバンクはなかった。

日常的にデータセンターを切り替える銀行も

しかし日本の銀行の中には、東京と大阪にあるデータセンターを定期的に切り替えて

みずほ銀行と他のメガバンクで異なる点

	みずほ銀行	他のメガバンク
勘定系システムのベンダー	マルチベンダー	シングルベンダー
勘定系システムのアーキテクチャー	メインフレーム、UNIXサーバー、Linuxサーバーを併用。システムは疎結合	勘定系システムの核となる部分はすべてメインフレームで稼働。一部の周辺システムのみオープン化。システムは密結合
システム運営体制	アプリケーション開発・保守は子会社のみずほリサーチ＆テクノロジーズ（MHRT）が担当するが、運用担当のMIデジタルサービス（MIDS）は日本IBMが65%出資	システム子会社やシステム運用子会社が担当
システム障害発生時の対応	エラー発生状況などを表示する統合運用監視システムはMIDSのみが使用。MIDSはエラー発生状況をMHRTに電話で連絡。MHRTでは担当者が会議室に集まりホワイトボードを使ってエラー発生状況を共有	エラー発生状況などをコンピューター上で把握できる「危機対応ルーム」を銀行本体やシステム子会社内に常設。同ルーム内で開催する障害対応会議にはリモート参加も可能。在宅勤務でも稼働系システムのエラー対応ができるメガバンクも存在
障害対応訓練	復旧手順の確認のみ	データセンターの切り替え訓練を年に1回は実施。各サブシステムの稼働系/待機系の切り替え訓練なども実施
ハードウエア更新	6年以上稼働中。中には10年使用するものも	メインフレームは10年に1度、オープン系のサーバーは6～7年で更新

いるところがある。セブン銀行だ。同行は2018年から勘定系システムについて「東阪交互運用方式」を導入する。東京と大阪の各データセンターに同じ構成のシステムを用意し、両方とも本番系として文字通り交互に切り替えて運用する形態だ。両データセンター間でデータベースの内容を同期しており、わずか30秒のダウンタイムでデータセンターを切り替えられる。

これはもはや、日常的に大規模災害を想定したデータセンター切り替え訓練を実行しているのと同じだ。また一方のデータセンターから即時に他方のデータセンターに切り替えられる特性を生かして、勘定系システムの365日の無停止連続稼働も実現した。片方のデータセンターに処理を切り替えている間に、もう一方のデータセンターでシステムのメンテナンスを実行するといった具合だ。

他行はITを駆使した情報共有の仕組みを用意

システム障害に対応する体制にも違いが見られる。

みずほ銀行で2021年2月28日にシステム障害が発生した際には、みずほ銀行本体やシステム開発子会社であるみずほ情報総研（当時）、日本IBMの子会社であるシステム運用会社のMIデジタルサービス、外部委託しているATMセンターとの間で情報共有がうまくいかず、ATMのトラブルなどに素早く対応できなかった。システム監視を担うオペレーターがエラーの内容を上司に報告する手段は紙の書類、組織を超えた情報共有手段は電話のみ、部署内での情報共有手段は会議室のホワイトボードといった具合だったためだ。

それに対して他のメガバンクでは、銀行中の全システムのエラーメッセージを集中監視できるオペレーションセンターを常設し、システム障害が発生した際には様々な部門の担当者がそこに集まって、対応を協議できるようにしている。この部屋で開かれる会議にはビデオ会議システムを使って遠隔からも参加できる。

また情報システム部門内や他の部門との情報共有を円滑にするために、関係者がトラブルに関連する情報を書き込める掲示板を用意したり、ビジネスチャットを導入したりしている。新たにトラブル対応を始めた担当者は掲示板やチャット上の情報を見れば、それまでの経緯が把握できる。

みずほ銀行ではエラーログを確認したり、開発・運用環境を使って障害対応をしたりするためにオフィスに出勤する必要があった。それに対して他行ではリモートワークでこれらの作業ができるようにしていた。セキュリティー保護の観点から、開発・運用環境をリモートから常時利用できるようにはしていないが、非常時に特別な許可を与えた時にだけリモートから利用できるようにしている。

他のメガバンクはシステムの安定稼働対策に専念

第5章で見てきたように、みずほ銀行では発足以来常にシステム統合と刷新が最大の経営課題であったため、システム開発が優先され、システム運用は軽視されてきた。開発部門と運用部門のけん制も機能していなかった。

それに対して他のメガバンクでは、経営統合に伴うシステムの統合は2000年代までに終わっていた。みずほ銀行がシステム統合や刷新に苦闘している間、他のメガバンクはシステムの安定稼働対策を進めていた。運用部門はシステムの開発時に定めた手順をただ守るのではなく、定期的なシステム障害対応訓練を通じて手順を常に見直し、改善してきた。他のメガバンクにおいてシステム障害が少ないのは、こうした日々の努力を積み重ねてきた結果である。

みずほ銀行でだけ大規模システム障害が繰り返される理由として、同行におけるシステム運用の軽視があった可能性は高い。

4社のマルチベンダー体制はみずほ銀行だけ

勘定系システムの開発体制や、採用するアーキテクチャーなどにも違いが見られる。

みずほ銀行の勘定系システムMINORIは、富士通、日立製作所、日本IBM、

NTTデータの4社によるマルチベンダー体制で開発した。

それに対して三菱UFJ銀行の勘定系システムは日本IBM、三井住友銀行の勘定系システムはNECのシングルベンダー体制である。

りそな銀行、埼玉りそな銀行、関西みらい銀行、みなと銀行の4行を傘下に抱えるりそなホールディングスは、勘定系システムの開発と運用をNTTデータに、信託業務関連システムの開発と運用を日本IBMにそれぞれアウトソーシングしている。勘定系システムが稼働するメインフレームは日本IBMだが、その上で動くアプリケーションの開発と運用はNTTデータに一元化している。

マルチベンダー体制で開発されたみずほ銀行のMINORIは、メインフレームとUNIXサーバー、Linuxサーバーが混在するシステムアーキテクチャーを採用する。

他のメガバンクは、勘定系システムのコアな部分をメインフレームで稼働している。ここで言うコアな部分とは、預金や為替、融資などに関するサブシステムである。口座振替やチャネル系システムなどはメインフレーム以外のオープン系サーバーで稼働しているケースもある。

チャネル系だけでなく定期性預金や外国為替、融資など勘定系システムのコアな部分についてもオープン系サーバーで稼働させているのは、みずほ銀行のMINORIだけだ。

ただしマルチベンダー体制や勘定系システムのオープン化が、みずほ銀行における度重なるシステム障害の原因になった、という証拠は無い。

本書の第3章でも示したとおり、みずほ銀行のMINORIにおいては、サブシステムごとに開発ベンダーが異なるだけでなく、データベース管理システム（DBMS）などミドルウエアもベンダーやサブシステムごとにバラバラだった。当然ながら運用手順もサブシステムごとにバラバラとなる。マルチベンダー体制であってもミドルウエアやツールなどを統一するといった配慮はしていなかった。

みずほ銀行が他行に比べて貧弱なシステム監視・運用体制で、他行に比べて複雑なシステムを運用していたのだけは間違いない。

ハードの更新タイミングはどこも変わらず

みずほ銀行では2021年から2022年にかけてハードウエアの故障に起因するシステム障害が多発した。しかしハードウエアの更新タイミングについては、みずほ銀行と他のメガバンクで大きな違いはなかった。みずほ銀行以外のメガバンクでも「メインフレームは10年に1度の頻度で、オープン系サーバーは6～7年に1度の頻度で更新する」といった姿勢が見られた。

唯一の例外がりそなホールディングスだ。同社はIBM製メインフレームを約5～6年に1度の頻度で更新している。最新の更新は2021年で、その前の更新は2015年、その前は2008年だった。今後も同じ頻度で更新していく計画だ。

世界的に見れば、りそなホールディングスのようにメインフレームであっても5～6年程度で更新するのが一般的であり、「ハードウエアの長期保守を希望するのは日本企業ぐらいのもの」（ある外資系ITベンダーのエンジニア）だ。「今ではメインフレームであっても、部品レベルではコモディティー（日用品）デバイスと同じ」（別の外資系ITベンダーのエンジニア）である。日本企業特有の「悪弊」が、金融機関一般に広がっているのが実情だ。

第7章

みずほ銀行は立ち直れるのか

みずほフィナンシャルグループ（FG）とみずほ銀行は2022年1月17日に、システム障害の再発防止策を金融庁に提出した。みずほFGは2021年6月にもシステム障害の再発防止策を発表していたが、その後も障害を繰り返した。そのため金融庁は2021年11月に発出した業務改善命令で、みずほFGに再発防止策を見直すよう命じていた。

それに先立つ2021年12月17日には、みずほ銀行が外国為替及び外国貿易法（外為法）に違反した事案に関して、財務省に再発防止策や監査態勢の整備に関する報告書を提出した。まずは問題の構造がよりシンプルな、外為法違反に関する再発防止策から見ていこう。

アンチ・マネー・ロンダリング業務の追加研修や組織の見直しを進める

みずほ銀行では2021年9月30日にシステム障害が発生した際、349件の外国為替（外為）送金がアンチ・マネー・ロンダリング（AML）システムによるチェックを経ずに実行された。財務省はこれが外為法違反だとして、みずほ銀行に対して2021年11月26日に是正措置命令を発令した。

みずほ銀行は外為法違反に関する再発防止策に、AML業務についての追加研修の実施や情報システムの見直し、組織の見直しなどを盛り込んだ。

２０２１年9月30日のシステム障害では、外為送金取引を支援する「統合決済管理システム（ＩＳＣＳ）」の負荷が高まり、外為送金の処理が遅延したため、ＡＭＬシステムによるチェックを省略して送金した。そこでみずほ銀行は関連システムのＣＰＵを増強するほか、システム監視体制を拡充することで、外為送金の処理遅延について再発防止を図る。併せてシステム障害が発生した際のＢＣＰ（事業継続計画）を見直して、障害発生時でも確実に法令を順守できるようにする。

同日のシステム障害では、ＣＣＯ（最高コンプライアンス責任者）やＣＩＯ（最高情報責任者）が出席する「非常対策プロジェクトチーム（ＰＴ）」で、ＡＭＬシステムによるチェックを省略しても法令に沿った対応ができるとの誤った判断を下していた。そこでみずほ銀行はＡＭＬなどに関連する法令や規則を一元的に管理する「法令・規制対応推進チーム」をコンプライアンス統括グループ内に新設するほか、経営陣がＡＭＬに関する情報共有などを図る「ＡＭＬ部会（仮称）」などを新設する。

システム障害の再発防止策は１１３項目

続いて本丸であるシステム障害の再発防止策を見ていこう。みずほ銀行とみずほＦＧがそれぞれ取り組む再発防止策があり、その具体的な内容はみずほ銀行が75項目、みずほＦＧが38項目で合計１１３項目にもなる。

金融庁はみずほ銀行がシステム障害を何度も起こした原因として、「開発や障害対応における品質を確保するための検証の不足」「MINORIの保守管理体制の未整備」「危機対応に関する訓練や研修の不備」を挙げた。つまりは運用に問題があったとする立場だ。

金融庁としては、みずほ銀行が2019年に全面稼働させたMINORIが複雑なシステムであることは認めるが、複雑であること自体を問題としているわけではないとする。真の問題は、複雑なシステムを安定稼働する運用体制を整備できなかったことにあるとして、経営管理（ガバナンス）体制の不備を非難している。

こうした金融庁のスタンスを受け、みずほFGの坂井辰史社長（当時）も2021年11月26日に開いた記者会見で「ハードウエア、ソフトウエア含めてMINORIそのものに大きな欠陥があるという認識ではない」「本来あるべきシステムの運営管理ができていなかった」と主張していた。実際に2022年1月17日に公表したシステム面の再発防止策も、運用体制の再整備が中心になった。

再発防止策は具体的に「システム」「顧客対応・危機管理」「人と組織の持続的強化」の3点について見直すポイントを挙げているので、具体的に見ていこう。

2021年2月28日のシステム障害において顧客に大きな影響を与えたATMの仕様は改め、原則として通帳・カードを返却するようにした。また2月28日のシステム障害

みずほ銀行（BK）が実行する再発防止策

取り組みの内容	項目数
I. 多層的な障害対応力の向上	
i）システムに関する改善対応策	
1．システム障害を予防するための点検・対応	11
2．システム障害発生時の対応力強化	9
3．保守・運用フェーズに相応しい態勢面の強化	6
ii）お客さま対応・危機管理にかかる改善対応策	
1．お客さまの声、営業現場の声を継続的に取り入れるための枠組みの構築	8
2．お客さま・決済影響を軸とした態勢整備	7
3．危機管理態勢の強化	11
Ⅱ．経営管理面での対応高度化	
1．BK におけるガバナンス強化にむけた取り組み	4
2．IT ガバナンスの強化	−
3．内部管理態勢の強化	5
4．監督機能の更なる発揮	3
Ⅲ．真因を踏まえた人と組織の持続的強化	
1．システムリスク管理・対応態勢の高度化	2
2．お客さま影響に対する感度の向上	−
3．ガバナンス機能強化に向けたプロセス高度化	−
4．企業風土の変革	9

合計 75 項目

においては、システム開発部門や運用部門などによる情報連携が十分に機能しておらず、関係部門による対策会議を開くまでに4時間以上を要した。今後はチャットやビデオ会議ができる「Microsoft Teams」やデジタルホワイトボードの導入などによって1時間以内に対策会議を始められるようにする。

2月28日のシステム障害においては、ATMの稼働状況などは社外に運用をアウトソースしていたATMセンターしか把握できなかった。その体制も改め、システムの開発や保守を担当するみずほリサーチ&テクノロジーズ（MHRT）やシステム運用を担当するMIデジタルサービス（MIDS）の拠点でもATMの稼働状況のほか、ATMが稼働する拠点に備え付けた監視カメラが撮影した画像などを確認できるようにする。

部署間の連携不備を招いた要因の1つに訓練不足があった。みずほ銀行とMHRT、MIDSといったグループ横断でのシステム障害訓練は、2018年4月と5月に行った既存システムからMINORIへの移行訓練以降、実施していなかった。このことによって必要な改善策を打つ機会を逃したというわけだ。障害シナリオを改めて見直し、部門横断の訓練を2021年6月から始めた。

ハードウエア機器の点検も進める。2021年8月20日のシステム障害は、稼働開始から6年が経過したストレージ装置でハードディスクが2台続けて故障したことがきっかけとなった。後から確認したところ、ストレージ装置で使用する型番のハードディス

みずほフィナンシャルグループ(FG)が実行する再発防止策

取り組みの内容	項目数
Ⅰ. みずほ銀行(BK)における業務改善計画の検証	―
Ⅱ. みずほフィナンシャルグループ(FG)が行う再発防止策	
ⅰ)システムに関する改善対応策	
1. 人材ポートフォリオの可視化と組織的なけん制体制の強化	9
ⅱ)お客さま対応・危機管理に関する改善対応策	
1. お客さまの声、営業現場の声を継続的に取り入れるための枠組みの構築	1
2. お客さま・決済影響を軸とした態勢整備	1
3. 危機管理態勢の強化・実戦型の訓練、研修	―
Ⅲ. 経営管理面での対応高度化	
1. グループ全体でのガバナンス強化に向けた取り組み	2
2. IT ガバナンスの強化(IT・システムグループ・RT 要員管理態勢を含む)	15
3. 内部管理態勢の強化	4
4. 監督機能の更なる発揮	3
5. 専門人材・外部知見の活用	3
Ⅳ. 真因を踏まえた人と組織の持続的強化	―

重複する内容はカウントせず　　合計38項目

クの故障率が上昇していた。こうした故障の予兆を発見できるよう「ハードウエア機器故障の早期検知、インフラ基盤が『要件通り動作すること』の点検」を進めるとしている。

部門横断の統制組織を復活へ

ＭＩＮＯＲＩの開発中に比べて60％以上も削減した要員についても増員を図る。みずほ銀行は「ＩＴ現場実態を把握する仕組みを構築し、ＭＩＮＯＲＩの『保守・運用フェーズ』にふさわしいリソースを投下・配分（インフラ系人材採用、ベンダー協力態勢強化等を含む）」すると述べている。

「復旧対応時の連携体制、『横断統制』と『現場指揮・統制』の連携ルートを明確化」も進める。みずほＦＧはＭＩＮＯＲＩの開発中、ＭＩＮＯＲＩのサブシステムごとに存在する部門を横断して統制する「横断組織」を設けて、品質などを一元管理していた。しかしＭＩＮＯＲＩの完成後に横断組織を解体したため、部門を横断した故障統制ができなくなっていた。

システム障害発生時には横断組織の後継部署に情報を集約し、各部門を連携させる手はずだった。しかし2月28日にシステム障害が発生した際、後継部署は24時間３６５日体制でシステム障害に対応できる状態になく、障害への対応が後手に回った。

MINORIの完成後に形骸化していた横断統制を復活させる。

顧客影響を考慮した障害対応組織を構築

顧客対応・危機管理面については「平時・有事のいずれにおいても顧客影響を第一に考える意識・行動の徹底、及び、不断の顧客目線を持つ組織態勢の整備」を課題として挙げた。具体的な再発防止策としては「システムを起点とした顧客影響・業務影響の可視化、ウオークスルーによるSCP（システム・コンティンジェンシー・プラン）・BCP（ビジネス・コンティンジェンシー・プラン）の深化（含む法令順守態勢）」などを進める。

金融庁はみずほ銀行において顧客影響を軽視する企業風土があったと厳しく指摘している。例えば2021年8月20日のシステム障害では、営業店での窓口業務が午前9時から始められない状態になったが、顧客に対してそれを告知したのは30分前の午前8時30分だった。2021年2月28日のシステム障害は午前9時50分に始まったが、みずほ銀行のWebサイトでシステム障害について初めて告知したのは午後1時15分のことだった。

システム障害が発生したら、顧客や決済にどのような影響が生じるのか。そうした視点で障害対応の体制を見直し、障害対応シナリオを練り直す。またシステム障害による顧客影響を極小化できるよう、復旧プロセス全体を俯瞰して適切に管理できる部門もつくる。

人と組織の持続的強化については、「役職員一人ひとりが『言うべきことを言う』組織とすべく、ルールや自己の責任範囲を超えた組織的行動力の更なる強化」と「システムの安定稼働等に必要となる経営管理（ガバナンス）態勢の整備」を課題として挙げた。

具体的な再発防止策としては、人員・経費枠の増枠や「様々な層を複線的・双方向につなぐコミュニケーションにより、社員の声を把握し、現場要望起点のアプローチを実施」などを追加した。２０２１年６月に発表した再発防止策では「２０２１年度に人員１６０人、経費枠80億円、投資枠１００億円の規模で人員・経費枠を予備的に拡充」したと説明する。

第三者委員会が実施したみずほFG社員へのアンケート調査によると、ＭＩＮＯＲＩへの移行後に開発部門における要員削減や、維持メンテナンス体制の恒常的な要員不足を指摘する声が多数集まった。さらに、ＭＩＮＯＲＩの構築・設計に携わった有識者が異動や退職でいなくなり、十分なスキル・ノウハウの伝承ができていなかった。

そこでみずほFGは、人材ポートフォリオの可視化と再配置を進める。ＭＩＮＯＲＩに関わる人材のスキルや経験について詳細な一覧を作り、適材適所の体制を整える。

日本IBMから副CIOを招へい、4ベンダーの助言機関を復活

外部人材の登用も進める。みずほ銀行は2021年7月1日付で日本IBM出身の林勇太氏を「IT・システムグループ副グループ長（副CIO）」に招いた。金融機関の副CIOに開発ベンダーの出身者が就任するのは異例だが、林氏当人に適性があるのは間違いない。林氏は2019年7月に全面稼働したMINORIの開発に、ベンダー担当者として2010年から関与してきたからだ。

本書の第5章でも述べたように、みずほFGは2004年から、みずほ銀行、みずほコーポレート銀行、みずほ信託銀行の3つの勘定系システムを1つの新しい勘定系システムに統合するプロジェクトを始めていた。2010年から新しい勘定系システムを日本IBMのメインフレーム上に構築する作業を本格的に始め、このとき林氏は、全ての口座情報や顧客情報を取り扱う「CIF（カスタマー・インフォメーション・ファイル）」のプロジェクトマネジャーとして、後にMINORIと呼ばれる新しい勘定系システムの開発に参画した。

みずほFGはMINORIの主な開発について、日本IBMに加えて富士通、日立製作所、NTTデータの4社に分割発注した。これら「主要4ベンダー」はMINORIの開発初期である2012年12月に、新勘定系システムのアーキテクチャーや実装方針

を議論する「技術アドバイザリーデスク」を組織し、週3回のペースで議論を重ね、みずほ銀行やMHRT（当時はみずほ情報総研）に対してシステム開発の方向性をアドバイスした。林氏はそのメンバーであり、MINORIの全体像を把握する立場にもあったわけだ。

みずほFGはシステム障害の再発防止策として、技術アドバイザリーデスクも復活させた。再発防止策の実行はMINORIの開発と同様に、主要4ベンダーの「監修」のもとで進む。元の技術アドバイザリーデスクのメンバーだった林氏は、主要4ベンダーとのつなぎ役としても適任と言える。

さらに2022年4月1日付で、みずほFGのグループ執行役員として日本IBMの下野雅承名誉顧問を招へいする。下野氏はみずほ銀行の非常勤取締役にも就く。みずほFGで指名委員長を務める甲斐中辰夫取締役は2022年1月17日の記者会見で下野氏の役割について「IT戦略やガバナンスに関し、経営陣への提言などの役割を担ってもらう予定だ」と説明した。2022年2月にみずほFGの社長に就任した木原正裕グループCEO（最高経営責任者）も同じ2022年1月17日の記者会見で「（システムの）アーキテクチャーや品質について、大所高所から見てほしい」と期待を語った。

下野氏のキャリアは日本IBM一筋だ。1978年に入社し、2001年に取締役就任。取締役副社長執行役員や取締役副会長などを歴任し、2020年に名誉顧問になった。顧客企業のシステム運用などを担うグローバル・テクノロジー・サービス（GTS）部門が長い。

システム障害を「語り継ぐ」取り組みも

システム障害に関する再発防止策としては一風変わった取り組みもある。「定期的・継続的なシステム障害の語り継ぎ」だ。

みずほ銀行はこの内容について「〈みずほ〉の価値観の共有やシステム障害を胸に刻み続けるために、集中的に振り返る期間を設定のうえ、トップメッセージ発信・研修・訓練等を実施し、定期的・継続的なシステム障害の語り継ぎ（当事者の語り継ぎ映像配信など）を行って参ります」とする。

みずほ銀行で2002年、2011年、そして2021年と大規模システム障害が繰り返されてきた原因の一つに、システム障害の教訓が時間の経過と共に風化したことがあった――。みずほFGやみずほ銀行はそのような認識を持っている。みずほFGの木原社長は2022年1月17日の記者会見で「過去の取り組みが継続せず、失敗を繰り返すのはなぜか。これを真摯に振り返り、今度こそ変わるという強い決意で、改めてお客様、社会から信頼いただけるみずほを形作る。そのために経営自らがコミットし、自ら具体的に取り組み、障害の教訓を決して風化させることなく、継続していく」と語った。風化させない手段が「語り継ぎ」というわけだ。IT業界や金融業界では聞かない取り組みだ。みずほ銀行の藤原弘治頭取は2022年1月17日の記者会見で「航空業界あるいは航空会社、さらには鉄道会社は、過去に様々な事故や障害を起こした中で、(教訓を)風化させないという強い思いで続けている取り組みがある」と語った。航空会社や鉄道会社で行われている事故の教訓を風化させない取り組みがヒントになったようだ。

DBMSやミドルウエアは統一へ

再発防止策には、MINORIの仕組みや構造の見直しは盛り込まれなかった。しかしMINORIに関してはまもなく、ハードウエアの更新に伴うシステム改修が始まる。MINORIのハードウエアは2015年に稼働したものであり、既に稼働から7年が経過した。オープン系サーバーの更新間隔は6~7年が一般的だ。

みずほ銀行はハードウエアの更新に合わせて、MINORIのDBMSやミドルウエアなどの統一を検討している。MINORIでは勘定系システムのコアの部分で、日本IBMの階層型データベースであるIMSやリレーショナルデータベース(RDB)であるDb2、富士通のRDBであるSymfoware Server、日立製作所のRDBである

HiRDBを使っている。この中でも2021年2月28日にシステム障害が発生した「定期性預金システム」で使われるSymfowareなどが置き換えられる可能性が高い。

MINORIのサブシステムの中には、ITベンダーが開発したパッケージ製品を採用しているものがあるが、それらについてはDBMSやミドルウエアの変更は難しそうだ。例えば2021年8月20日にシステム障害が発生した「業務チャネル統合基盤」は、富士通のパッケージ製品を採用する。同じパッケージ製品は日本の他の大手銀行も営業店端末の制御に使っている。業務チャネル統合基盤のDBMSはSymfowareだが、こちらについては統一化の対象外になりそうだ。

ただし今後は、営業店端末を使った新しい業務に対応する際には、既存の業務チャネル統合基盤を改修するのではなく、新しいシステムを導入していく見込みだ。近年、営業店端末を使った業務においては、従来のようなキーボード入力（打鍵）が伴う業務の比重が下がり、顧客が記入した書類を光学式文字読み取り装置（OCR）で電子化してシステムで使用するといった新しいタイプの業務が増えている。こうした新しいタイプの業務には、新しいシステムで対応する。

新しい運用人材を育成し、SREの実践を目指す

みずほ銀行が今後取り組む最大の課題は、システムの保守・運用体制の再構築だ。

みずほ銀行の関係者は「顧客影響の視点で、システムの稼働状態が分かる仕組みを作る」と語る。店頭やATM、インターネットバンキングなどで顧客へのサービスに影響が生じていないかリアルタイムに把握できる運用監視システムを新たに構築するだけではない。システムを安定稼働させる仕組み作りを担える新たなシステム運用人材を育てる。「保守・運用を担う人材には、自分で課題を見つけ出す能力が必要」（みずほ銀行関係者）だが、そのような人材がみずほ銀行には不足している。

MHRTは2021年2月のシステム障害以降、別のシステム開発プロジェクトへ異動させていたMINORI開発経験者を、MINORIの保守・運用部門に戻している。しかしシステムの設計や開発をした経験があるからといって、システムを安定稼働する仕組みが作れるとは限らない。「設計だけが分かる人材ではなく、システムの課題と解決方法が分かる人材を育てていく必要があった」（みずほ銀行関係者）。そうした人材を育てる。

みずほ銀行に見られたようなシステム運用の軽視は、日本だけでなく世界中のIT業界が長らく抱えていた課題でもあった。しかし近年、システム運用を軽視する風潮は急速に変わり始めている。システムを安定稼働させる仕組み作りは「SRE（サイト・リライアビリティー・エンジニアリング）」と呼ばれるシステム工学の新分野として、世界中で注目されている。

ＳＲＥという概念を作り出したのは米グーグルだ。ＳＲＥにおける運用担当者は、決められた手順に従ってツールを操作するオペレーターではない。高度なソフトウエア技術を駆使して、システムを安定稼働させる仕組みを作り、常に改善し続けるエンジニアである。

ＳＲＥにおいてはシステムの安定性は、ハードウエアの稼働率といったＳＬＡ（サービス・レベル・アグリーメント）によって計測されるのではなく、顧客にとってのシステムのレスポンスタイム（応答時間）といったＳＬＩ（サービス・レベル・インジケーター）やＳＬＯ（サービス・レベル・オブジェクティブ）によって計測される。ＳＲＥとは顧客視点で考える取り組みなのだ。

日本ではスタートアップを中心に広がるＳＲＥだが、日本の大手金融機関の中にも「ＳＲＥの実践」を次なる課題として挙げる企業が増え始めている。

みずほ銀行の運用部門が開発部門と対等な立場となり、一丸となってＳＲＥを実践する。それがみずほ銀行の再生にとって第一歩になるだろう。

2022年1月17日に発表したみずほ銀行の再発防止策（その1）

I．多層的な障害対応力の向上

i）システムに関する改善対応策

1．システム障害を予防するための点検・対応				
大項目	中項目	再発防止策	追加	対応時期
（1）アプリケーションの点検				
	①	未稼働分サービスについて、当初のリリース判定時から品質を保持していることの確認に加え、対象の取引サービスの追加確認テストを実施		実施済
	②	重大障害につながるエラーの波及影響と対策の確認		
		重大エラー発生時のMINORIの動作確認とシステム対応計画を策定し、動作確認の結果に基づくシステム対応を実施		実施済
		基盤系システムを対象とし、重大障害となりうるシステムエラーをテスト環境において人為的に発生させ、MINORIシステム上の挙動や周辺システムも含めた波及影響を実機で確認		2022年9月
	③	安定稼働に必要なメンテナンス内容の点検		
		取引量の増加等のシステムへの影響と対応要否等、MINORIの安定稼働に必要な維持・メンテナンス内容の点検を実施		2022年3月以降順次
		システム処理状況等の点検内容を共有し、システム仕様・リスク懸念事象の発生状況の点検・確認を実施	○	2022年6月
（2）インフラ基盤の点検				
	①	ファームウエアに関する対応・点検		

2022年1月17日に発表したみずほ銀行の再発防止策（その2）

	障害発生ファームウエアに関する対応・点検と類似点検を実施		実施済
②	保守期限管理		
	保守期限内に更改すべき機器の明確化・保守期限超過有無の点検		実施済
	その結果を踏まえたシステム対応方針の策定		2022年3月
	点検範囲拡大		2022年3月
	機器更改の検討が実施される仕組みの構築	○	実施済
	保守期限内に更改すべき機器の適用対象の拡大		2022年3月
③	製品バグ情報等管理すべき事項と管理方法の明確化	○	
	バグ情報等の管理に関する規定の明確化	○	実施済
	バグ情報の分析対応の実施	○	2022年3月
④	予兆管理・予防保守対応の強化	○	
	ハードウエア機器の管理強化に向けた定期点検の実施	○	2022年4月
	重要機器における予防保守の実施	○	実施済
	予防保守に向けたディスク装置の点検の実施	○	2022年3月
	追加の重要機器のディスク装置の点検計画策定	○	2022年3月
	重要機器における予防保守に向けたディスク装置の点検の規定化	○	2022年3月
⑤	システム自体の適切な稼働の確保	○	
	「インフラ基盤が要件どおりに動作することの点検」の計画策定、先行システムにおける実施	○	2022年3月

2022年1月17日に発表したみずほ銀行の再発防止策（その3）

		規定化	○	2022年6月
（3）開発案件のプロジェクト態勢強化				
	①	開発工程に関する規定・手続書・チェックリスト等の整備		実施済
	②	リリースに関する規定・手続書・チェックリスト等の整備		
		オンサイトでの稼働状況確認の明確化、最大リスクを想定した立ち合い態勢の明確化、リリース実施可否判断時の確認・検証事項の明確化		実施済
	（4）発生障害におけるシステム仕様変更等の対応			
	①	ATM で使用するカード・通帳の取込仕様について、カード・通帳を返却するシステム仕様へ変更		実施済

2．システム障害発生時の対応力強化				
大項目	中項目	再発防止策	追加	対応時期
（1）監視システムの改善				
	①	開発部門における影響把握の実効性向上		実施済
	②	運用部門における監視の迅速性・正確性向上		
		システムエラー検知メッセージの出力・警告方法の見直し、システムエラー報告基準見直し・システム対応		実施済
		システムエラー報告基準見直し範囲の拡大・基準の妥当性の定期確認を規定化	○	2022年3月
	③	ダッシュボード等障害対応状況確認ツールの高度化	○	2022年9月

2022年1月17日に発表したみずほ銀行の再発防止策（その4）

（2）SCP（システム・コンティンジェンシー・プラン）の見直し				
	①	複数システムをまたがる横断的な障害シナリオの策定、事務処理時限等を意識した復旧マニュアルの改善		実施済
	②	SCPの実効性を向上する取り組みの実施	○	
		システムの関連性（依存関係）を踏まえたSCP横断シナリオの追加	○	2022年4月
		SCPに関する教育・啓蒙の強化	○	2022年6月
		SCP関連ドキュメント類を活用するためのツール化	○	2022年9月
（3）SCPに基づく訓練				
	①	実機を使用した実戦型訓練の実施		2022年5月
	②	実戦型訓練に関する年次のPDCA運営の確立	○	2022年5月
（4）障害分析力の向上				
	①	障害情報の収集範囲の拡大、障害分析の切り口の拡充、情報の横展開・共有に関する強化		実施済
	②	システム所管部における原因分析力の強化	○	2022年3月

3．保守・運用フェーズに相応しい態勢面の強化				
大項目	中項目	再発防止策	追加	対応時期
（1）人材に関する強化				
	①	MINORIの安定稼働を確保する人材の適正配置		
		人材の可視化を踏まえた人材補強要否の点検、追加配置		実施済
		人材配置実施後の追加の人員配置	○	2022年3月

2022年1月17日に発表したみずほ銀行の再発防止策（その5）

	みずほ銀行（BK）IT・システムグループおよびみずほリサーチ&テクノロジーズ（MHRT）における要員管理態勢の構築		2022年3月
	主要協力会社（常駐ベンダー等）を含めたMINORIに関する専門知識・スキル・ノウハウの可視化		2022年3月
②	横断的仕様統制・制御系人員・ベンダー協力体制		
	委託先における横断的仕様統制・制御系人員の増強		実施済
	「技術アドバイザリーデスク」の役割機能の見直しおよび運営の定着化	○	2022年3月
（2）組織・体制に関する強化			
①	技術・品質統制組織の設置および委託先管理を含むけん制体制強化		
	「IT基盤・プロジェクト統括部」の新設		実施済
	開発・運用会社や外部ベンダーとの委託関係、管理態勢の再点検		実施済
	復旧対応体制の整理・明確化	○	実施済
	復旧マネジメントの強化	○	2022年3月
（3）マネジメント・ガバナンスに関する強化			
①	経営・マネジメント層における外部人材登用		実施済
②	システムリスクに関するチェック態勢の強化	○	実施済
③	ITガバナンスの強化	○	
	現場の課題や実態を多面的に捉える仕組みの構築	○	2022年3月

2022年1月17日に発表したみずほ銀行の再発防止策（その6）

		現場実態を踏まえた施策立案・推進を担う統括機能の新設	○	2022年4月
		現場実態の把握を踏まえたIT・システムグループとしての方針立案・経営資源配分への反映	○	2022年3月
		BK IT・システムグループの現場力強化・士気向上	○	2022年6月

ⅱ）お客さま対応・危機管理にかかる改善対応策

1．お客さまの声、営業現場の声を継続的に取り入れるための枠組みの構築				
大項目	中項目	再発防止策	追加	対応時期
（1）お客さまサービスの点検				
	①	お客さまや営業部店からの声、システム障害について、過去3年に遡り点検を実施、改善対応済みもしくは改善予定を確認		実施済
	②	継続的に点検する枠組みの構築	○	2022年3月
（2）外部情報や声も活用した1・2線強化				
	①	サービス品質向上推進者配置		実施済
		コミュニケーター・本部チューター設置および日常的・双方向コミュニケーションの枠組み整備		実施済
	②	施策展開前のパブコメ制度の導入	○	実施済
	③	お客さまの声や外部情報等を1・2線の強化に活用する組織を設置		
		VoC（お客さまの声）データ解析チームを設置		実施済
		収集した声を経営・本部・営業部店で共有する枠組み構築		2022年9月

2022年1月17日に発表したみずほ銀行の再発防止策(その7)

	④	お客さまや現場の声等を踏まえた対応策や経営資源配分の検討	○	実施済
		枠組みの構築	○	2022年3月
(3)ユーザーのシステムオーナーシップ強化と人材交流				
	①	ユーザーの説明責任の明確化によるシステムオーナーシップ強化		実施済
	②	IT・システムグループとユーザー部間の人材交流		2022年4月

2. お客さま・決済影響を軸とした態勢整備

大項目	中項目	再発防止策	追加	対応時期
(1)BCP(ビジネス・コンティンジェンシー・プラン)見直し				
	①	夜間・休日対応の強化		実施済
	②	BCPの精緻化・年度運営強化		
		BCP処理能力向上を目的としたツール等の導入可否検討、外為送金カットオフタイム超過時のBCP対応の具体化等	追加	2022年6月
(2)SCP・BCP融合と対応力強化				
	①	BCP個票の大くくり化、各システム構成図を踏まえたSCPとの融合、「業務別方針書」の作成		実施済
	②	業務別方針書に沿ったSCP・BCPを確認する観点でのウオークスルーと訓練、平時の運用確認も含めた新たなウオークスルーをシステム・ユーザー・危機管理・リスク・コンプライアンス部門横断で実施	○	2022年6月
	③	お客さま影響を自ら考える実戦型訓練の拡充		2022年3月

2022年1月17日に発表したみずほ銀行の再発防止策（その8）

（3）営業部店・本部駆け付け体制整備				
	①	障害発生時の駆け付け体制整備		実施済
	②	営業部店への追加デバイスの配布		2022年6月

3．危機管理態勢の強化				
大項目	中項目	再発防止策	追加	対応時期
（1）障害発生時の情報集約・リスクコントロール機能の強化			○	2022年3月
（2）検知後1時間以内の対応協議				実施済
（3）ATM監視体制やSNS情報の共有等による早期のお客さま影響検知				実施済
（4）主要30業務・サービス別に本部横断ネットワークを整備し具体的業務影響について即座に確認できる体制を整備				実施済
（5）多様な告知手段活用				
	①	SNSを活用した告知体制の整備		実施済
	②	お客さま告知の更なる実効性の向上	○	実施済
	③	ATMにおけるエラー発生時の告知手段の多様化	○	2022年4月
（6）コミュニケーションツール拡充				
	①	多方面コミュニケーションツールによる夜間・休日の危機対応力強化		実施済
（7）自分事として行動する意識面からの研修の拡充				2022年4月
（8）平時からの対応体制強化				
	①	リスク予兆情報の収集・活用態勢の高度化		2022年3月
	②	役割に応じた緊急時の広報対応力強化		2022年3月

2022年1月17日に発表したみずほ銀行の再発防止策（その9）

Ⅱ．経営管理面での対応高度化

1．BKにおけるガバナンス強化にむけた取り組み				
大項目	中項目	再発防止策	追加	対応時期
（1）現場実態把握の強化				
	①	現場実態の的確な把握	○	
		複線的な情報ルートを通じ、「商品・サービス・事務品質に関する現場・お客さまニーズ」や「戦略・施策と現場実態とのGAP」等の目線で実態把握を向上	○	表記無し
	②	戦略・施策に関する現場との共有	○	
		トップからの直接のメッセージ発信や説明機会、各部門UGでのきめ細かい説明の場など、様々なレイヤーから同一または異なるレイヤーに対して、複線的に説明の場や機会を設定することで、戦略・施策の趣旨を共有するためのコミュニケーションを強化	○	表記無し
（2）ガバナンス機能強化に向けたプロセス高度化			○	
	①	経営戦略・経営資源配分計画の策定プロセス高度化	○	2022年3月
	②	戦略遂行リスクのコントロール態勢の強化	○	2022年3月

2．ITガバナンスの強化
「ⅰ）システムにかかる改善対応策」における同項目の内容と同じ

2022年1月17日に発表したみずほ銀行の再発防止策（その10）

3．内部管理態勢の強化				
大項目	中項目	再発防止策	追加	対応時期
（1）システムリスク管理態勢の高度化				
	①	MINORI仕様の特性にふさわしい有効なけん制を働かせるべく、外部目線も活用し、システム障害内容の分析に加え、今後はハードウエアの故障管理や保守期限を活用したシステムリスク予兆管理の状況、SCPの整備・訓練の状況、IT要員の配置の適切性、BKによるみずほリサーチ&テクノロジーズ（RT）に対する委託先の定期評価等や、戦略遂行・資源配分を踏まえたシステムリスク全体についても継続的に報告する等、IT戦略推進委員会の見直し・高度化を実施		2022年6月
	②	上記に加え、システムリスクにとどまらないリスクカテゴリーにおける知見・観点も活用した上で多面的なモニタリングを行い、各種委員会等での報告を実施		2022年6月
（2）法令遵守態勢の整備			○	
	①	外為法令等および関連ルールに対する役職員の知識・意識の徹底した向上	○	2022年4月
		緊急時においても適切な検討・判断が行われる仕組みの構築	○	実施済
		システム面の見直し	○	2022年3月
		AML・CFT等業務に関するBCPの拡充・体制整備	○	2022年1月
		関係部署間での定期的なコミュニケーションの実施	○	2022年1月

2022年1月17日に発表したみずほ銀行の再発防止策（その11）

		法令諸規則の見直しにも適切に対応し得る統制・けん制機能の強化	○	2022年4月
		改善・再発防止策の着実・継続的な実行を支える「組織・人材」「経営の関与」の強化	○	2022年3月
	②	法令順守態勢全般のさらなる強化に向けた対応策	○	
		定期的かつ継続的に実施中の全行的なコンプライアンス研修の高度化	○	2022年4月
		法令諸規則の定期的な自己点検に関する実効性の強化	○	2022年2月
（3）内部監査態勢の強化				
	①	新カテゴリー「システム開発案件監査」の設定によるIT開発統制の監査に関する見直しや、IT全般統制におけるリスク評価・リスク予兆管理のあり方の見直し等によりIT監査態勢の拡充に取り組むとともに、リスク評価の枠組み見直し等リスクベース監査の実効性向上に資する枠組みの整備・構築を検討	○	2022年3月

2022年1月17日に発表したみずほ銀行の再発防止策（その12）

4．監督機能の更なる発揮				
大項目	中項目	再発防止策	追加	対応時期
（1）取締役会・監査等委員会等の機能発揮			○	
	①	多面的な情報収集力の強化	○	2022年4月
		みずほフィナンシャルグループ（FG）およびBKを含む各エンティティにおける社外取締役の情報収集力を強化する観点より、取締役会室・監査等委員会室から情報共有の充実、社外取締役間の意見交換や職場訪問を含めたグループ役職員との直接・間接のコミュニケーション機会の充実に取り組み	○	
	②	エンティティの役割を踏まえた専門性の充実	○	2022年3月
		FGおよびBKを含む各エンティティが果たすべき役割を踏まえた監督機能を強化する観点より、取締役会等における、外部人材や外部専門家の拡充に取り組み（BK取締役会における社外も含めた取締役の拡充等を検討）	○	2022年3月
	③	経営陣に対するフォローアップ等の強化	○	2022年3月
		取締役会等における議論を通じて確認された課題等について、おのおのの会議体において可視化のうえで共有するなど、執行サイドをフォローする仕組みを高度化		

2022年1月17日に発表したみずほ銀行の再発防止策（その13）

Ⅲ．真因を踏まえた人と組織の持続的強化

1．システムリスク管理・対応態勢の高度化				
大項目	中項目	再発防止策	追加	対応時期
（1）システムリスク管理態勢の高度化				
		「Ⅱ．経営管理面での対応高度化」にある同項目の内容と同じ		
（2）専門人材の活用と成長の促進				
	①	社員一人一人について、専門性を高めていくための関連部門横断的なキャリア開発を進める枠組みの導入		2022年4月から
	②	組織マネジメントを担う階層においても必要に応じて外部人材を採用、能力および専門性を有する人材育成、人材プール形成の実施		実施中

2．お客さま影響に対する感度の向上				
大項目	中項目	再発防止策	追加	対応時期
（1）お客さまの声、営業現場の声を継続的に取り入れるための枠組みを構築するとともに、BCPの実効性維持・向上の観点から、お客さま・決済影響を軸とした態勢整備				
		「Ⅰ．多層的な障害対応力の向上」にある「1．お客さまの声、営業現場の声を継続的に取り入れるための枠組みの構築」と「2．お客さま・決済影響を軸とした態勢整備」と同じ		
（2）危機管理態勢の強化				
		上記の「3．危機管理態勢の強化」と同じ		

2022年1月17日に発表したみずほ銀行の再発防止策（その14）

3．ガバナンス機能強化に向けたプロセス高度化
「Ⅱ．経営管理面での対応高度化」にある同項目の内容と同じ

4．企業風土の変革				
大項目	中項目	再発防止策	追加	対応時期
（1）企業風土に関する経営の取り組みにおける課題認識			○	
	①	社員が自由に行動・発言できる環境や雰囲気の醸成	○	表記無し
		社員の力を引き出しその声をしっかりと受け止める姿勢、各所掌を越える経営陣の闊達な議論、過度な内部作業を強いられる社員への目配り等	○	表記無し
	②	価値観の共有	○	表記無し
		お客さま・社会に向き合う〈みずほ〉の価値観の共有、腹落ち感の醸成等	○	表記無し
	③	これまでの取り組みの継続性	○	表記無し
		上意下達にとどまらない対話や発信および社内浸透への継続的な取り組み	○	表記無し
（2）経営としてのコミットメント			○	
		お客さま・社会にしっかりと向き合い、社員を大切にする。これらを通じて、お客さま・社会に向き合う人財を育み、誰もが自律的に行動し、建設的に議論できる組織へと〈みずほ〉を変革する。そうした不断の取り組みに向けて、経営が自らの行動様式を改めて見つめ直し、業務運営の変革に具体的かつ継続的に取り組む	○	表記無し

2022年1月17日に発表したみずほ銀行の再発防止策（その15）

（3）課題認識を踏まえた企業風土の変革の取り組み			○	
	①	お客さま・社会に一層向き合う組織となるための業務スタイル	○	
		・経営主導による内部業務見直し	○	
		社内会議の抜本的な簡素化・削減	○	2022年3月
		役員間コミュニケーションの一層の活性化	○	継続実施中
		現場・本部における業務の廃止・簡素化	○	2022年度上期
	②	働きやすい・働きがいのある職場づくりを実現する双方向コミュニケーション	○	
		・社員と経営の対話	○	
		社員との対話型座談会の積極的な実施	○	継続実施中
		経営へのダイレクトな意見投稿の枠組み設置	○	2022年3月
		・現場・本部のコミュニケーション	○	
		営業部店コミュニケーター・本部チューター制度の拡大	○	2022年3月
		社員パブコメ制度（現場の施策検討プロセス参画）	○	継続実施中
		本部コミュニケーションへの営業部店アンケート	○	2022年1月以降
		・インフラ・環境整備を通じたコミュニケーションの促進	○	
		デジタルデバイスの追加配布	○	2022年度上期

2022年1月17日に発表したみずほ銀行の再発防止策（その16）

		トップメッセージ発信等も可能な社内SNS導入	○	2022年度上期
	③	法令順守のもとでの主体的行動を後押しする枠組み・環境	○	
		・法令順守を前提とした、プリンシプルベースの任せる業務運営	○	
		権限委譲と適切な執行、リスクも適切にみる業務運営	○	2022年度上期
		積極的対話を通じたリーダーシップかん養・人材育成	○	継続実施中
		・人財への取り組み	○	
		インクルーシブな社員間の相互関係構築への取り組み	○	2022年度上期
	④	〈みずほ〉の価値観の共有	○	
		トップによる分かりやすい言葉での継続的発信	○	2022年度上期以降
		定期的・継続的なシステム障害の語り継ぎ	○	2022年2月以降
	⑤	客観的情報に基づくフォロー	○	
		社員エンゲージメント等の定量的情報も含めた社内・社外への開示	○	表記無し

2022年1月17日に発表したみずほフィナンシャルグループの再発防止策（その1）

Ⅰ．みずほ銀行（BK）における業務改善計画の検証

Ⅱ．みずほフィナンシャルグループ（FG）が行う再発防止策

ⅰ）システムに関する改善対応策

1．人材ポートフォリオの可視化と組織的なけん制体制の強化				
大項目	中項目	再発防止策	追加	対応時期
（1）新人事制度構築				2022年9月
（2）経営・マネジメント層における外部人材登用				実施済
（3）開発案件のプロジェクト態勢強化				2022年3月
	①	開発工程の継続的なリスクモニタリング態勢の強化		
（4）システムリスク管理				
	①	システムリスク評価・プロジェクト審査における審査観点、エビデンス具体化等の明確化等		実施済
	②	リスク管理委員会での検討内容の高度化	○	2022年6月
（5）システム更改・更新等に関する管理態勢整備				
	①	システム更改・更新等の計画に対する管理ルールの規定化		2022年1月
	②	BKのシステム更改・更新等に関する管理態勢の検証の実施		2022年3月
（6）内部監査態勢の拡充			○	
	①	MINORIに知見のある人材を業務監査部に配置（人材の有効活用の観点からFG・BK兼務）	○	実施済

2022年1月17日に発表したみずほフィナンシャルグループの再発防止策（その2）

	②	IT監査態勢の拡充とリスクベース監査の実効性向上に資する枠組みの整備・構築を検討し、経営に資する監査の実践を促進。主要グループ会社における内部監査の体制・手法等の適切性を精査することにも活用	○	2022年3月

ⅱ）お客さま対応・危機管理に関する改善対応策

1．お客さまの声、営業現場の声を継続的に取り入れるための枠組みの構築				
大項目	中項目	再発防止策	追加	対応時期
（1）ユーザーのITオーナーシップ強化と人材交流				2022年4月
	①	ユーザー部門においてもITオーナーシップ力を支えるシステム知見・人材を継続的に蓄積することを目的とした人事運用を2021年9月より開始。短期トレーナーによる相互交流も開始		

2．お客さま・決済影響を軸とした態勢整備				
大項目	中項目	再発防止策	追加	対応時期
（1）BCP見直し（想定シナリオの追加）			○	2022年6月

3．危機管理態勢の強化・実戦型の訓練、研修
みずほ銀行の再発防止策にある「危機管理態勢の強化」と同じ

2022年1月17日に発表したみずほフィナンシャルグループの再発防止策（その3）

III. 経営管理面での対応高度化

1．グループ全体でのガバナンス強化に向けた取り組み				
大項目	中項目	再発防止策	追加	対応時期
（1）現場実態把握の強化				
	①	現場実態の的確な把握		表記無し
	②	戦略・施策に関する現場との共有（みずほ銀行の再発防止策と同じ）	○	
（2）グループ全体のガバナンス機能強化に向けたプロセス高度化				
		みずほ銀行の再発防止策と同じ		

2．IT ガバナンスの強化（IT・システムグループ・RT 要員管理態勢を含む）				
大項目	中項目	再発防止策	追加	対応時期
（1）IT 現場実態の把握			○	
	①	FG・BK・みずほリサーチ＆テクノロジー（MHRT）・MI デジタルサービス各社1線の課題を多面的に捉える枠組み	○	
		各社現場の課題や実態を多面的に捉える仕組みの構築	○	2022年3月
	②	現場実態を踏まえた施策立案・推進機能の構築	○	
		グループ全体の統括機能の FG への新設	○	2022年4月
		現場実態を踏まえた施策立案・推進を担う統括機能の BK・MHRT への新設	○	2022年4月
		MHRT 経営が現場力強化を推進していくための新たな委員会設置	○	2022年4月

2022 年 1 月 17 日に発表したみずほフィナンシャルグループの再発防止策（その 4）

	各社間での現場課題・実態共有および対策協議等の運営具体化	○	2022 年 3 月
（2）現場実態の把握を踏まえた IT・システムグループとしての方針立案・経営資源配分への反映			
①	ベンダー等の外部知見やリソースを幅広く活用する枠組みの構築	○	実施済
②	上記①に関する実務的事項・プロセスの具体化	○	2022 年 3 月
③	BK の IT・システムグループおよび RT における要員管理態勢の構築	○	2022 年 月
④	BK の IT・システムグループおよび RT の 1 線対応に対する 2 線のモニタリング・チェック態勢の整備	○	2022 年 3 月
（3）BK の IT・システムグループおよび RT の現場力強化・士気向上			
①	IT・システムグループおよび RT 現場が自発的に問題解決に取り組む枠組みの構築	○	2022 年 3 月
②	RT における機動的かつ現場実態を踏まえた人事の枠組み構築	○	2022 年 3 月
③	システムおよびユーザー業務の理解促進に向けた運営具体化	○	2022 年 3 月
④	外部専門人材の知見も活用した品質強化プロジェクトの具体化	○	2022 年 3 月
⑤	障害発生時の SCP・BCP リストの点検・整備	○	2022 年 6 月
⑥	業務プロセス改善	○	2022 年 3 月
⑦	RT の行動軸策定を通じたカルチャー確立に向けた取り組みの浸透・具体化	○	2022 年 3 月

2022年1月17日に発表したみずほフィナンシャルグループの再発防止策(その5)

	⑧	RTのIT部門における経営から担当者までの全層での研修	○	2022年3月
	⑨	BKのIT・システムグループおよびRTにおける安定稼働を支える従事者に対する評価運営の具体化	○	2022年3月

3．内部管理態勢の強化				
大項目	中項目	再発防止策	追加	対応時期
(1)システムリスク管理態勢の高度化				
	①	FGは、MINORI仕様の特性にふさわしい有効なけん制を働かせるべく、外部目線も活用し、システム障害内容の分析に加え、今後はハードウエアの故障管理や保守期限を活用したシステムリスク予兆管理の状況、SCPの整備・訓練の状況、IT要員の配置の適切性等を、グループ各社からの報告に対して検証を行い、戦略・資源配分等を踏まえたシステムリスク全体についても、継続的に報告する等、FG IT戦略推進委員会の見直し・高度化を実施		2022年6月
	②	FGは、当社グループが保有するリスクを一元的に把握・管理する目線で、グループ各社からの報告も踏まえた共通の要因の確認や気付きの横展開・各種委員会等での報告を実施		2022年6月
(2)トップリスク運営			○	
	①	リスク管理委員会での検討内容高度化	○	
		トップリスクコントロール強化に関する基本的な方針の策定	○	2022年3月

2022年1月17日に発表したみずほフィナンシャルグループの再発防止策（その6）

		方針の順守状況モニタリングの実施	○	2022年9月
		強化方針・施策に基づくリスクモニタリングの実施	○	2022年6月
	②	監督サイドの取り組み	○	
		リスクベースのアプローチにより、監督サイドの総体としてのモニタリングの実効性向上に取り組む態勢を構築（リスク委員会における議論の焦点の明確化、各委員会等の年間議案計画の共有等）	○	2022年4月
（3）法令遵守態勢の整備				
		みずほ銀行の再発防止策と同じ		
（4）内部監査態勢の強化				
		「ⅰ）システムに関する改善対応策」における同項目の内容と同じ		

2022年1月17日に発表したみずほフィナンシャルグループの再発防止策(その7)

4．監督機能の更なる発揮				
大項目	中項目	再発防止策	追加	対応時期
(1)取締役会・監査委員会等の機能発揮			○	
	①	多面的な情報収集力の強化	○	2022年4月
		FG取締役会においては、従来から行われている執行側からの定例報告にとどまらず、BKを含む主要エンティティトップからの執行状況を定例化するほか、グループベースでの社外取締役の意見交換の機会を設定することに加え、FG監査委員会においては、内部監査グループからの報告頻度を向上	○	
	②	エンティティの役割を踏まえた専門性の充実	○	
		FGおよびBKを含む各エンティティが果たすべき役割を踏まえた監督機能を強化する観点より、取締役会等における、外部人材や外部専門家の拡充に取り組み(FGリスク委員会における委員の拡充もしくは外部専門家の活用の検討)	○	2022年9月
	③	経営陣に対するフォローアップ等の強化	○	2022年3月
		取締役会等における議論を通じて確認された課題等について、おのおのの会議体において可視化のうえで共有するなど、執行サイドをフォローする仕組みを高度化	○	

2022年1月17日に発表したみずほフィナンシャルグループの再発防止策（その8）

5. 専門人材・外部知見の活用				
大項目	中項目	再発防止策	追加	対応時期
（1）専門性が求められる経営人材の育成				
	①	各グループがより機能を発揮するための執行体制構築に関する人選や候補者育成の指針となる「人物像」について、人事検討会議や取締役会において必要な議論を行ったうえで、明示的なものとして策定		2022年2月
（2）IT・システムグループにおける外部専門人材・知見の活用				
	①	外部専門人材・知見の活用が必要なIT業務と活用方法の明確化		実施済
	②	外部専門人材・知見の活用状況に関するモニタリング・継続改善等の枠組み構築		2022年3月

Ⅳ. 真因を踏まえた人と組織の持続的強化
BKと同じ再発防止策をグループベースで推進

第8章

「4度目の正直」はなるか

2021年の度重なるシステム障害によって金融庁から業務改善命令を受けてから2年。みずほフィナンシャルグループ（FG）とみずほ銀行が1つの節目を迎えた。2024年1月、金融庁から課されてきた定期報告が不要となり、業務改善命令が事実上解除されたのだ。

2002年と2011年に大規模システム障害を起こし、情報システムの安定稼働に向けて新勘定系システム「MINORI」を2019年に稼働させたが、「3度目」を防げなかったみずほ。金融庁から「言うべきことを言わない、言われたことだけしかしない姿勢」と異例の非難を受けた企業風土は、2年の改善施策で変わったのか。

「展示室」に刻んだ原点
全銀システム障害対応で得た手応え

みずほFGが本社を構える大手町タワーの15階に、同社にとって忘れがたい記憶を刻んだ部屋がある。2002年と2011年、そして2021年に起こした14のシステム障害を図解入りで解説したパネル、苦情を訴える顧客の声や顧客対応に追われた社員のインタビューを収録した映像素材、展示室を訪れた社員たちの感想――。「システム障害にかかる展示室」を包む空気は重々しい。

みずほ銀行は２０２１年２月からの１年間で11回に上るシステム障害を起こした。２０１１年の大規模トラブルを踏まえ、みずほは硬直化した勘定系システムとの決別を図り、２０１９年に新勘定系システム「ＭＩＮＯＲＩ」を稼働させたが、２００２年と２０１１年に次ぐ「３度目」の大規模障害を防げなかった。

みずほが設置した
「システム障害にかかる展示室」

とりわけ２０２１年２月28日の障害では、ＡＴＭにキャッシュカードや通帳が取り込まれた多くの顧客を、その場で何時間も待たせることになった。展示室は、こうした記憶を風化させないため２０２３年２月に設置したものだ。

風化を阻止する仕掛けはこれだけではない。２０２２年以降、毎年２月は「システム障害を考える月間」に指定している。本部が作成した映像素材や展示室を使い、社員に当時を振り返ってもらう。新しく入社したメンバーにシステム障害の重みを追体験してもらう狙いもある。「我々がどんな障害を起こし、どれだけ迷惑をかけたか。この原点を忘れると元も子もない」。みずほFGで危機管理を担当する河本哲志グループ執行役員は語る。

日曜でも数十分で会議

「定期報告を要しない」。2024年1月、みずほFGとみずほ銀行は金融庁からこのような通知を受け取った。両社は2021年11月に同庁から業務改善命令を受け、翌2022年1月に業務改善計画を提出して以降、3カ月に1度の改善計画の進捗報告を課されてきた。その数は計8回、2年に及んだ。報告不要の通達は業務改善命令の実質解除と言える。みずほは1つの節目を迎えた格好だ。

2021年11月の業務改善命令に当たっては、金融庁から「言うべきことを言わない、言われたことだけしかしない姿勢」と企業風土にまで踏み込んだ異例の非難を受けた。2年間の改善施策は、みずほを変えたのか。

みずほが力を注いできた改善策の柱は、初動対応の迅速化と業務部門を交えた障害対応力の向上だ。どちらも2021年2月28日の反省が大きい。

同日の障害についてATMやインターネットバンキングで顧客影響が出始めたのは午前9時50分ごろで、午前11時過ぎにはSNS（交流サイト）で騒がれだしていた。ところが顧客対応は後手に回った。みずほ自身がトラブルを発表したのは午後1時過ぎ。コ

みずほが2021年に起こしたシステム障害を巡る経緯

時期	内容
2019年　7月	新勘定系システム「MINORI」を全面稼働
2021年　2月	4000台を超えるATMが停止するシステム障害が発生。その後も2022年2月まで断続的にシステム障害が発生
2021年　9月	金融庁がみずほFGとみずほ銀行に業務改善命令
2021年11月	金融庁がみずほFGとみずほ銀行に再び業務改善命令
2022年　1月	みずほFGとみずほ銀行が金融庁に業務改善計画を提出
2024年　1月	みずほFGとみずほ銀行が最後の定期報告
2024年　1月	金融庁がみずほFGとみずほ銀行に対し、「定期報告を要しない」と通知

進捗報告は計8回、2年に及んだ

ールセンターの増員を指示したのは午後2時前、危機管理室がIT部門や顧客部門、事務部門などが参加する関係部長会を開催したのは午後2時30分だった。みずほ銀行の藤原弘治頭取（当時）は午後1時30分、ネットニュースを通して初めてATMトラブルを認識している。

システム障害における社内連係の弱さが露呈した格好だ。休日だったため支店に行員はおらず、コールセンターもつながりづらい。カードがATMに取り込まれた顧客は、その場に立ち尽くすしかなかった。「初動の大事さは本当に身に染みた」と、河本グループ執行役員は振り返る。

今はどうか。IT部門がシステムエラーを検知すると第1報が危機管理室に入る。顧客への影響があり得るとみれば、IT部門と危

みずほにおける改善施策の主な内容

初動対応の迅速化	業務部門を交えた障害対応力強化
・初報から数十分で関係部署を集めた会議を開催できる体制を構築 ・IT部門の窓口となるIT基盤・プロジェクト統括部を設置	・30の重要業務で「ウオークスルー」と呼ぶ机上訓練を実施 ・ブラインドシナリオを含めた大規模訓練を年2回実施

機管理室、顧客部門、事務部門、コンプライアンス部門がオンライン会議で集まる。「朝でも夜でも、日曜日であっても数十分で会議を始められている」（河本グループ執行役員）。みずほの資料によると、障害検知から第1報までに要する時間もおおむね30分以内が定着しているとする。

システム障害自体は大小含めて日常的に発生する。みずほは想定される影響の拡大度合いに応じてシステム障害をランク付けし、顧客への影響が大規模に出かねない障害は危機管理室への第1報と並行して、直接経営トップに連絡を入れる。追加で個別説明に入ったり秘書を通じて連絡したりと、複数ルートで伝達できる体制を敷く。

IT部門の体制もてこ入れした。2021年の障害を受けて同部門内に設置した「IT基盤・プロジェクト統括部」だ。13人が所属し、大規模開発案件や複数部門にまたがるシステム障害が発生したときの対応指揮を担う。システム障害時は、IT部門の現場メンバーは復旧作業に専念しなければならない。そこでIT基盤・プロジェクト統括部が経営層や業務部門に対するIT部門の

みずほフィナンシャルグループの河本哲志グループ執行役員

スポークスパーソンとなり、情報共有の最前線に立つ。

ただし、起点となるIT部門からの第1報が不正確だったり楽観的な内容だったりすると、こうした連係体制は機能しない。実際、2021年2月28日の障害でIT部門が関係部署に発信した障害報告メールでは、件名に「A2ランク懸念」と記していた。みずほ銀行でA2ランクとは、行外に軽微かつ限定的な影響を及ぼす障害を指す。このことが、みずほ銀行頭取が情報共有範囲から外れるという結果を招いた。

河本グループ執行役員は「空振りでよいから、最大のリスクを見込んで声を上げるように言っている。見逃し三振はダメだが空振り三振はOKだ。以前からこうした言い方をしてきたが、障害を機に改めて徹底している」と語る。

業務部門を交えた障害対応力の向上も欠かせない。システム復旧と同時に顧客対応も進めなければならないからだ。みずほは2年間の改善施策において様々な訓練をしてきた。中でも重視するものの1つが「ウオークスルー」と呼ぶ机上訓練だ。

これはＩＴ部門や業務部門が集まり、特定業務についてトラブル時の対応を確認するものだ。どんなシステムを使っており、データの流れはどうなっているのか。誰がオペレーションをしていて、システム障害でデータが止まったときはどのように対応するのか、といったことを可視化する。国内送金、外国為替、市場決済など30の重要業務を選んで毎年実施している。

役員を交えた大規模訓練は少なくとも年2回。うち1回はシステム障害を、もう1回は自然災害をテーマに据える。ポイントは「実戦型」であること。想定原稿はなく、ブラインドシナリオを用意する。基礎的な動きに加え、ブラインドシナリオによって突発的な事象にも対処できるかを点検する。従来は、準備した原稿に従って読み合わせるといった進め方が基本だったが、大きく変えた。

ウオークスルーや大規模訓練のポイントは、ＩＴ部門と業務部門が連係しなければならない点だ。２０２１年のシステム障害以前から、情報システム用と業務用のコンティンジェンシープラン（緊急時対応計画）はそれぞれ用意してあったが、「統合されておらず、十分に生きたものではなかった。これらをつなぎ合わせる手を打ってきた」（河本グループ執行役員）。ＩＴ部門と業務部門が参加する訓練は、ＭＩＮＯＲＩのリリースに向けたものなどを除くと、この2年間の改善施策で本格的に取り組みだしたという。

20分以内に関係部署が集合した全銀システム障害

河本グループ執行役員が「迅速な対処という点で、この2年間やってきたことに手応えがあった。今一番印象に残っている」と振り返るトラブルがあった。２０２３年10月10～11日に発生した「全国銀行データ通信システム（全銀システム）」の障害だ。全銀システムで障害が発生し、10の金融機関で送金処理が滞った。

10日午前9時過ぎに連絡が入り、10～20分ほどで関係部署が集合。経営トップにも連絡が入った。午前11時ごろには顧客向けにアナウンスしている。「（アナウンスが早かったことで）当社でトラブルが起きたという報道もあったが、その対応は後でいい。顧客に早く情報を伝えるのがよいと判断した」（河本グループ執行役員）。

みずほ銀行のシステムがダウンしたわけではない。全銀システム障害によって送金処理ができなくなった銀行にも含まれてはいなかった。しかし、送金処理ができなくなった他行口座からみずほ銀行口座への振り込みなどに影響は生じる。振り込みが遅れれば、みずほ銀行側での決済に支障を来す懸念もある。「待てるものは待つ」といった柔軟な対応を業務部門と進めた。

2年間の改善施策は効果を上げている。２０２２年度以降、システム障害の復旧に3時間超を要した案件は0件を維持している。ただし、「みずほは万全だ」と結論づけるのはまだ先のことだ。人材やシステム構成、外部環境は時とともに変わり続けるからだ。河本グループ執行役員は「今やっていることを続ける仕組みはある。だが重要なのは適切に見直しながら続けることだ」と力を込める。

危惧されるのは、この2年間で築いたルールやマニュアルに各部門の関係者たちが従うだけになり、形骸化することだ。折に触れて、実効性を維持できているかの見直し作業が欠かせない。「その前提となるのが意識面だ。我々の原点は顧客影響を出してしまったことであり、それをなるべく防ぐことにある。システム障害を考える月間はずっと続けていきたい」（河本グループ執行役員）。

システム障害はゼロにならない。２０２２年10月には一部の法人向けオンラインサービスがつながりづらくなる障害に見舞われた。トラブルの芽は今後も出てくるだろう。「4度目の正直」を果たすには、大規模システム障害の記憶を風化させず、みずほのＤＮＡとして刻み続けておけるかにかかっている。

生成AIも起用しMINORI障害に備える
膨大なエラーメッセージ読解し自動処理

みずほFGは2024年内にも、システム運用業務に生成AI（人工知能）を本番導入する。勘定系システム「MINORI」を中心とした重要システムが対象だ。監視システムから受け取ったエラーメッセージに応じて、オペレーターに対応内容を提示する。2023年に構築した運用業務の新システムと合わせて、8割のメッセージを自動処理できる体制も視野に入れる。エラー対応の正確性確保に生かしたい考えだ。

「もともとは電話でやり取りしていたが、さばき切れない。一連のシステム障害での反省だ」――。みずほFGの山本健文執行理事IT・システム統括部共同部長は、過去のシステム運用体制を巡る課題を口にする。主要システムの監視システムが発するメッセージの種類は10万超。その量は障害発生などのピーク時には1時間当たり1万件を超えるという。

2021年のシステム障害前後、みずほの運用体制は大まかに次のようなものだった。エラーメッセージの監視は、日本IBMとみずほFGが共同出資するMIデジタルサービス（MIDS）などの運用担当が担い、マニュアルを基に原因の切り分けをしたり対

みずほにおけるシステム運用業務の変化

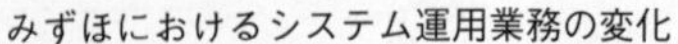

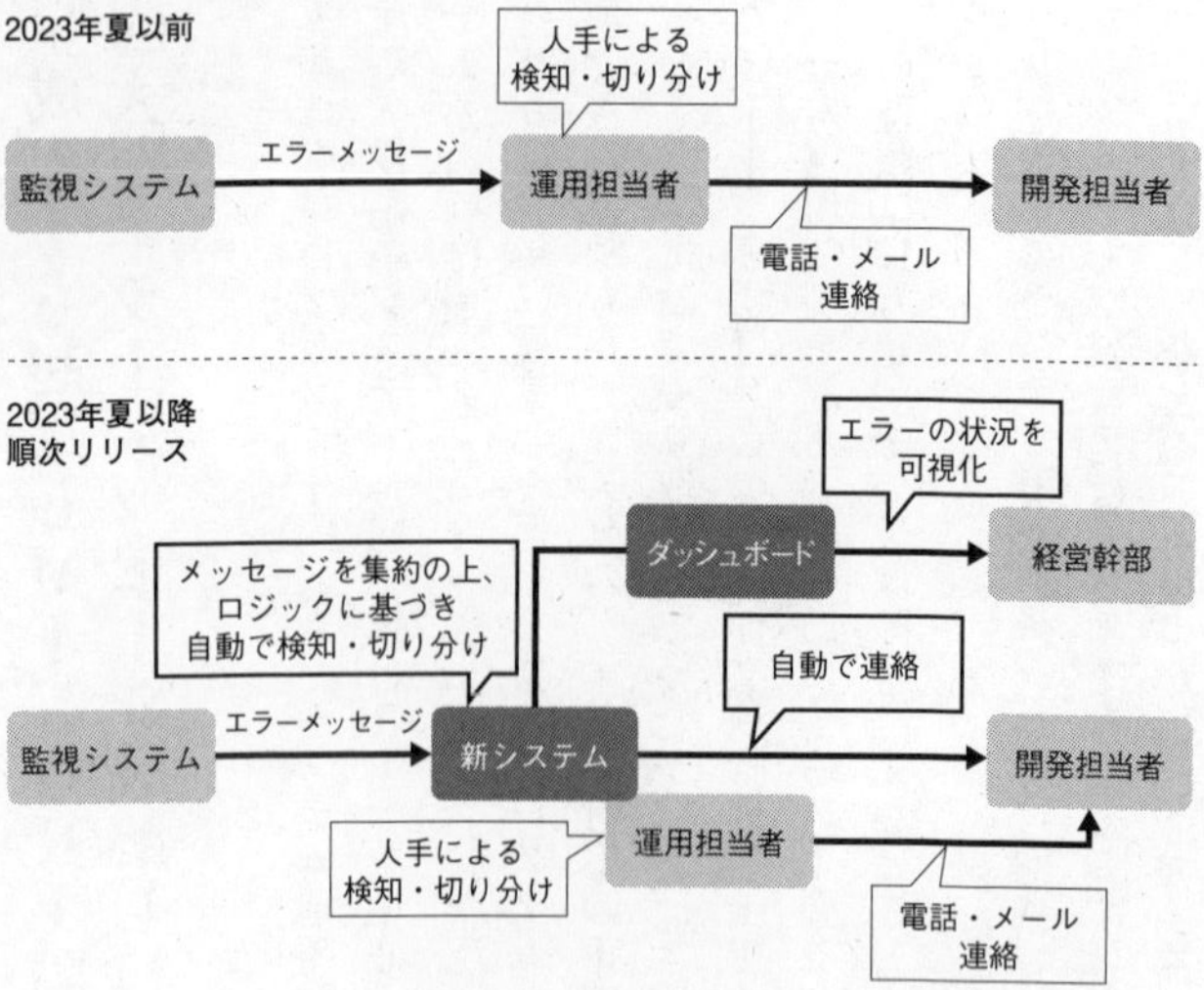

処を施したりする。運用担当だけでは解決が難しいエラーがあれば、みずほリサーチ&テクノロジーズをはじめとする開発担当に連絡。詳しい原因分析や復旧対応を依頼する。主な連絡手段は電話やメールだった。

膨大な量のメッセージを読み取り、開発担当への連絡を含めて対処策を判断しなければならない運用担当の負担は重い。正確性やスピードも担当者のスキルやノウハウで変動しかねない。こうした課題を打開することは、障害対応力の強化を図るみずほにとって重要テーマだった。

みずほは2021年のシステム

障害を機に運用業務のてこ入れに動いた。その成果が、人手に頼っていたエラーメッセージの集約、切り分け、開発担当への連絡を自動化する新システムだ。2023年夏にリリースした。生成AIの導入も、この自動化施策の延長線上に位置づけられる。

新システムでメッセージの半分をカバー

まず、2023年夏にリリースした新システムを見ていこう。米スプランクの製品をベースに、エラーメッセージを受け取ると運用担当が使うマニュアルの手順に沿った対処を実行できるようにロジックをつくり込んだものだ。判断材料にするのはメッセージIDや対象システムなど。システムの状態を確認したり開発担当に「Teams」で連絡したり、あるいは対処不要と判断したりといった対応を自動で進めてくれる。

経営幹部などを対象としたダッシュボードも併せて開発した。システム単位や業務単位でエラーの発生状況を一覧でき、件数や時系列など表示内容は柔軟に変更できる。米サービスナウの製品を使っている。「複数システムに障害が波及しても気付きやすい」（山本執行理事）利点もある。それまでは個々のシステムの状況は把握できても、システム全体の状況をつかむのは難しかった。

新システムの導入で、主要システムの監視システムが発するエラーメッセージの約半分をカバーすることに成功した。ただし課題が残った。残り半分は、ロジックとして定義できなかったからだ。

エラーメッセージは「メッセージID」と詳細を記述した「メッセージ本文」で構成される。ただ、監視対象には様々な企業が提供するハードウエアやミドルウエア、OSが混在するため、メッセージIDの位置がバラバラだったりIDと本文の組み合わせが複雑だったりする。そうした複雑さが、ロジックのつくり込みによる監視の自動化を妨げる要因となっていた。

複数のAIモデルを採用

「最後のパーツを埋めるもの」――。MIDSの高橋達浩専務サービス事業部門長(COO)は、生成AIの活用をこう表現する。生成AIが話題になる中、エラーメッセージの切り分けに使えるのではないかと当たりを付け、2023年8月から日本IBMと実証実験に着手した。

利用したのはAI・データプラットフォームの「IBM watsonx」。IBM独自のAIモデルだけでなく、米グーグルや米メタのAIモデルを含め「様々なモデルを試せる」(日本IBMの菱沼章太朗技術理事)のが特徴だ。

生成AI活用の流れ自体はシンプルだ。監視システムから受け取ったエラーメッセージに加えて、用意したメッセージのパターンをプロンプトとして入力。最も近いパター

生成AIを活用したシステム運用業務の流れ

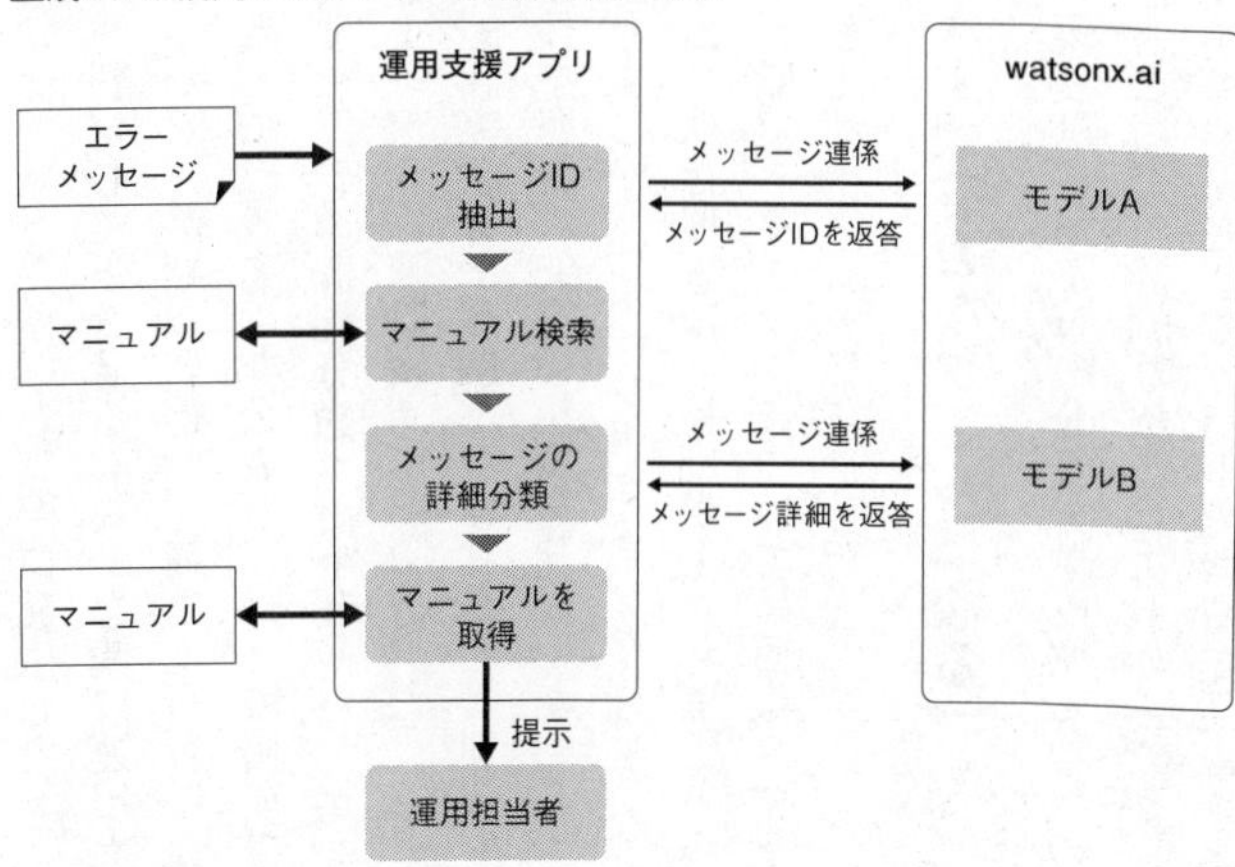

ンを生成AIに判定させることでメッセージの内容を特定し、マニュアルを基に対応手順を提示する。

具体的には2段階のプロセスで進める。まずはメッセージIDを抽出するプロセスだ。「運用支援アプリ」が受け取ったエラーメッセージと用意したパターンをwatsonxのAIモデルに連係。メッセージIDに該当する部分をアプリに返答させる。用意するパターンにはIDが文頭にあるものや文中にあるもの、そもそもIDがないものを含めている。

次にメッセージの詳細を分類するプロセスとなる。運用支援アプリはメッセージIDをキーにマニュアルを検索。多ければ20〜30のメッセージ詳細がヒットする。ヒットした詳細と実際に発生したメッセージを再びＡＩモデルに連係し、近似のものを判定して返させる。これを基に運用支援アプリがマニュアルからメッセージ内容に合った対応手順を取得し、運用担当者に提示するわけだ。

ＡＩモデル名は非公表だが、2段階のプロセスで別々のＡＩモデルを採用した。特にメッセージの詳細分類プロセスでは、モデルごとの精度に大きな差異があったという。ＡＩモデルは随時変えていく方針だ。

実証実験では、ＭＩＮＯＲＩとは別のシステムを対象に半年分のエラーメッセージ35万件を照合。98％の精度を達成した。ＡＩのミスを防ぐため最終的には運用担当者の手を介するが、「オペレーターの負担はかなり減る」（山本執行理事）。

山本執行理事は「精度が上がれば、さらに先に進める」とも話す。将来的には、確実と判断できるエラーについては回復コマンドを自動実行するといった仕組みも目指したい考えだ。

「ＡＩは有力なツールになる」

現在は、ＭＩＮＯＲＩを構成する複数の業務コンポーネントを対象に検証を進めているところだ。詳細な検証はこれからだが、今まで対応できていなかった半分のうち7割程度を生成ＡＩでカバーできる見込みだといい、既に構築済みの新システムと合わせて

「現場の肌感では（主要システムの監視システムが発するエラーメッセージの）8割程度に対応できる手応え」と、MIDSの高橋専務は明かす。

2024年内にも、MINORIの監視業務で本番活用することを目指す。残り2割はメッセージの前後関係を読み取る必要があり、現時点では生成AIを使っても対応が難しい見込みだという。

今後はMINORIを対象にした検証と並行して、2023年夏に構築した新システムに生成AIの仕組みをどのように組み込むかの検討を重ねる。業務プロセスの見直しも必要だ。

みずほFGの米井公治執行役グループCIO（最高情報責任者、取材当時）は「日本のIT技術者は減っていくし、高齢化もしていく。AIは有力なツールになる」と期待を隠さない。システムの運用業務はスキルやノウハウを蓄積した担当者に頼る部分が大きくなりがちだが、いつまでも任せ続けられるわけではない。

みずほによるAIも駆使した自動化の取り組みは、2021年のシステム障害を受けたてこ入れ策にとどまらず、持続的に障害対応力を維持するための道につながっている。

インタビュー

みずほフィナンシャルグループ執行役グループCIO（取材当時）

米井 公治 氏

1985年3月東京大学経済学部卒、1985年4月富士銀行（現みずほ銀行）入行。2013年4月みずほフィナンシャルグループ（FG）執行役員システム推進部長、2017年4月に同常務執行役員IT・システムグループ副担当役員兼IT・システム企画部長。2020年6月にMIデジタルサービス代表取締役副社長に就任し、2021年7月みずほFG執行役IT・システムグループ共同グループ長。2024年4月からみずほリサーチ&テクノロジーズ会長。

（写真：陶山勉）

みずほFGの米井公治執行役グループCIO（最高情報責任者、取材当時）は、2019年に全面稼働したMINORIの開発を手掛け、業務改善施策もけん引してきた。米井氏はMINORIのカットオーバー以降「安定運用する意識に乏しかった」と振り返る。

この2年間は、今あるシステムの安定稼働を目指す「業務改善」に加え、環境や技術の変化に合わせて継続的な見直しを図れる体制を築くための「IT改革」に力を注いできたという。2024年4月1日付でみずほリサーチ&テクノロジーズの会長に就任した米井氏に胸の内を聞いた。

――金融庁から受けていた業務改善命令が一区切りつきました。

米井　金融庁の幹部からは、（業務改善命令を）解いたわけではないと言われました。私もそういう言い方はしていません。当局への定期報告が不要になっただけで、安定化の取り組みは永続すべきもの。行政に言われてやっているようではダメだということです。

我々の反省は「MINORI」という良いシステムをつくった後、安定運用する意識に乏しかったこと。システムをつくることが目的になっていて、顧客の姿を見失った面があります。

システム構築の理論を見ても、新しくつくるところで止まっているものが多い。本来、その後のサービス期間こそが重要で、継続的に顧客のニーズに合わせていかなければなりません。ところがシステム開発ばかりが注目を集めてしまいます。

インフラ業界を見渡すと分かりやすいですよね。鉄道事業者は鉄道をつくって終わりではありません。通信事業者も通信ネットワークをつくれば終わりではない。鉄道事業者の方の言葉を借りると「安全は獲得するものだ」と言うんですね。勝手にはやって来ない。だから新しい技術を使って、線路のひびをチェックするといったことをする。我々と相通じるものがあるわけです。こうした点について、役員の中で啓発してくれたのは下野さん（編集部注：みずほ銀行の下野雅承取締役、元日本IBM）です。

改善計画の中でも触れていますが、やはり我々には顧客に対する意識が乏しかった。CIO仲間から、「ハードウエアの障害は仕方ないけれど、ATMの障害は良くなかったね」と言われるんです。2021年2月28日の障害を指します。顧客のことを考えれば、ATMがカードを取り込んで返さないというのは良くないと。

なぜ、あのような仕様になっていたのか。ATMが店内にあり、何よりも銀行に正確性を求めた時代は正しかったのでしょう。金額が違っている可能性がある際に、行員がその場ですぐに中身を確認して返せるからです。

ただ、行員のいない店舗外ATMが増えてくると、その仕様より優先すべきものが出てくるはず。行員がいなくてカードの返却に時間がかかるのは論外ですし、もし金額が違ってもも事後対応でよいのかもしれません。顧客の求めていることを意識していれば、サービス期間中に仕様を変えるべき点もあるし、我々のアクションや対応も変化しないといけない。

業務改善の中で重きを置いたのは、顧客をいかに意識するのか、安心・安全なシステムの在り方が変わっていく中で、その時々でどう変えていくか。さらに、システムをつくって終わりでなく、その後のサービス期間をどう大切にするか。金融庁が言うように「終わりではない」のです。

――改めて、2021年の障害はなぜ起きたと捉えていますか。

米井　様々なレイヤーの話があります。やはりIT部門自身がシステムをつくることに一生懸命で、その後どうするのかに対する意識が欠けていた。「終わった感」がすごく出てしまったのがIT部門としての反省です。

経営陣の視点としては、見なければならないのは顧客の顔。サービスを継続している限りは、安定稼働への取り組みに終わりはありません。ところがMINORIの稼働後、経営課題の中心が構造改革などに移ってしまった。

カットオーバー後に意識が乏しくなるのは、当社だけに限った話ではないかもしれません。ただ、顧客がサービスを利用するのはカットオーバー以降であり、そこに意識が向かないのは顧客軽視に当たります。

――業務改善を指揮する上で、何を心がけていましたか。

米井　ＩＴ戦略とＩＴマネジメントは違います。ともするとＩＴマネジメントに閉じてしまう。与えられたものをしっかり管理したり、要求されているＩＴサービスを維持したりといった具合です。

ただ、これが根本的に間違いでした。「ＡＴＭの仕様を変えてカードはすぐ返そう」といった話は、ＩＴマネジメントの世界ではできないですよね。サービス内容に関わる話ですから。ＩＴマネジメントの上位にはＩＴ戦略がある。ビジネス戦略と照らして、あるべき投資予算や投入リソースを決めていくわけです。ここのフィードバックが非常に弱かった。

私が心がけてきたのは、開発現場はもちろん、ビジネスサイドや経営サイド、社外取締役とのコミュニケーションです。歴代のＣＩＯがあまりやってこなかったこととしては、ＩＴ部門内のタウンミーティングでしょうか。誰でも参加可能で約50回実施しました。ビジネス部門向けの研修会もやっています。30人参加してくれればいいかなと考えていたところ、１回当たり１６０人くらいで、全22回開催しました。

ＩＴ部門とビジネス部門を交えて、皆でディスカッションをするといった会合もしています。過去の失敗事例を語る内容で、システム障害だけでなくプロジェクトの失敗なども対象です。要件定義で気をつけるべきことや、テストをこうやっておけばよかったといった話し合いをしています。

投資をかけるところは皆が一生懸命臨みます。ところがシステムがカットオーバーすると人は減り、互いのコミュニケーションが希薄になってしまう。ビジネスサイドも関心を払わなくなります。要件定義が終わってカットオーバーしたら、チームは解散して転勤してしまったりする。だから「Know Your System」といった標語をつくって改善を図りました。

逆もまたしかりで、ITサイドには「Know Your Business」の標語を掲げました。ビジネスサイドが何を求めてシステムをつくっているかを議論しなければなりませんので。もっとも、2つの標語が並立するとややこしいので「Know Your System」運動としてまとめたのですが。

MINORIをカットオーバーするまでの一体感はすごかったんです。特にリハーサル期間はビジネスサイドとITサイドの距離が近かった。カットオーバー後の話になりますが、顧客より行員が先に問題に気づいて事なきを得たような事例もあります。

ビジネスサイドも、自分がつくって新しく顧客に提供するものだから、事前に見るわけです。すると、ちょっとおかしいんじゃないかと。IT部門もコミュニケーションが取れているので、指摘があると対応できるケイパビリティーを持っています。

ＭＩＮＯＲＩのカットオーバー時点では、これができていた。ただ私が（カットオーバー後にみずほＦＧからＭＩデジタルサービスに異動し、２０２１年７月にみずほＦＧのＩＴ・システムグループ共同グループ長として）ＩＴ部門へ戻ってきたときにはなくなってしまっていました。経営サイドの関心も重要です。「完了した案件をなぜ今もやっているのか」といった見方をすると、誰もやろうとはしないですよね。

だから今回の業務改善計画では、様々な委員会でチェックをしました。「ウオークスルー」でビジネスサイドとＩＴサイドの対話も促しました。

――変化は感じていますか。

米井　「従来通りの仕事をしていてはダメだ」という意識が徐々に広がっています。同じ安心・安全・安定稼働の実現を目的にしていても、環境や技術が変わればやり方を変えようという意識が出てきている。これは業務改善とは別に、ＩＴ改革として取り組んでいる部分です。

業務改善は改善計画に基づいたもの。これをサステナブルにするための施策がＩＴ改革という位置付けです。ＩＴ改革の中で１つ議論したのは、シニアの開発要員が永遠にいるわけではないという点。そこでＡＩを使うとか、あるいは使っていない機能を廃止するといった運動をしています。

これをしなければ、守るべきものを守れなくなってしまう。だから、顧客が本当は使っていないのではという商品や機能を廃止する運動は、積極的にやっています。つくって終わりの意識では難しいことですよね。

今あるシステムを安定稼働させるという観点だけでなく、ビジネスサイドが一緒になって商品・システムを見直すところまでやりたい。現行システムを安定稼働させるのは改善計画の範囲ですが、これは永遠に通用するものではありません。AIに乗り換えることや、パートナー企業を含む要員の確保やスキルの継承を図っていくIT改革が必要です。

ここはこだわりたい。ビジネスサイドで要件定義ができる人がどのくらいいて、どの程度育成すべきかといった議論もしています。予算についても、経費を一律に見るのではなくて見方を変えていこうと財務サイドと話しています。全体で何％経費を減らそうと目標を掲げること自体は正しいですが、中身の議論ができなくなるとまずいですから。

遂行するのに必要なのは経営の我慢です。すぐには結果が出ないことを我慢しなければなりません。皆が少しずつ変わって、小さなプロセスを積み上げていかないと効果は出ない。これは経営の役割です。

一方で足元でも変わっていく必要がある。先日（2023年10月）の「全国銀行データ通信システム（全銀システム）」障害では、いち早く「Teams」でミーティングが始まって、ビジネスサイドへの影響を洗い出すといったことが淡々と当たり前のように進められました。たまたま非IT部門から異動してきた人が「こんなに皆が自律的に動くのか。この輪にちゃんと入れるだろうか」と心配するほどでした。

変わることができた要因の1つは、社外取締役などが執行サイドに対して関心を持って見ていることをメッセージとして出し続けてきたことでしょう。加えて経営陣において「安心・安全なシステム」というのが標語になっていることも大きい。

もう1つ付け加えたいことがあります。2021年のシステム障害に関する従業員のアンケートを見ると、コールセンターや支店でつらい思いをした一方で、励ましの声をもらった例もかなりある。「めげないでほしい」という内容です。

実は私自身にも株主総会で近しい経験があります。私の答弁は、おわびから入るのが通例になっていました。ところが去年（2023年）の株主総会で、「もうやめろよ」というやじが飛んできた。いつまでも謝っているのではなくて前を向こうよ、という株主がいらっしゃったわけです。こうした声を受けた従業員にとって、信頼に応えるのは、やらなければいけないことであり、やりたいことでもあるはずです。

これを持続させるのが経営のテーマ。今やっていることにはだんだんと慣れてしまう面もある。ビジネス部門とのコミュニケーションもルーティーンになると意味がなくなります。

来年度（2024年度）には、コミュニケーションのレベルアップを図ります。具体的には、対象のサービスが将来どうなるのかを議論します。他にも、サービスレベルを維持するのに必要な機能の追加や見直しをするには、材料となるデータが必要ですので、それを取得する考えです。これをＩＴサイドだけでなくビジネスサイドを交えて話し合います。

加えて、海外をどうするか。改善計画には含まれない領域で、ＩＴ改革の中でも別のスケジュール感で進めていることです。海外の顧客が抱く期待感は日本とは異なるかもしれません。海外のリージョナルＣＩＯたちと議論しながら、地域に合わせたシステムをつくるなど、グローバルでの統制方法も変えようと考えています。

――進化が続く技術の目利きも重要です。

米井　安定稼働の在り方は今後変わっていくかもしれません。開発要員の問題などを鑑みると、やはりクラウドをうまく使っていかなければならない。例えば、我々は「ＡＷＳ（Amazon Web Services）」を使っていますが、独自に状況を監視しています。ＡＷＳに障害が生じても我々が顧客に説明できるようにするためです。

メインフレームにも、システム更改がしやすいという利点があります。実は今回、関東から関西にサーバーを移設するのですが、先にメインフレームのOSをバージョンアップしています。こうした作業ができるのはメインフレームならではです。

5年後、10年後を考えたとき、どんな技術を採用するかはすごく難しい。顧客の求めるものが何かを踏まえて検討しなければなりません。

――米井さんにとってMINORIはどんな存在ですか。

米井　MINORIのようなプロジェクトは、もうできないでしょう。人が集まらない。巨大な第3次オンラインシステムに手を入れるには、人手を介さなければできない部分がかなりあります。我々がMINORIを構築しているときより、外部との連係も増えている。今やれと言われても、人がなかなか集まりませんし、できないのではないでしょうか。

ブラックボックスになりがちな勘定系システムにおいて、ホワイト化を果たしたのがMINORIです。コンポーネント化した強みもあります。例えば、2021年8月20日の障害では千葉センターに1度切り替えを実施しました。MINORIだからできたことです。勘定系が1つの重厚長大なシステムになっていると、ものすごく大ごとになります。

それぞれのコンポーネントにおける信頼性や可用性を理解していないと、運用するのが非常に難しいシステムであることは確かです。ただ、他行も勘定系システムを小さくして対応することを志向する中、先行して取り組んだ点にはアドバンテージがあります。

みずほにとって1つだけ誤算だったのは、勘定系システムそのものが銀行ビジネスに占めるポーションが小さくなってきていること。勘定系システムが心臓部であることは変わりませんが、時代に合ったものにしなくてはいけません。実は次回の更改では、勘定系でなければできない機能だけを残して軽量化する検討を始めています。ここに手を付けられるのは、我々だけではないかと見ています。

――みずほに対するシステム障害の印象は根強いと思います。この印象を変えていけるでしょうか。

米井　まずは先行できているMINORIをどう使っていくか。MINORIの開発に注力していたので、顧客接点に関わるチャネル領域の開発などを先延ばしにしていました。今後数年で変えていかなければなりません。ここが進められれば価値が見えてくるはずです。

――4月1日付で、みずほリサーチ&テクノロジーズ（MHRT）の会長に就任します。

米井　会社の箱にこだわらず、プロジェクトやサービス単位で物事を考えることが非常に重要です。専門性のある人材を集めようとすると会社をつくらなければなりません。MHRTという箱をつくることで、専門性のレベルを高められるわけです。

ただケース・バイ・ケースで組織を超えてもよい。サイバー攻撃を例にすると分かりやすいかもしれません。攻撃者は銀行、証券、信託銀行を区別しない。みずほ全体で守らなければなりません。オールみずほの意識でいないとダメです。

――みずほのIT部門には良いバトンを渡せそうですか。

米井　そうですね。私が抜ける以外はほとんど同じメンバーがいます。金澤（編集部注：みずほFGの金澤光洋執行役グループ共同CIO、取材当時）はずっと一緒にやってきたメンバーで、ビジネスサイドに対して強い発信力があります。MHRTの現場を見てきた檜原（編集部注：みずほリサーチ&テクノロジーズの檜原伸一郎IT本部長、同）もFGに来るので、山口（編集部注：みずほ銀行執行理事兼みずほリサーチ&テクノロジーズリスク管理部門副部門長の山口和哉氏、同）と一緒にMHRTとのコミュニケーションを図れるでしょう。

唯一心配なのは、私のような説教くさい人間がいなくなることでしょうか。

おわりに

本書の第2章と第3章、第4章は、日経コンピュータや日経クロステックが2021年7月から2022年1月にかけて掲載した特集記事などに大幅な加筆を加えて構成した。これらの特集記事などは主に日経コンピュータの山端宏実と中田敦が執筆した。第8章は日経コンピュータの岡部一詩が執筆した。それ以外の章は、日経コンピュータの中田が書き下ろした。

みずほ銀行で勘定系システムの刷新が難航したり、刷新後もシステム障害が多発した背景には、勘定系システムの収益源である個人や中小企業相手のビジネスが近年、もうかりにくくなっているという事情があった。筆者、つまりは日経コンピュータの中田は本書執筆中の2022年1月下旬に、そのことを痛感する経験をした。みずほ銀行の営業店窓口を訪問し、通帳の「繰り越し」をしてもらったのだ。

本書ではATMを使った通帳の記帳に関して何度か言及している。しかし筆者は最近、ATMで記帳をした記憶がなかった。本書を執筆するにあたって、みずほ銀行における記帳プロセスを確認しておきたいと思ったのだ。

ところが筆者の手元にあったのは、みずほ銀行ではなく、第一勧業銀行の通帳「ハートのエース通帳」だった。

筆者が大学を卒業して日経ＢＰに入社したのは１９９８年4月。当時の日経ＢＰのオフィスには第一勧銀の「社内キャッシュディスペンサー（ＣＤ）」があった。日経ＢＰの社員は社内ＣＤに対応した専用のキャッシュカードを使うと、オフィスの外に行かずとも現金を引き出せた。そのため日経ＢＰに入社した社員は全員、第一勧銀に口座をつくっていた。

筆者の時代は新入社員研修が行われていた会議室に、第一勧銀の職員がやって来てくれて、口座開設に必要な書類を配り、回収していってくれた。そして後日、「社内キャッシュサービス兼用」と記されたキャッシュカードと総合口座の通帳が自宅に届いた。この口座は精算した経費を会社から受け取れる唯一の口座でもあった。

筆者は給与振り込みには別の銀行の口座を使っていたので、第一勧銀の口座は経費精算にだけ使っていた。残高はＡＴＭやインターネットバンキングで確認できるので、通帳はほとんど使っていなかった。

実際に第一勧銀の通帳を開くと、明細の最後の日付は「19-3-12」だった。２０１９年3月12日、ではない。平成19年3月12日である。西暦に直すと２００７年。15年近く記帳を怠っていた。

第一勧銀の通帳は、みずほ銀行のATMで記帳できるのだろうか。みずほ銀行のWebサイトで調べたところ、第一勧銀時代の通帳は2018年3月から使えないと分かった。みずほ銀行の勘定系システムが、第一勧銀から引き継いだ「STEPS」から新しい「MINORI」に移行したタイミングである。MINORIの全面稼働は2019年7月だが、そのタイミングで行われたのはみずほ信託銀行の勘定系システムの切り替えである。みずほ銀行のSTEPSは2018年3月でMINORIに切り替わっていた。

意外に最近まで第一勧銀の通帳が使えていたことに驚いたが、手元にある通帳にはもう記帳ができないし、通帳の繰り越しもATMや「通帳繰越機」ではできないことが分かった。手続きはみずほ銀行の窓口でのみ行われている。

みずほ銀行では新型コロナウイルスの感染防止対策として、銀行窓口での手続きについて来店予約を受け付けている。みずほ銀行の記事は多数書いてきた筆者だが、この予約もしたことはなかったので、この機会にやってみることにした。

筆者が来店予約をしたのは、ある平日の10時。数分ほど遅れてみずほ銀行の営業店を訪れると、まずは簡易的なカウンターに案内された。いわゆるハイカウンター（営業端末を使用する行員が対応する窓口）ではない。そこで係員に予約している旨や名前を伝えると、そのカウンターにあるカードリーダーにキャッシュカードを挿入し、端末に暗証番号を入力するよう求められた。これで本人確認が済むと、番号が書かれた呼び出し札を渡された。

しばらくして機械音声で番号を呼び出されたので、ハイカウンターに向かい第一勧銀の通帳を繰り越したい旨を窓口の方に伝え、通帳とキャッシュカードを提出した。身元確認のために運転免許証も渡した。

通帳を確認した窓口の方は筆者に対し、筆者は普通預金口座だけでなく貯蓄預金口座も保有しており、貯蓄預金口座には開設以来、一度も入金がないことを教えてくれた。恥ずかしながら筆者にとっては、貯蓄預金口座という概念自体がほぼ初耳だった。しかし確かに筆者の通帳の裏表紙には「貯蓄預金口座番号」という文字と、その口座番号を表す数字などが記載されていた。

「この機会に解約されますか？」と窓口の方が言うので、勧められるままに貯蓄預金口座の解約を申し込んだ。ただし「この貯蓄預金口座は既にオンラインではなくなっているので、時間がかかります」とのことだった。おそらくはＭＩＮＯＲＩの元帳にレコードが記録されていない、との意味なのだろう。システム的な興味に基づき、待たされても構いません、と返事をした。

解約のためにカラフルな申込用紙に名前などを記入し、印鑑を押印した。これとは別に「ＣＲＳ」の書類にも記入が必要なのだという。詳細は分からなかったが必要なのだというので、その用紙に名前や住所の記入を始めたところ、実は記入が不要だと伝えられた。今回は残高がゼロの口座を解約するため、「CRS」の書類には記入する必要がないとのことだった。帰宅後にCRSについて調べたところ、どうも「共通報告基準」と呼ばれるもののことで、税務上必要な手続きだったらしい。書きかけた用紙は他の行員の方がシュレッダーで処分してくれた。

この時点で来店してから20分ほどが経過していた。筆者はソファーに座り、ハイカウンターの窓口の方は別の預金者への対応を始めた。ここからの通帳繰り越し作業は、ハイカウンターの奥で進められるようだ。

ここから5分ほど経過したところで、ハイカウンターに呼び出された。実は先ほど筆者が押した印鑑が間違っていたのだ。改めて正しい印鑑で押印した。

さらに25分ほど経過したところで、再びハイカウンターに呼び出された。「住所変更が必要ではありませんか」。先ほどの窓口の方にそう聞かれた。確かに筆者は、前回引っ越しをした後に、みずほ銀行へ住所変更を伝えるのを失念していた。今いる営業店から離れた場所に住所が登録されていることを不審に思ったのだろう。住所変更する旨を伝えると、タブレット端末の使用をうながされた。本書の第5章でも紹介した、MINORIの全面稼働後にみずほ銀行が導入したタブレット端末だ。筆者はまだ使ったことがなかったので、がぜん興味がわいてきた。

通帳の繰り越し自体は終わっていたので、この時点で新しい通帳を手渡された。新しい通帳の裏表紙にも「貯蓄預金」の記載があったが、そこには「ご解約」のハンコが押されていた。新しい通帳の普通預金のページには、過去5年分の明細が印字されており、14ページ分ある記入欄の既に8ページまでが埋まっていた。

筆者がソファーに戻ると、別の行員の方がタブレット端末を持ってきてくれた。タブレット端末というからiPadやAndroid端末を想像したのだが、出てきたのはWindows端末だった。

本体はタッチ入力が可能なタブレット型なのだが、薄いキーボードが装着してあった。よって見た目や使い勝手は完全にWindowsのノートパソコンである。マウスの代わりにタッチ操作で住所などの記入欄を選ぶが、文字入力はキーボードから行う。文字変換も「Microsoft IME」のようだった。本体の裏には「MINORIタブレット」と書かれたシールが貼られていた。

タブレット端末を使い始める際には、キャッシュカードの暗証番号の入力を求められた。意外だったのはその後に、みずほ銀行の職員による認証作業が必要になり、筆者による処理が進められなくなったことだ。フロアで顧客対応する行員の方に声をかけて処理をお願いしたところ、その行員の方はタブレット端末をハイカウンターにいる窓口の方に手渡し、窓口の方が何かを入力していた。そうするとタブレット端末で文字などを入力できるようになった。

住所変更手続きが終わり、タブレット端末をハイカウンターに返却した時点で、来店してから1時間以上が経過していた。これで必要な作業はすべて終わったので、筆者はみずほ銀行の営業店を後にした。

「通帳の繰り越しに1時間以上かかった」などとやぼなことを言うつもりはない。もとより時間がかかることは織り込み済みだ。

そもそも2021年2月28日にシステム障害が発生していなければ、10年以上も記帳をしていなかった筆者の口座は2021年3月上旬に自動的に「みずほe-口座」に変更されていたはずだった。本来であれば繰り越せなかった通帳を繰り越したことになる。

筆者が改めて実感したのは、紙の通帳の維持に銀行が費やしている作業量やコストの大きさだ。繰り越し中に印象的だったのは、窓口の方が頻繁にマニュアルと思われる書類に目を通し、チェックリストを指さすような動作を繰り返していたことだ。

第一勧銀がみずほ銀行になって20年、第一勧銀の通帳がみずほ銀行で使用できなくなって4年近くが経過した。第一勧銀の通帳の繰り越しは既にレアケースであるだけに、手順に気を遣うのだろう。「お手を煩わせて申し訳ありません」と心の中で思わざるを得なかった。

今回の通帳繰り越しに際して、筆者が支払った手数料はゼロ円である。みずほ銀行では2021年1月18日以降に開設された口座については、通帳を新規に発行したり繰り越したりするごとに1冊1100円の手数料を徴収している。しかし筆者の口座はそれに該当しないため、手数料は不要だった。

筆者の口座には過去15年、日経BPから毎年数十万円が入金されているが、それらは筆者が立て替えた出張などの経費やコーポレートカードの精算目的である。入金はすぐにクレジットカード会社や筆者によって引き出されてしまう。普段の口座残高は微々たるものだ。筆者の口座がみずほ銀行に利益をもたらしているのか、はなはだ疑問である。それでもみずほ銀行は筆者に誠実に対応してくれた。

金融庁はみずほ銀行やみずほフィナンシャルグループ（FG）の経営陣が現場の実態を無視して構造改革を断行したと批判した。しかし経営陣がそう考えた理由は痛いほどよく分かる。今日の銀行にとって、リテール業務で利益を上げるのは困難の極みだからだ。当たり前の事実ではあるが、実際に窓口での応対を体験し、改めて実感した。

だからといって、システム障害を起こして顧客に迷惑をかけてよいわけではない。システム障害を起こすこと自体は仕方ない面があるが、何千人もの顧客を立ち往生させたり、法律に違反したりしたのはいただけない。

もしみずほFGが、もうからない個人や中小企業相手のビジネスから撤退していたとしても、システム障害に伴う経営陣の引責辞任は避けられなかったろう。今回はそれらのビジネスとは関係ない領域でも、システム障害や法律違反を起こしているからだ。みずほＦＧに同情すべき事情はあったが、それを差し引いても、みずほＦＧには問題が山積していた。

今後、みずほＦＧやみずほ銀行はどうすべきか。システムの安定稼働を目指す上では、日本の他の金融機関やＩＴベンダーの取り組みだけを参考にするのではなく、米グーグルの「ＳＲＥ（サイト・リライアビリティー・エンジニアリング）」など米国の大手テクノロジー企業の取り組みを参考にするといった発想の転換も必要だろう。筆者としてはもう一つ、米国の大手テクノロジー企業を見習ってほしいことがある。それはＳＲＥの背景にある「失敗から学ぶ」文化だ。

筆者は普段、ＧＡＦＡをはじめとする米国の大手テクノロジー企業の動向について記事を執筆している。筆者は普段の取材の中で、米国の大手テクノロジー企業が「失敗からの学び」を非常に大事にしていることを知った。アイデアはなるべく早く形にして顧客に試してもらい、失敗した点はすぐに修正する。このサイクルをなるべく早く、多く回すことにテクノロジー企業は心血を注いでいる。だからこそ優れたイノベーションを起こせているのだと、シリコンバレーなどでの取材を通じて思い知った。

「ポストモーテム」は、失敗からの学びを大切にする文化の代表例だ。本書が多くの読者にとって、みずほ銀行の失敗から学び、より良い情報システムを築き上げるための教訓とする過程の一助になることを願っている。

2022年3月

日経コンピュータ編集
中田 敦

文庫版あとがき

コンピューターがなかった時代の銀行業務とは、どのようなものだったのだろうか。

このあとがきの筆者である中田は、本書の筆者陣の中で最年長ではあるのだが、さすがにその時代のことは分からない。筆者が生まれたのは1975年。生まれる前から、銀行のオンラインシステムは存在していた。

コンピューターが普及する以前、1950～60年代の銀行業務がうかがい知れる漫画作品がある。名作「釣りキチ三平」で知られる漫画家、矢口高雄氏の自伝漫画「9で割れ!!昭和銀行田園支店」だ。

矢口氏は高校卒業後の1958年、羽後銀行（現在の北都銀行）に就職し、12年以上にわたる銀行員生活を経て漫画家専業になった。「9で割れ!!」は矢口氏の銀行員生活を描いた作品である。

当時の銀行は、現金の受け払いや札の勘定などあらゆる業務が手作業だった。銀行のシャッターが午後3時に閉まると、行員はそろばん片手に事務処理に取りかかる。もしその日の現金残高が伝票の集計結果と一致しなかった場合、支店の行員は総出で再集計を強いられる。

その際のかけ声が、作品のタイトルである「9で割れ」なのだという。帳簿が合わない差額を9で割ると、現金の受け払いなどにおける「桁違い」を見つけ出せるためだ。例えば差額が3600円だった場合、9で割った結果は400円。どこかで4000円と400円を取り違えて処理してしまった可能性があると分かる。

当時の銀行では、過不足の原因が分かるまで夜を徹して作業することもあったという。銀行の事務が全て手作業だった時代の困難が伝わってくる。

実は筆者の父も、長らく地方銀行に勤めていた。そのため筆者は、父が自宅に持ち帰っていた「あるもの」を通じて、1980～90年代の銀行で進んだ電算化（当時はそう呼んでいた）の雰囲気を感じてはいた。

父が自宅に持ち帰っていたのは、勤め先の銀行の「行員録」だ。小学生や中学生だったころの筆者はなぜか行員録が好きで、よく眺めていた。

子供にとって銀行員とは、よく分からない謎の仕事だ。しかし筆者が育ったのは、銀行の社宅である。身の回りには銀行用語があふれていた。

筆者が小学生のころに住んでいた東京・東山の社宅は、4人家族にとってかなり狭く、母は不満を抱えていた。「上野毛にある『ダイリ社宅』ならもっと広かったのに」という母の嘆きに含まれていた「ダイリ」が、「支店長代理」という父の当時の役職だったことは、後に行員録を読んで知った。

銀行の支店にはいくつか種類があって、小さな支店には支店長、支店長代理、主任、肩書のない行員がいるだけだが、中くらいの支店になると支店長代理の上に次長や副長がいて、もっと大きい支店になると支店長の下に副支店長がいたり、課長がいたりする。さて、課長と次長、副長では、どれが偉いんだっけ――?

そんなことを思いながら行員録のページをめくる妙な子供だった。

筆者は幼稚園児のころに「機動戦士ガンダム」のブームを体験した世代だ。第1話に登場した「シャア少佐」が、いつの間にか中佐や大佐になったのを通じて、軍人の階級制度に早くからなじんでいた。銀行（会社）という組織にも色々な階級があることが、子供心に面白かったのだろう。

不思議だったのは行員録が新しくなるたびに、支店に所属する行員の数が少なくなっていたことだった。特に減ったのは、肩書のない一般行員だ。昔の行員録では支店に何十人もの一般行員が所属していたのに、年がたつごとにその数は減少していた。

今思えばそれこそが、コンピューター導入の効果だったのだ。人間が担っていた事務がコンピューターに置き換えられていった結果、事務を担う行員の数は年々少なくなっていった。それが行員録に、子供にも分かる形で現れていたのだ。

1990年代まではコンピューターの導入が、「日経コンピュータ」的な言い方をすれば「第3次オンラインシステム」など情報システムの整備こそが、銀行経営を変革する原動力だった。筆者はそれを、行員録を通じて実感していたわけである。

コンピューターの価値は、それが存在しなかった時代のことを知らなければ、なかなか理解できない。インターネットの普及後に生まれた今年の新入社員たちは、30～40代の社員ほどには、インターネットの価値を理解していないことだろう。筆者の小学1年生の娘もきっと将来、生成AI（人工知能）のありがたさが分からない大人になるはずだ。

本書は、みずほフィナンシャルグループにおいて「（システムを）安定運用する意識に乏しかった」（米井公治執行役グループCIO＝最高情報責任者、取材当時）時代を描いた歴史書である。いつかシステムは安定運用されるのが当たり前になった時代が来たら、人々はきっと、システムが安定運用されるありがたさを忘れてしまうだろう。その時には、ぜひとも本書を読み返して頂きたい。安定運用の大事さが、体感できるはずだ。そんな未来がやって来ることを願っている。

2024年4月

日経コンピュータ編集
中田 敦

2020年3月5日号、「英ポストオフィス 郵便局長550人が冤罪被害 横領容疑、真相は勘定系のバグ」(中田敦)
2020年7月23日号、「みずほ、変革の現在地 勘定系刷新の成果を検証する」(山端宏実)
2021年3月18日号、「三井住友銀行、次期勘定系システムの全貌」(山端宏実)
2021年3月18日号、「 みずほ銀行 4318台のATMが一時動作不能に『3度目』の障害で信頼回復遠のく」(山端宏実)
2021年8月5日号、「みずほ銀行2021年システム障害、変わらぬ組織の病」(岡部一詩、山端宏実、中田敦)
2021年9月30日号、「みずほ銀行 営業店の窓口業務が全面停止 DC切り替えためらい、障害長期化」(山端宏実)
2022年1月20日号、「みずほ銀行 2021年システム障害の教訓」(中田敦)
2022年2月17日号、「みずほ銀行 年末最終営業日に振込設定ミス 年初の連休明けに法人ＩＢが性能劣化」(山端宏実)

- 日経クロステック

2024年3月26日、27日、28日「みずほ、なるか4度目の正直」(岡部一詩)

- 書籍

『システム障害はなぜ起きたか』(日経コンピュータ編、日経BP、2002年)
『システム障害はなぜ二度起きたか』(日経コンピュータ編、日経BP、2011年)
『みずほ銀行システム統合苦闘の19年史』(日経コンピュータ、山端宏実、岡部一詩、中田敦、大和田尚孝、谷島宣之)

- その他

みずほ銀行システム障害の「調査報告書」(システム障害特別調査委員会、2011年5月20日)
みずほ銀行システム障害の「調査報告書」(システム障害特別調査委員会、2021年6月15日)

参考文献

- 日経コンピュータ

1998年7月6日号、「さくら銀行、勘定系の3層C/S移行で足踏み」(谷島宣之)

1999年7月19日号、「さくら銀行、勘定系の刷新計画を再度白紙に」(谷島宣之)

1999年8月30日号、「戦略IT投資で米銀に対抗」(谷島宣之)

2000年1月17日号、「都銀の既存システム統合が始まる」(谷島宣之)

2001年1月1日号、「三銀行のシステム統合が足踏み、2002年4月の一本化は困難に」(谷島宣之)

2002年4月22日号、「みずほ銀、混迷の二週間を追う」(大和田尚孝)

2002年4月22日号、「難問に挑戦、成功目前に暗転」(栗原 雅)

2002年5月6日号、「みずほ銀行のシステム障害、真相が判明」

2003年9月8日号、「みずほ銀行のシステム統合、完了は来年12月」(大和田尚孝)

2004年11月15日号、「大手銀の次期システム争奪戦が本格化」(大和田尚孝)

2011年3月31日号、「みずほ銀行、障害の発端は人為ミス」(中田敦、大和田尚孝)

2011年4月28日号、「二つの人為ミスが引き金に」(中田敦、大和田尚孝)

2011年6月9日号、「みずほ銀障害の全貌」(中田敦、大和田尚孝)

2012年2月2日号、「みずほ、CIOの権限を強化、システムに先駆け組織と業務を統合へ」(中田敦)

2012年8月2日号、「みずほ、復活への再挑戦」(中田敦、岡部一詩)

2012年11月22日号、「みずほの次期システムはマルチベンダー」(中田敦)

2014年4月3日号、「みずほ銀行、システム統合延期の舞台裏」(岡部一詩)

2015年1月8日号、「ロイヤル・バンク・オブ・スコットランド 夜間バッチ異常で大規模障害　計1600億円の出費を強いられる」(中田敦)

2015年12月10日号、「みずほ銀行が挑む「次期勘定系」統合・刷新、3層構造SOA、全貌が明らかに」(岡部一詩)

2016年8月18日、「みずほ銀行の次期勘定系開発が大詰め」(岡部一詩)

2016年11月24日、「みずほ銀行のシステム統合が再延期、原因は追加開発か品質問題か」(岡部一詩)

2017年8月17日号、「みずほ銀行、新勘定系の開発完了、2018年秋にも切り替え開始へ」(大和田尚孝、岡部一詩)

2017年8月17日号、「いざ基幹系刷新、みずほ、東京ガス、JALに続け」(井上英明)

2019年9月5日号、「みずほ3度目の正直 ついに崖越え、勘定系再構築の全貌」(岡部一詩、山端宏実、中田敦)

本書は、２０２２年３月に日経ＢＰから発行した同名書を、加筆のうえ文庫化したものです。

nbb
日経ビジネス人文庫

ポストモーテム みずほ銀行(ぎんこう)
システム障害(しょうがい) 事後(じご)検証報告(けんしょうほうこく)

2024年6月3日 第1刷発行

著者
日経コンピュータ
にっけいこんぴゅーた

発行者
中川ヒロミ

発行
株式会社日経BP
日本経済新聞出版

発売
株式会社日経BPマーケティング
〒105-8308 東京都港区虎ノ門4-3-12

ブックデザイン
小口翔平＋後藤司（tobufune）

本文DTP
マーリンクレイン

印刷・製本
中央精版印刷

Printed in Japan ISBN978-4-296-20545-5

nbb 好評既刊

ネット興亡記 ①開拓者たち

杉本貴司

ドラマにもなった本格ノンフィクション。藤田晋の屈辱、楽天誕生秘話、アマゾン日本上陸ほかネット黎明期の熱き物語を一気読み。

ネット興亡記 ②敗れざる者たち

杉本貴司

ライブドアに迫る破滅の足音。敗者がつないだLINEの物語。メルカリ創業者の長い旅……起業家たちの光と影を鋭く描き出す。

デジタル・ビジネスモデル

ピーター・ウェイル
ステファニー・L・ウォーナー
野村総合研究所システムコンサルティング事業本部＝訳

6つの問いを自社にあてはめ読み進めると、目指す目標が見えてくる。MITの最先端研究から生まれた、DXを成功に導くフレームワーク。

純粋機械化経済 上・下

井上智洋

AIがもたらすのは豊かさか、分断か——。2030年に到来する「AI時代の大分岐」。多角的な視点から何をなさなければならないのかを論じる。

「不確実性」超入門

田渕直也

想定外の時代に私たちはどう備えるべきか。リスクと向き合い続ける金融市場のプロが、サバイブ術を解説。ロングセラーを大幅加筆した決定版。